JN029669

図説

魔術と秘教

近代の繁栄

吉村正和

河出書房新社

目次

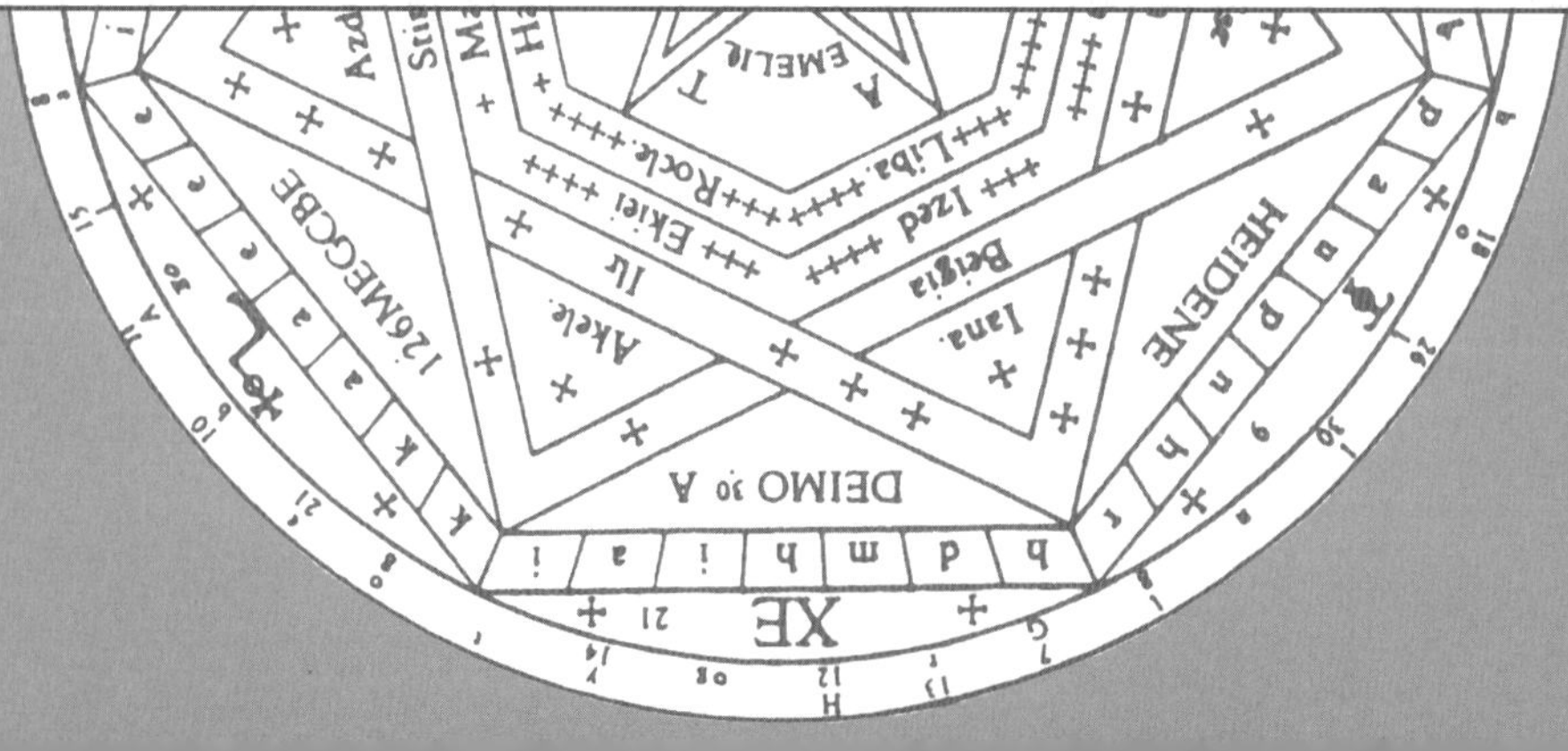

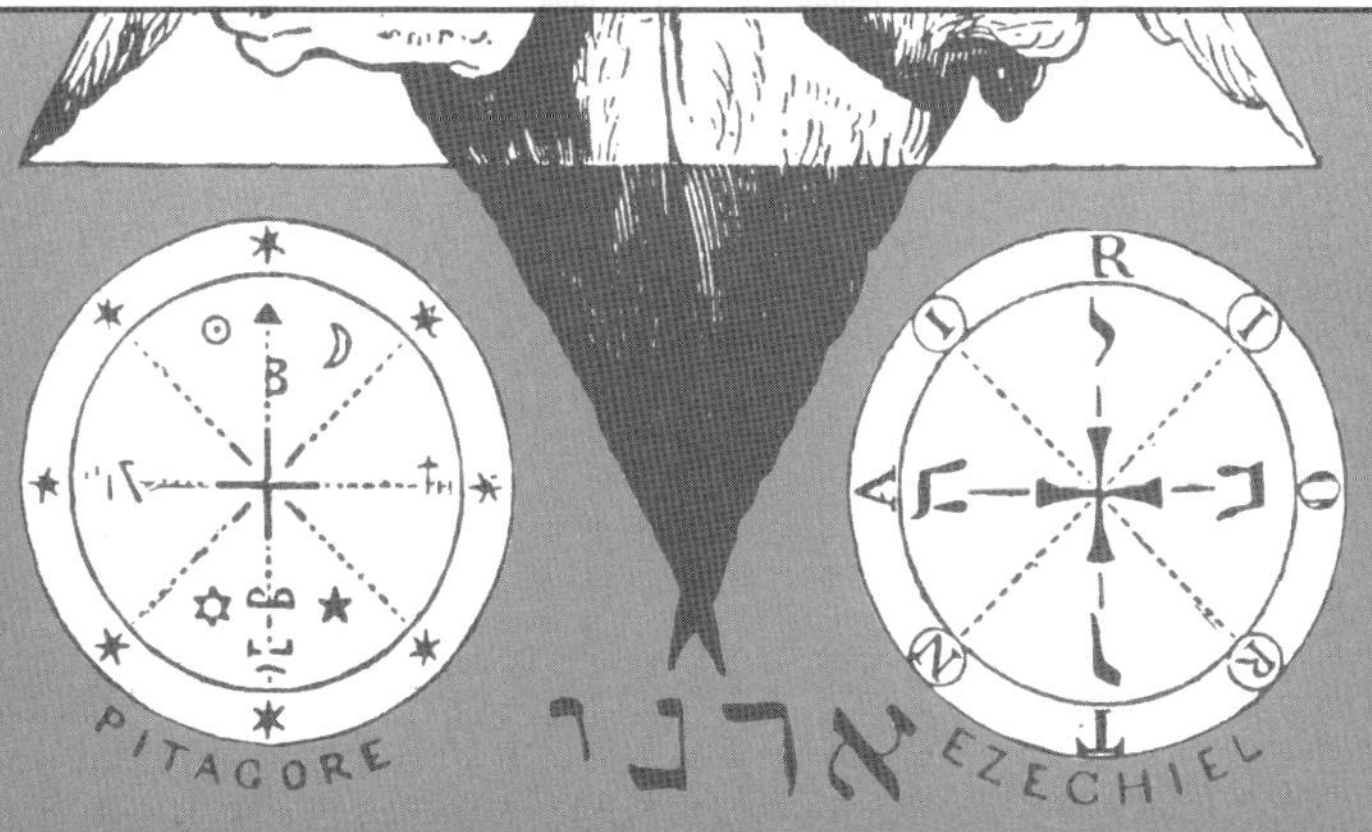

PITAGORE
EZECHIEL

はじめに

　ヨーロッパにおける近代魔術の登場は、ルネサンスにおける古代異教の復活、アラビア科学の導入による科学技術の発展、そして宗教改革によるキリスト教の変容など、近代という時代を成立させたさまざまな要因と密接な関係をもっている。ルネサンス時代において魔術とほとんど同義語であった錬金術は、数学・天文学・物理学・医学など世界最先端の科学技術とともにイスラム世界から流入してきた。占星術は、天体観測儀アストロラーベなどを駆使して成立した精緻な天文学とともに受け入れられ、護符魔術あるいは占星魔術として独自の展開を見せた。マルシリオ・フィチーノやピコ・デッラ・ミランドラなどによるヘルメス思想・新プラトン主義・ユダヤ教神秘主義カバラーなどの再評価は、ルネサンス魔術の中核となる思想を提供することになった。こうした流れと並行して、宗教改革によるキリスト教の変容という事態もまた、新しい形の魔術の成立に大きな影響を与えることになる。宗教改革は、教会という媒介者を通してではなく、人間が神と直接対峙する状況を導入したことにより、人間の神化という古代密儀宗教の時代から継承されてきた課題を、新たな装いのもとに復活させることになったのである。

　一五世紀後半から一七世紀初頭にかけての時代が、近代魔術の種と苗を準備した期間であったとすれば、一九世紀後半から二〇世紀初頭にかけての時代は、その果実を摘み取った時期である。この時代は、産業革命を世界に先駆けて進めたイギリスが大英帝国を確立した時期であり、産業・技術だけでなく自然科学の分野でも世界を先導していた時代である。物質的な文明が頂点に達して世俗化の波が高まるのと並行して、キリスト教の退潮が顕著となり、さまざまな代替宗教が登場してくる。ルネサンス魔術が個人のスター・プレイヤーによって支えられていたのに対して、この時代の魔術を推進する力は、つねに「集団」（結社・協会・教団・クラブなどの「アソシエーション」）に依存していた。自らの関心に基づいて市民が結社あるいは協会を設立するというのは、ヴィクトリア時代のいわばトレンドになっていた。結社あるいは協会に所属して自己改善（自己形成）を進めることは、ヴィクトリア時代の生き方とも直結していた。この種の結社の先駆的な組織として一八世紀に登場したフリーメイソンも、発足当初から自己完成を標榜するアソシエーション・クラブであり、一九世紀にはフリーメイソンをモデルとしてイギリス薔薇《ばら》十字協会、ヘルメス協会、神智学協会などが誕生し、最終的に一八八八年には黄金の夜明け教団という「近代魔術」を代表する結社が登場するのである。

　魔術と神秘主義との相異は、一般的には超自然的な力を利用して自然や他者に働きかける魔術と、個人の内的・精神的な覚醒を目指す神秘主義というように分ける場合が多いが、実際には区別することはきわめて困難である。魔術師には神秘主義的な要素が欠かせないし、神秘家には魔術的な能力が認められることが多い。あえて魔術と神秘主義を区別しようとすれば、神秘主義がどちらかというと瞑想によって単独で秘義に到達しようとするのに対して、魔術は集団すなわち秘儀共同体のなかで実践される場合が多い、という特徴を挙げることができる。魔術の基本的な原理は「共同幻想」にあり、個人的な夢あるいは幻視は複数の人間によって共有されることによって初めて魔術として認められる。

　オカルトとエソテリシズムという用語にも注意しておきたい。「オカルト（occult）」は、すでにドイツの哲学者ハインリヒ・コルネリウス・アグリッパ・フォン・ネッテスハイムの古典『オカルト哲学』（全三巻、一五三一～三三年）においても使用されていたが、広く普及したのは一九世紀の魔術師エリファス・レヴィの時代であり、魔術・錬金術・占星術・カバラーなどを指し示す用語となった。当初はそれほどネガティヴな連想はなかったが、次第にある種のいかがわしさがともなうようになり、最近ではグノーシス主義・ヘルメス思想・神秘主義・神智学などを含めて「エソテリシズム(esotericism)」（フランス語ではエゾテリスム ésotérisme）という用語が使用される場合が多い。日本語としてはいずれの場合も、神秘学・隠秘哲学などの訳語が当てられる。

　古代から近代にまで及ぶ魔術を理解するためのキーワードとしては、先ほど触れた「共同幻想」「想像力」以外に、「神化」「生命霊気」「象徴」「想像力」を挙げることができる。「神化」とは、古代密儀宗教に由来する概念であり、集団で行われる参入儀礼などの儀式を通して、地上に制約された人間が神の境域へと上昇することである。錬金術が宇宙に充満する「生命霊気」を化学的な操作によって固定する技術であるとすれば、魔術もまた生命霊気を護符などのような「象徴」によって引き寄せて操作しようとする。図形や数も象徴となりうるが、もっとも威力を発揮するのは「言語」である。この場合の言語は、伝達のための手段としての記号ではなく、それ自体に生命力を宿すという神的・魔術的な言語である。さらに、魔術的実践の根拠となるものは、従来の魔術では神や天使・精霊・悪霊に帰せられていたが、近代魔術では人間の内的な能力としての「想像力」に置き換えられる。想像力は、ギリシアのダイモン（ローマのゲニウス）を継承する概念であり、人間の内部に存在する神的能力として長い歴史をもっている。魔術とは、想像力と意志によって個人と共同体が深層において期待しているものを「幻想」のなかで実現しようとする人間的な営為にほかならない。

　本書では、ヨーロッパにおける魔術の歴史と理論を、とくに近代に焦点を合わせて検証する。いうまでもなく近代魔術もまた歴史の所産であり、歴史の文脈のなかから登場する。第一章では、古代・中世そしてルネサンスの魔術について、古代密儀宗教、キリスト教の奇蹟、ヘルメス思想、錬金術、占星魔術（護符魔術）、カバラー、魔術言語などについて、近代魔術との関連で必要と思われる範囲で紹介する。第二章では、啓蒙主義と科学的合理主義が社会の隅々にまで浸透したと思われる一九世紀初頭においても、非科学主義的な占星術、水晶凝視、心霊主義などへの関心が復活してくる状況を、ウィリアム・ブレイク、ケネス・マッケンジー、エリファス・レヴィ、エドワード・G・E・ブルワー＝リットンなどを中心に検証する。第三章では、ブラヴァツキー夫人の神智学協会とアンナ・キングズフォードのヘルメス協会の設立を経て、ウィリアム・W・ウェストコットが黄金の夜明け教団を構想して設立するまでの経緯をたどる。第四章では、マグレガー・マザーズがいわゆる「暗号文書」に基づいて創作した黄金の夜明け教団の儀礼とシンボリズムについて考察する（マザーズは従来、メイザーズと表記されていたが、本書ではマザーズに統一した）。第五章では、黄金の夜明け教団を支えたのがモイナ・マザーズ、アニー・ホーニマン、フロレンス・ファーなどの女性魔術師、詩人・劇作家ウィリアム・B・イェイツ、アーサー・E・ウェイトなどの「市民」であったことを踏まえて、教団の終焉《しゅうえん》までを検証する。第六章では、錬金術・魔術的な思考法がモダニズム芸術にかたちを替えて現われていることをマルセル・デュシャン、パウル・クレー、ヴァルター・ベンヤミン、アンドレイ・タルコフスキーなどの作品を通して考察する。

第一章 古代魔術からルネサンス魔術へ

I 古代密儀宗教とキリスト教

魔術は「霊的存在の介入を強要する力、あるいは自然のオカルト的支配原理を動かすと考えられる方法により、事象の推移に影響を与えたり、驚くべき自然現象を生んだりするという偽りの技術」（『オックスフォード英語辞典』）と定義される。ここでいう霊的存在とは、精霊・善霊・悪霊・死霊・ダイモンなどと呼ばれる超自然的な存在である。魔術師は、その強い意志をもってこうした霊的存在を動かすことにより、過去・現在・未来と推移する時間の流れを読み取り、事象の背後にある隠された意味を解釈し、新しい指針を提供することができるとみなされていた。この辞典は魔術を「偽りの技術」と明言しているが、そこには魔術を前近代的な謬見《びゅうけん》に満ちた思考法として排除しようとする意図がある。しかし魔術は、近代の科学的な思考法の登場とともに、迷信や俗信とともに消えていく特殊な観念ではない。魔術は、科学的な世界観とは異なる発想に基づく世界に位置づけられており、魔術を理解するためには、科学的・合理的な思考法から離れて、魔術が機能している世界に身をおく必要がある。魔術は西欧エソテリシズムの重要な柱の一つとして、古代・中世からルネサンスそして近代へとつながる西欧の歴史において、その形を変えながら存続してきた特殊な観念なのである。

《I》三種類の魔術

古代ギリシアには、ゴエテイア（ゲティア）、マゲイア、テウルギアという三種類の魔術が存在していた。ゴエテイアは妖術と訳されるものであり、術者（ゴエス）は死霊を呼び出す術を駆使することができた。のちに黒魔術と呼ばれるものの原形である。マゲイアは魔術と訳されるものであり、術者（マゴス）が本来ペルシアのゾロアスター教の神官階級を表わす言葉であることからも推測されるように、好意的な連想がともなっている。マゲイアは、戦勝祈願、恋愛成就、豊作・豊漁祈願などさまざまな領域において人々の自然な願望をかなえる手段であった。テウルギアは降神術（あるいは神働術）と訳されるものであり、実践者（テウルゴス）は教育を受けた神官・哲学者が多く、神秘哲学の実践的な形態とみなされた。神あるいは神性との一体化により自ら神格を獲得することを目指しており、近代において「高等魔術」として復活するのはこのテウルギア的な魔術である。

いずれの場合にも魔術師は、神的な能力を身につけることにより、人々の願望をかなえるとされた。なかでも病気治療と予言への関心は強いものがあった。古代ギリシアにおける魔術治療の聖地は、ペロポネソス半島の東部にあるエピダウロスである。この聖域には、前四世紀に建設されたアスクレピオス神殿を中心にして競技場、浴場、円形劇場などが配置されていた。患者は、長期療養のため数週間から数カ月にわたって滞在した。エピダウロスにおける魔術治療は、人間の精神的な調和と平静さが失われて病気が起きるという発想が基になっている。精神的な調和を回復するために、音

▲エピダウロスの聖域　ギリシアのエピダウロスの聖域には、前4世紀に建設されたアスクレピオス神殿（中央の建物）を中心にして競技場、浴場、円形劇場などが配置されていた。アスクレピオスの化身である「蛇」は古来、生命と治癒力の象徴として崇拝されていた。アスクレピオス神殿では公開の儀式が行われたのに対して、円形神殿（左端の建物）の地下にあるアスクレピオスの霊廟において祭司たちの儀礼が行われたという。図版は復元図。

▼エピダウロスの魔術治療　エピダウロスにおける魔術治療でもっとも有名なものは、「籠り」と呼ばれる治療法である。患者はアバトン（下）と呼ばれる聖域内の特別な宿舎で夜を過ごし、睡眠中にアスクレピオスの幻を見て治療の指示を受ける。アバトンは、円形神殿の背後に位置している。

楽・舞踏・詩などの助けを借りる。聖域に競技場、浴場、円形劇場が備わっていたことは、健康の回復には心身ともに調和が必要であることを物語っている。エピダウロスにおける魔術治療でもっとも有名なものは、「籠《こも》り」と呼ばれる治療法である。患者はアバトンと呼ばれる聖域内の特別な宿舎で夜を過ごし、睡眠中に医神アスクレピオスの幻を見て治療の指示を受ける。幻を見るだけでも病気が癒される場合もあった。ちなみにアスクレピオスの象徴は、蛇の巻きつく杖であり、円形神殿の地下にはつねに蛇が飼われていた。近代になると病気治療は魔術師の手を離れて、専門的な医学・薬学に関する知識をもつ医師が担当するようになるが、それでも精神的な疾患については催眠術や精神分析など古代魔術に重なる治療法が存続した。

アテナイから北西に一七〇キロほど行くと、パルナッソス山のふもとにギリシア最大の聖地デルポイがある。聖域の入口に近いところにカスタリアの泉があり、中心にアポロン神殿、それを取り囲むように競技場、劇場、宝物庫などが配置されている。デルポイの神託は、ピュティアと呼ばれる巫女《みこ》がアポロンから直接受ける。神託の下される日の朝早く、巫女はカスタリアの泉で身を浄め、月桂樹の葉を焼いて出る香煙を浴びてから神殿に入る。神託を受けようとする人々も、同じように身を浄めて聖域に入り、ペラノス（布施）という奉納物を捧げる。ピュティアは、神殿の奥所（アデュトン）におかれた三脚台に座って待機する。神官を通して質問がなされると、ピュティアは忘我の状態になって神託を告げたといわれる。神託はあいまいな表現でなされることが多く、神官がそれを解釈し、さらに詩のかたちで質問者に手渡すのである。神殿内に催眠性のガスが噴き出していたという説や、月桂樹の葉には催眠効果のある物質が含まれていたという説もあるが、いずれにしてもピュティアが忘我の状態になったという事実は重要である。近代魔術の実践の過程においてヴィジョン体験が語られる場合があるが、多くの場合にはアヘン・モルヒネ・コカインさらにはクロロホルムなど幻覚作用を起こす薬物が、補助薬として使用されていた。現在ではほとんど考えられないことであるが、ヴィクトリア時代にはこうした薬物は魔術師ならずとも、市民の日常的な常備薬（鎮痛薬）として使用されていたのである。

《2》古代密儀宗教と神化

古代魔術において、人間の神化という問題に正面から取り組んでいたのは、密儀宗教である。代表的な密儀宗教としては、エレウシス密儀、ディオニュソス密儀、イシス＝オシリス密儀などがある。それぞれの密儀を成立させている神話では、死と復活が重要な役割を果たしていた。密儀参入者はその儀式に参加し、自分を復活した神と同一視することにより神化を達成しようとする。たとえばアプレイウスの『黄金のろば』において主人公ルキウスは、心身を浄化することにより十分な準備を整えたのちに、壮麗な神殿の「最も奥まった部屋」において大祭司から秘儀を受ける。ルキウスは、「私は黄泉の国に降りて行き、プロセルピナの神殿の入口をまたぎ、あらゆる要素を通ってこの世に還ってきました。真夜

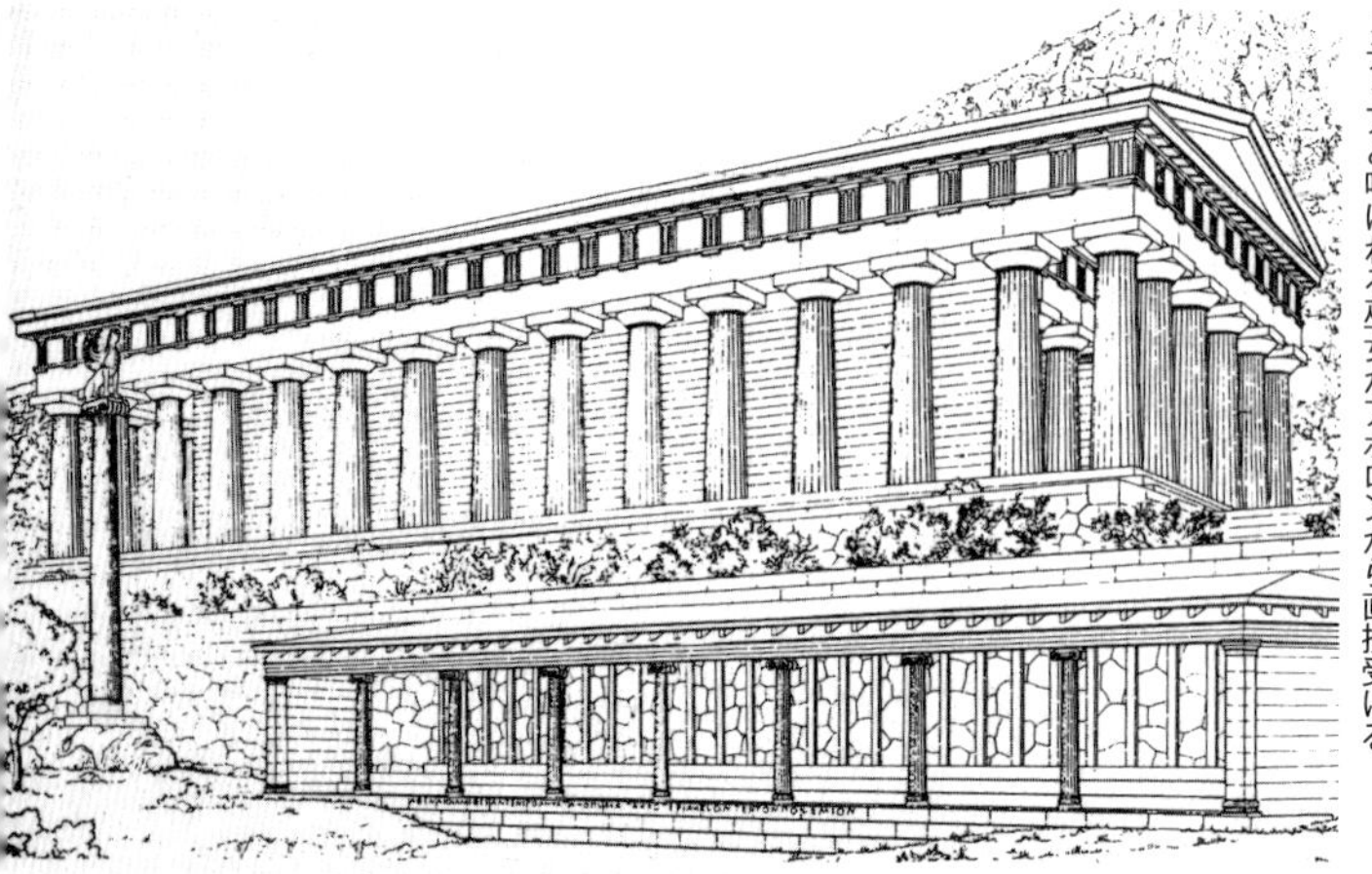

◀**デルポイのアポロン神殿**　パルナッソス山のふもとにギリシア最大の聖地デルポイがある。聖域の中心にアポロン神殿、それを取り囲むように競技場、劇場、宝物庫などが配置されている。デルポイの神託は、アポロン神殿においてピュティアと呼ばれる巫女がアポロンから直接受ける。

▶**エレウシス密儀の最初の参入者トリプトレモス**　両側の女性は、母デメテルと娘コレ（ペルセポネ）であり、エレウシス密儀の祭神である。神話は、ハデスによるコレの冥界への誘拐、デメテルの探索の旅とコレの地上への帰還から成る。苦悩の旅の途中エレウシスにおいて王ケレオスから厚いもてなしを受けたことへの礼として、デメテルは王子トリプトレモス（中央の少年）に麦の栽培の秘密を教える。

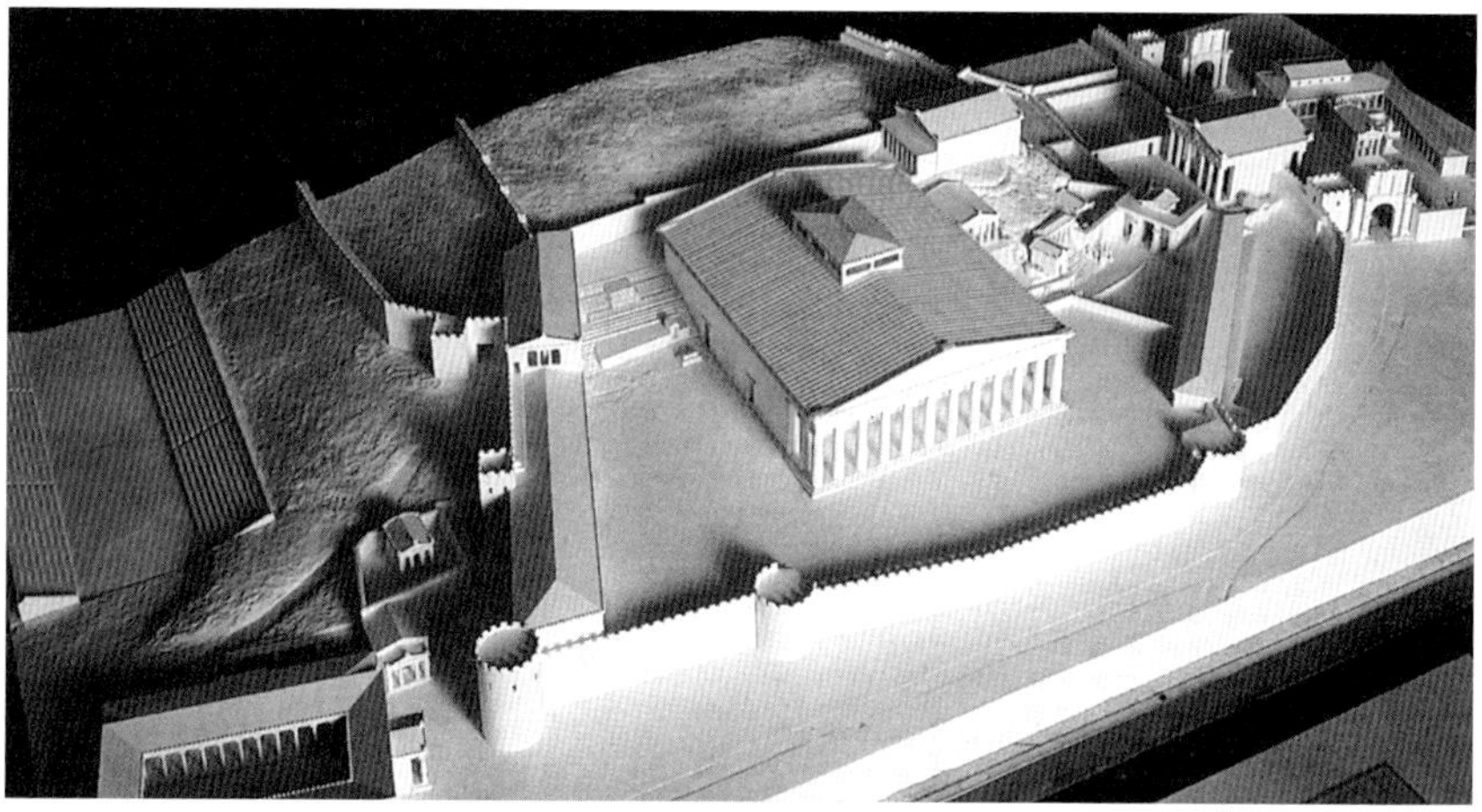

▶**エレウシス密儀の聖所の復元模型**　エレウシス密儀は古代世界においてもっとも有名な密儀であり、アテネ近郊の小村エレウシスで祭儀が行われた。志願者は右上の入口から入り、中央の聖所（テレステリオン）で密儀に参入する。ケネス・マッケンジーは『ロイヤル・フリーメイソン百科事典』において、「エレウシス密儀には、三月の小密儀と九月の大密儀があり、大密儀は九日にわたってエレウシスの神殿で行われた」とし、大密儀がフリーメイソンのマスター・メイソンの参入儀礼に似ていると指摘している。

中に太陽が晃々と輝いているのを見ました」と証言する。彼は、神殿の女神像の前で、太陽に似た女神の姿をして民衆の祝福を受ける。

近代魔術ではこの図式は、たとえば黄金の夜明け教団の第二教団の参入儀礼において、ローゼンクロイツの死と復活が展開されるところに再現されている。いずれの場合も同じように志願者は、死と復活の疑似体験を通して、自己神化の階梯《かいてい》を上り詰めるのである。

古代密儀は、非公開で行われる祭儀・儀式を中心とする信仰形態をもつ。志願者は特定の教義を学ぶのではなく、自らの眼で見、そして聴くという行為を通して聖なる体験をする。その祭儀・儀式は、一定の規模の信徒集団によって支えられており、その中心に祭司・神官が存在する。志願者は、連続する試練から成る祭儀・儀式を通して、一種の共同幻想あるいは集団催眠の状況に入ると考えられる。最終的な試練は、冥界への旅と表現される死の試練であり、志願者は神的な力に目覚める。死の試練を通して志願者は、眼に見える世界のみが唯一の世界であるという日常的な論理を打ち破り、世界の背後にあってそれを動かす「隠された力」を自覚する。この隠された力が、ダイモンと呼ばれる神的な力である。

ダイモンという概念は、あまりなじみのあるものとはいえないが、ギリシアにおいては人間と神々の中間にあって両者を仲介する霊的な存在として親しまれていた。神、半神、神霊、精霊、鬼神などさまざまな訳語が当てられているが、いずれも十分にその意味内容を表わしているとはいえないので、ダイモンと表記することが適切と思われる。ダイモンは、プラトンの『ソクラテスの弁明』において、何かよくないことをしそうなときに登場して、それを差し止める心の奥部からの声として登場する。ソクラテスはダイモンの声について、「これまでの全生涯を通じて、いつもたいへん数しげくあらわれて、ごく些細なことについても、わたしの行おうとしていることが、適当でない場合には、反対したものなのです」と証言している。

アプレイウスは『ソクラテスの神につい

▲イシスの儀礼（1）　中央階段の両側には男女混成の合唱隊が並び、神官が捧げものをもって上段から降りてくる。ポンペイ出土の壁画。

▼イシスの儀礼（2）　上段では聖なる舞踏が行われている。下の祭壇にはヘルメスの聖鳥である朱鷺がいる。ポンペイ出土の壁画。

◀イシスの女祭司　右手にイシスを象徴する古代の楽器シストラムをもっている。イシスの女祭司であり、イシス自身の化身を演じる。ハドリアヌス帝の別荘出土の像。後二世紀。

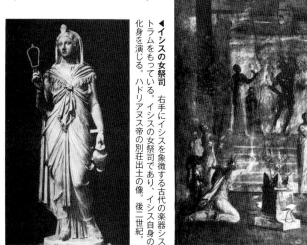

て』という論考において、このダイモンはすべての人間の内部に置かれた魂であり、「魂の高潔な想いは善きダイモン」であると指摘し、さらに続けて「このダイモンは、私〔アプレイウス〕の解釈では、われわれの言葉〔ラテン語〕でゲニウス（Genius）と呼んでいる」と述べている（トマス・テイラー訳に依る）。

このゲニウスという言葉もまた、現在では天才という訳語が与えられており、本来とは別の意味で使用されることが多くなっている。しかし、そのもともとの意味は、アプレイウスが述べているようにギリシア語のダイモン（daimon, daemon）に由来する言葉であり、人間のもっとも奥部に配置された「魂」あるいは精霊のようなものを指している。キリスト教が確立するとともに、ダイモンは異教の呪われた神々としてのデーモン（demon）すなわち悪霊という意味が付与されて地下に潜る。しかし啓蒙主義による啓示宗教の批判が強くなるとともに、古代への憧憬は再び表層へと浮かび上がり、ダイモンあるいはゲニウスが新しい意味をもって復活する。ロマン主義時代の詩人ウィリアム・ブレイクは、詩的想像力という用語を使用する前に「詩霊」（Poetic Genius）と呼んでおり、ゲニウス（精霊・神霊）という言葉を選択していた。さらに一九世紀末の黄金の夜明け教団では、その最終目標が想像力と意志を起動することにより「高次のゲニウス」と一体化することにあるとされたよ

▶ポンペイの「秘儀荘」壁画　ポンペイの「秘儀荘」にある大きな壁画のある部屋。四方の壁には、この家の女主人がディオニュソス密儀に参入する儀礼の一部が描かれている。各場面の意味についてはさまざまな解釈があり、最終的な結論は出ていない。カール・ケレーニイは、「秘儀の準備に使われた部屋」と推定している。

◀ディオニュソス密儀（1）　左側の女性がディオニュソス密儀に参入する女性であり、少年の読むディオニュソス密儀の由来を聴いている。右端の女性は奉納物を盆で運んでいる。

うに、人間の神的な能力としてのゲニウスは近代魔術の重要概念としても生き続けているのである。

ギリシアにおいてエレウシス密儀、ディオニュソス密儀、オルペウス密儀などの密儀宗教が存在していたが、もっとも流行したのはローマ時代においてである。ギリシアの密儀宗教とともにエジプト起源のイシス＝オシリス密儀やペルシア起源のミトラス密儀も復活しており、魔術とともに広い支持を得ていた。ローマにはこうした密儀宗教の神殿が見られるが、現代において往時の隆盛を実感させてくれるのは、ポンペイ遺跡である。図版は、ポンペイ遺跡の「秘儀荘」に描かれたディオニュソス密儀の様子である。

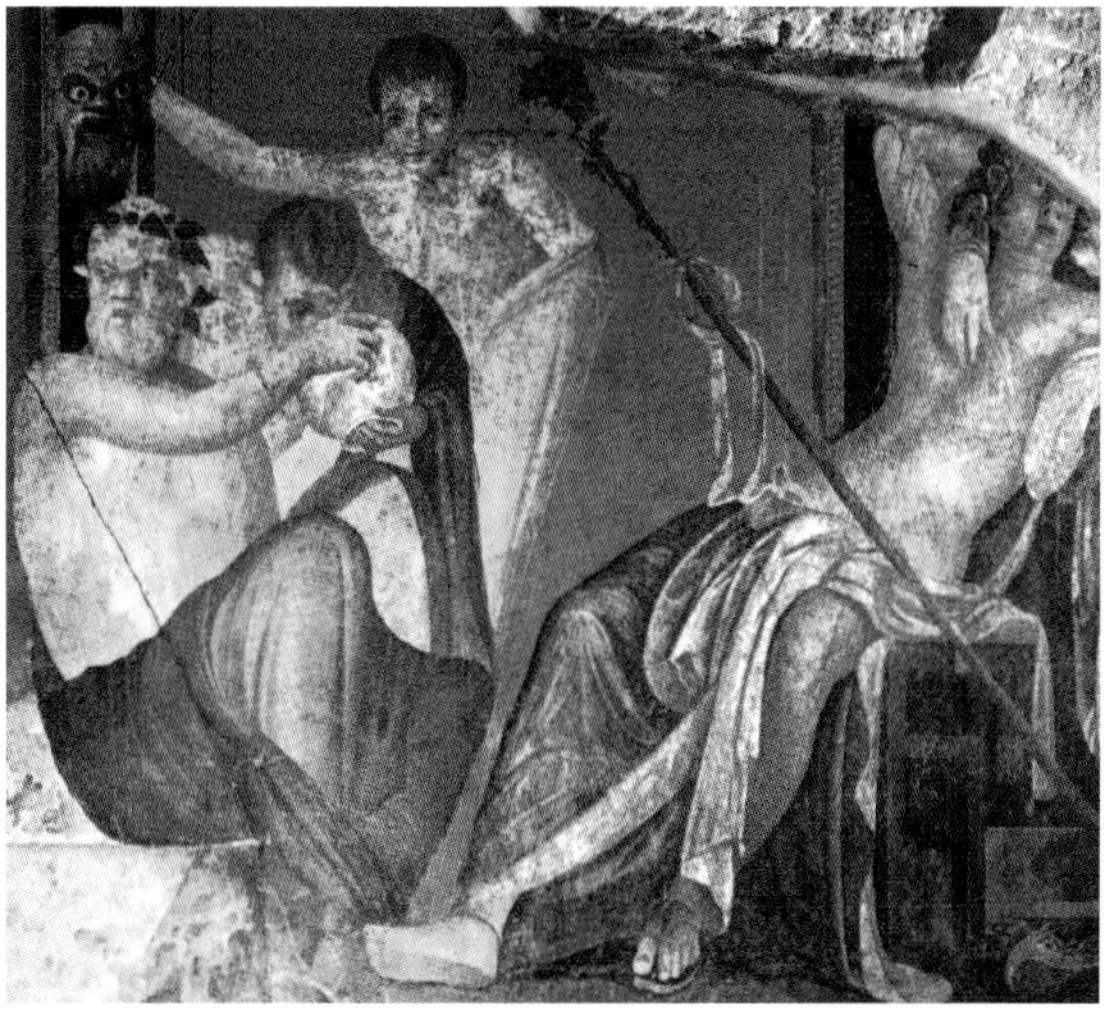

▶**ディオニュソス密儀（2）**　シレノス（ディオニュソスの養父）のもつ深皿から少年が葡萄酒を飲んでいる。深皿は鏡の役割をしており、後ろの少年が掲げるシレノスの仮面を映し出している。

《3》キリスト教と魔術（奇蹟）

キリスト教は、こうした古代密儀宗教と魔術の隆盛という背景のもとに登場する。密儀（ミュステリオン）という言葉そのものも、キリスト教的な意味内容を付加されて教義体系に入り込んでいる。「ローマの信徒への手紙」では「世々にわたって隠されていた、秘められた計画」（一六：二五）が今現わされて、すべての異邦人に知られるとしてい

▶**ディオニュソス密儀（3）**　女性が、布を持ち上げようとしている。布のなかには、リクノン（箕）に入ったファロス（陽物）が隠されている。傍らには、鞭を片手にもつ有翼の女性がいる。

る。「秘められた計画」とは「ミュステリオン」であり、さらにラテン語訳では「サクラメントゥム（秘蹟）」となり、キリスト教教理の中心的な用語となる。ドイツの神学者オード・カーゼルが明言しているように、「秘蹟という語は、密儀という語の全意味領域を受け継ぎ、すべての古代の用語法はキリスト教の中に引き継がれた」（『秘儀と秘義』）のである。

古代末期においてキリスト教は、密儀宗教が抱いていた人間の神化の夢を集約するかたちで登場する。キリスト教の中心はイエスの死と復活の神話にあり、十字架上における彼の死と復活への信仰によって、信徒は永遠の生命が約束される。イエス自身の死と復活以外の例として、ラザロの復活の挿話（「ヨハネによる福音書」一一：一ー四四）がある。ラザロは病死して四日経過していたにもかかわらず、「ラザロ、出て来なさい」という呪文に近いイエスの言葉とともに、「手足を布で巻かれたまま」墓から現われる。それは「死」を通して魂が覚醒するという密儀宗教の参入儀礼を踏襲したものであるという。ラザロの復活の挿話にとどまらない。たとえば、四福音書のなかでもっとも成立が古いとされ、それだけに原始キリスト教の姿に近いと考えられている「マルコによる福音書」には、そのほとんどの章においてイエスは「奇蹟を行う人」として描かれている。奇蹟とは、神の直接的な作用によって瞬時に行われる超自然的な現象であり、外観的には魔術そのものと区別することが困難である。古代史学者モートン・スミスは『魔術師イエス』において、イエスの奇蹟は彼自身の力によって行われた神的な業であるという点にお

▲ディオニュソス密儀の一場面　ディオニュソス密儀の儀礼は、山羊に象徴される生命力、あるいはさらに直截にリクノンに隠されたファロス（陽物）を祀る豊穣の祭りであった。儀礼の終わりには参加者が葡萄酒を飲み、凄惨な生肉食（オモパギア）が行われ、激しい舞踏と狂宴（オルギア）がともなっていた。キリスト教神学の確立とともに古代異教の神々は悪霊となり、中世における魔女の集会（サバト）の原型となる。紀元前30～25年。

▶ディオニュソス密儀（4）　左側に背中を露わにした女性、右側にシンバルを打ち鳴らす裸身の女性が描かれている。

▶ラザロの復活　ラザロは病死して四日経過していたにもかかわらず、呪文に近いイエスの言葉とともに、墓から現われる。イエスは右手に杖をもっているが、モーセやアロンが杖を蛇に変えたというエピソードを想起させる。

いて、儀式をともなう魔術とは区別されると指摘している。

　イエスの生涯は、いわば「魔術師」としての姿を体現している。イエスが生まれると東方から博士（占星術の学者）が訪れる。洗礼者ヨハネから洗礼を受けると、「天が裂けて〝霊〟が鳩のように」降ってくる。霊によってイエスは荒れ野へと導かれ、四〇日にわたり、「サタンから誘惑」を受ける。悪霊との戦いという試練を切り抜けたイエスは、宣教を開始する。宣教には、悪霊を追放し、病気を治療し、死人を蘇《よみがえ》らせるなどの奇蹟がつねにともなっている。「マルコによる福音書」が記載している最初の奇蹟は、「汚れた霊に取りつかれた男」の治療である。イエスが霊に対して「出て行け」と叫ぶと、「汚れた霊」は直ちに大声を上げて出ていく（一：二五－二六）。悪霊は人々を拘束して「縛る」。悪霊を追放するということは、この「縛り」を「解く」ことを意味する。これを皮切りにして、熱病に悩むシモンのしゅうとめ（一：三〇）、重い皮膚病を患っている人（一：四〇）、中風の人（二：三）、片手の萎《なえ》た人（三：一）、墓場を住処とし悪霊に憑かれた人（五：二）、一二年間も出血の止まらない女（五：二五）、汚れた霊に取りつかれた幼い娘（七：二五）、耳と口の不自由な人（七：三二）、盲人（八：二二）、バルティマイという盲人（一〇：四六）などの治療が行われる。当時は病院というものがなく、魔術師は病気に苦しむ人々の救済を重要な仕事としていた。イエスの奇蹟は、突風と荒波を静め（四：三五－四一）、湖の上を歩く（六：四九）というように、自然界にも及ぶ。「タリタ・クム」という呪文のような言葉によって会堂長の娘を死から蘇らせる（五：三五－四三）。奇蹟のなかの奇蹟ともいえるのが、イエス自身の死からの復活である。

　キリスト教がローマ帝国の国教になると、洗礼・堅信・聖餐《せいさん》・告解・終油・叙階・婚姻などさまざまな秘蹟が制度化されていくが、それは古代密儀や魔術の儀礼中心主義への退行という見方もできる。教会のこのような儀礼、たとえば聖餐などの儀礼を見て、魔術的な雰囲気を感じとる人も少なくないはずである。古代において魔術は、「使徒言行録」（一九：一九）にも見られるように、密儀宗教とならんで強い影響力をもっており、キリスト教はそうした要素を取り込みながら、秘蹟というかたちでそれを止揚していった。キリスト教は、密儀宗教と魔術における儀礼を通して人間の神的能力を開示するという課題に定型表現を与えたのである。

　キリスト教神学の確立とともに、古代異教の神々は悪霊となり、その儀礼は悪魔を祀《まつ》る儀礼とみなされるようになっていく。政治的な対立が凄まじい憎悪と殺戮《さつりく》を引き起こすことは現代においても認められている。ヨーロッパにおける魔女狩りは、政治と宗教が一体化していた中世からルネサンスにかけての時代において、教会が反教会的な勢力を一掃するために編み出した仕掛けであったという見方もある。やがて教会の力が衰退していくとともに、抑圧されていた古代異教の原理は姿形を変えて近代魔術のなかに復活してくることになる。

2 ヘルメス思想とカバラー

　一二世紀におけるアラビア科学の翻訳と移植を契機として、ヨーロッパ世界は長い眠りから覚醒する。この時代にはイスラム世界から、世界最先端の数学・天文学・物理学・医学などの科学技術とともに、錬金術や占星魔術が流入してくる。ギリシア科学が観想という側面に力点をおいていたのに対して、理論と実践を兼ねそなえたアラビア科学にヨーロッパ世界は圧倒されたのである。錬金術や占星魔術とともに、ユダヤ教神秘主義カバラーも到来する。ユダヤ人は、ローマ帝国によってイェルサレムが壊滅して以来、アレクサンドリアなど地中海沿岸の各地に離散するという憂き目にあっていたが、やがてイスラム帝国が成立するとその庇護を受けながら独自の生活と文化を維持して生き延びる。一三世紀にスペインにおいて確立したカバラーは、錬金術や占星魔術とともに、古代の秘鍵《ひけん》を伝えるものとしてヨーロッパに導入されるのである。

《I》錬金術

ルネサンス魔術の中心は、名門貴族メディチ家の支配するフィレンツェにあった。とくにコジモ・デ・メディチは、メディチ家の隆盛の基礎を築いた富豪というだけではなく、フィレンツェ市政の実権を握り、文化と芸術の育成に貢献した。プラトンを深く敬愛していたコジモによって設立されたプラトン・アカデミー（アカデミア・プラトニカ）には著名な学者が集まり、その後のルネサンス魔術の一大研究拠点となる。学者集団を指導したのは、メディチ家の侍医の息子であり自らも医師となるべく教育されたマルシリオ・フィチーノであり、彼はプラトンの著作や、プロティノスやイアンブリコスなど新プラトン主義者の著作に加えて、いわゆるヘルメス文書をギリシア語からラテン語に翻訳した。なかでも一四六三年に完成した『ヘルメス選集』は一四七一年に刊行されて広く流布し、ヘルメス思想がルネサンス魔術を支える重要な部門と理解されるようになった。

フィチーノは『プラトン神学』によって、キリスト教を補完する思想としてプラトン主義や新プラトン主義を位置づけたほか、一四八九年に刊行された『生について』（全三巻）では、占星術を占星魔術として新しい装いのもとに登場させることになる。フィチーノにおいて魔術と錬金術が密接に関係している点について、たとえば、同書第三巻「天界によって導かれるべき生について」ではペルシアの哲学者アヴィセンナ（イブン・シーナー）を論拠として、「熱心な自然哲学者は、金を火にかけて昇華して精気（生命霊気）を金から分離するとき、それを他の金属に作用させることによって金にすることができる。金あるいは他の物質から正しく抽出・保存されたこの精気（生命霊気）を、アラビアの占星術師は錬金霊液（エリクシル）と呼んでいる」（第三章）と証言している。

フィチーノによって脚光を浴びることになったヘルメス思想は、一群のヘルメス文書の著者ヘルメス・トリスメギストス（意味は「三倍も偉大なヘルメス」）という神秘的な人物によって象徴される。フィチーノはヘルメス文書をモーセと同じくらい古い時代に位置づけていたが、実際には紀元後一～三世紀頃にユダヤ教や新プラトン主義の思想を基にして成立したものである。ヘレニズム後期にはアレクサンドリアを中心にして、エジプト文化をギリシア的な発想によって読み替える思想が登場しており、ヘルメス文書もまたそのなかから生まれてきた。ヘルメス・トリスメギストスとは、ギリシア神ヘルメスとエジプト神トートと融合して成立した名前であることが、ギリシア神秘思想とエジプト魔術との融合を雄弁に物語っている。魔術の源流がギリシアよりもむしろエジプトにあるという場合には、モーセとアロンがエジプト王の前で行ったという魔術はエジプト人に由来するという意味と、ヘルメス・トリスメギストスに帰される魔術がエジプトに由来するという意味が含まれている。ヘルメス・トリスメギストス、モーセ、オルペウス、ピュタゴラスからプラトンにつながる古代神学の系譜が確立し、そのなかにルネサンス魔術が位置づけられるのである。

錬金術は、「下のものは上のものに似ており、上のものは下のものに似ており、かくして一なるものの奇蹟を行う」ことを主張するヘルメス・トリスメギストスの「エメラルド板」に要約されている。下のものとは「地上」すなわち自然界、上のものは「天上」すなわち天空界であり、天上と地上とは照応しているという主張である。この場合の天上は超天空界（神的領域）も含んでおり、地上は人間そのものと理解されることもあり、人間の存在は宇宙全体の要という位置づけがなされている。人間は神的な世界から隔絶した状態におかれているのではなく、神から大天使、天使から動物・植物・鉱物にいたるまで張りめぐらされた万物のネットワークを通して、再び神性を獲得する能力を具えているという発想が根底にある。「エメラルド板」の「一なるもの」とは、上のものと下のものの両方を貫いて流れる宇宙霊すなわち生命霊気であり、錬金術とはこの生命霊気を蒸留・溶解・分離・結合などの化学的操作によって固定する技術である。生命霊気を固定したものは象徴的に賢者の石あるいは錬金霊液（エリクシル）と呼ばれ、卑金属を金銀などの貴金属に変成することができるだけでなく、普遍薬（万能薬）としてすべての病気を癒すこともできるとされた。

▲ヘルメス・トリスメギストス　1488年頃、シエナ聖堂の白大理石の床に、異教の預言者や巫女の像が彫られた。西側中央にあるこの像の足元には「ヘルメス・メルクリウス・トリスメギストス、モーセの同時代人」とある。右手の文書には、「エジプト人よ、あなたがたの文字と法を受け取るように」とあり、左手をそえている（スフィンクスの支える）石版には『アスクレピオス』の一節が書かれている。

《2》護符魔術（占星魔術）

中世後期に登場する自然魔術は、その背景に一二世紀におけるアラビア科学のヨーロッパへの導入という文化史的な現象がある。魔術にもっとも関連する学問は、アラビア天文学である。ヨーロッパ人はアラビアの進んだ天文学の科学的知識に魅了されており、惑星の地上に及ぼす影響力という考え方についてもそのまま受け取った。惑星の影響力は、特定の曜日と時間に、地上の特定の事物（指輪、護符、幾何学図形）を使用することによって操作することができるとされており、たとえば太陽や火星の影響力を得たい場合には、金あるいは銅が選ばれたのである。魔術の形象としてシンボル化された記号や円・三角形・四角形・五芒星などの幾何学図形によって惑星天使の影響力を操作することができるという発想は、この時代に端を発する。アラビア天文学あるいはアラビア魔術は、ヨーロッパに導入される過程でアラビア的な要素は消去され、惑星にキリスト教の天使が割り当てられることによって脱アラビア化が進められる。魔術の実践にはその準備として潔《けっ》斎《さい》や祈《き》禱《とう》が必要とされるが、その祈禱文もラテン語で書かれ、その対象も最終的にはキリスト教の天地創造の神へと変容するのである。

アラビア魔術の名残をとどめる例として、一般には「護符」と訳されるタリズマンがある。この言葉は語源的には、ギリシア語の「完成、宗教儀礼」を意味するテレスマ(telesma)に由来するとされるが、実際には「魔術記号」を意味するアラビア語のティラスム(tilasm)と関係する言葉と思われる。マグレガー・マザーズが英訳したことで知られる魔術書『ソロモン王の鍵』には、それぞれの惑星に特有な魔術記号が紹介されているが、これらはすべて惑星の精霊を象徴するタリズマンである。タリズマンそのものに惑星の影響力を駆使することができる能力が含まれており、魔術道具のなかでも重要な役割を果たすことになる。これに対して「魔除け」(amulet)は、悪霊の影響を防御する力をもつとされるものであり、たとえば魔術円や五芒星などがあり、これもまたアラビア文字の形体に由来するという。タリズマンが積極的な力をもつのに対して、こうした魔除けは消極的な力しかないとされるが、実際には両者の区別はほとんどない。

護符魔術の代表的な著作として知られる『ピカトリクス』の成立は一二世紀であり、一二五六年にアラビア語の原典からスペイン語に翻訳された。原典は、一二世紀にスペインに在住したアラビア人アル・マジリーティなる人物が自ら書いたか、あるいはさらに古いギリシア語原典から翻訳した『魔術における賢者の目的』であると推定されている。『ピカトリクス』はスペイン語版に基づくラテン語版の表題である。ラテン語版は、教会によって魔術書として非難されたにもかかわらず、写本として広く流布した。魔術の理論書というよりも実践的な技法を紹介しており、その代表的なものが護符の作成法である。天上と地上の世界の照応原理と全体を貫く「一なるもの」の存在を明らかにしており、この発想を前提にしたうえで、「一なるもの」すなわち生命霊気を地上において引き寄せるための道具が「護符」である。賢者の石が金属の変成と普遍薬に適用されていたのに対して、護符は日常的な願望の充足を含めて広範囲に使用されることを想定していた。

九世紀に活躍した占星術師アル・キンディー(八七三年頃没)の論考『光線について』もまた、西洋魔術の起源にアラビア科学が関与していることを示している。『光線について』は一二世紀にラテン語訳が成立して、哲学者ロジャー・ベーコンやフィチーノに大きな影響を与えた。錬金術師にとって宇宙に充満している生命霊気を抽出することが最終目標となっていたが、アル・キンディーはこの生命霊気に相当する神秘的な実体を「光」とみなした。魔術師は、魔術図像にこの光を取り込むのである。言葉・音・儀式などを通してこの光が放射されると、他の人間や自然物の光のネットワークに影響を及ぼして、魔術的な結果が生まれるとされる。

護符魔術の系譜は、フィチーノの『生について』において成熟したかたちで展開される。第一巻と第二巻では、憂鬱症の治療法、いかに健康で長寿を獲得するかについて考察している。第三巻の「天界によって導かれるべき生について」は「天界からの生命の獲得について」とも訳されるが、健康の維持と惑星の影響力との関連について占星魔術の観点から論じている。

たとえば第一八章では、魔術的な護符に秘められた力について考察しており、惑星からの影響力がそれぞれの光線によって地上に到達すること、また光線の本体である生命霊気を有効に保存するためには、それぞれの惑星と性質を共有する鉱物・植物・動物を使用しなければならないとしている。さらに音楽、色彩、芳香も利用することを勧め、生命霊気を多く含んでいるものとして葡萄酒、砂糖、澄んだ空気、香料、金、薔薇、シナモンなどを挙げている。護符の作成法の一例として、土星の影響力を獲得するには、手に鎌（あるいは魚）をもって玉座（あるいはドラゴン）に乗る老人（すなわちサトゥルヌス）の像をサファイアに刻まなければならないという。フィチーノの説明と正確に一致しているわけではないが、土星、木星、火星、太陽、金星、水星、月の護符の例としては、「魔術暦」（一六二〇年）に掲載された図版が参考になる。

《3》カバラーと魔術言語

錬金術や占星術（護符魔術）はアラビア科学のヨーロッパへの導入の一環として受け入れられたが、もう一つの神秘学、すなわちユダヤ教神秘主義カバラーもまたルネサンス魔術を形成するうえで重要な要素となる。カバラーのヨーロッパへの紹介の端緒となったのは、ジョヴァンニ・ピコ・デッラ・ミランドラによる評価である。ピコは、ギリシア語、アラビア語のほかにヘブライ語を修得しており、カバラーおよびカバラーによって高められた魔術によってキリスト教を補強しようとしていた。いうまでもなく中世以来の黒魔術とは異質なものであったが、フィチーノよりも明確なかたちで魔術を再評価しようとしたために、教皇庁から異端の嫌疑をかけられた時期もあった。ピコにカバラーを伝えたのはフラヴィウス・ミトリダテスなどのような改宗したユダヤ教徒である。ピコは、カバラーと魔術との融合を目指しており、その最終的な目標は人間が神の境域に接するところまで上昇していくことにある。そのための手段となるのが神と天使の名称であり、天使を招き寄せてその力を借りるためにも神聖言語、すなわちヘブライ語の活用が不可欠であるとされた。

ピコのキリスト教カバラーを継承したのはドイツのヨハネス・ロイヒリンであり、その『驚くべき言葉について』（一四九四年）や『カバラーの術について』（一五一七年）はキリスト教カバラーの中心的な著作となる。キリスト教カバラーの系譜は、フランチェスコ・ジョルジやコルネリウス・アグリッパへと継承されるまで、ルネサンス魔術の中核的な知識として定着する。

▶ピコ・デッラ・ミランドラ　プラトン・アカデミー（アカデミア・プラトニカ）には著名な学者が集まり、その後のルネサンス魔術の一大研究拠点となる。指導者はマルシリオ・フィチーノであり、その弟子ピコ・デッラ・ミランドラ（中央）はキリスト教カバラーを導入し、護符魔術・錬金術とともにルネサンス魔術の重要な部門となる。コジモ・ロッセッリ作。

ユダヤ教神秘主義

ユダヤ教とは、アブラハムを祖先とするユダヤ人が民族として信仰する宗教であり、ヤハウェを唯一神とする一神教である。ヤハウェは神としてユダヤ人と契約を結ぶことにより、民族としてのユダヤ人を守ることを約束する。選別された選民ユダヤ人は、ヤハウェへの信仰を基にして、神から与えられた律法を守ることを誓う。ユダヤ人にとって特に重要な聖典とされたのは、『旧約聖書』の最初の五書、すなわち「創世記」「出エジプト記」「レビ記」「民数記」「申命記」であり、モーセ五書あるいはトーラーとして知られるものである。モーセがシナイ山において直接神から受けた啓示に基づいており、別格の地位にある。このトーラーを基本として、ユダヤ人の生活規定を含めた膨大な注解書、すなわちタルムードが成立する。ヘブライ語は子音だけから成る言語であるためにさまざまな解釈が可能となるだけでなく、解釈そのものがテクストに隠されていたものを表層化していく行為とみなされる。最終的な意味には到達することのないこの解釈行為を神聖視しようとする姿勢は、ユダヤ的心性の中核部分を占めている。トーラーは一種の暗号テクストのようにみなされ、その果てしなく続く解読作業が新しい歴史を形成していくのである。トーラーとタルムードがユダヤ教の主流を構成しているとすれば、その傍流として加わることになるのが、神と直接接触する道を模索するユダヤ神秘主義である。

ユダヤ教神秘主義が登場する背景には、ヘレニズム後期の新プラトン主義・グノーシス主義など神秘哲学の展開、さらには占星術・魔術・降神術などの流行があった。中世以降のカバラーに大きな影響を与えたユダヤ教神秘主義の文献の一つは『セーフエル・イェツィラー（形成の書）』と呼ばれ、すでに三世紀から六世紀にかけて成文化されていた。トーラー、とくに「創世記」の解釈が焦点となっており、天地創造は数・文字・音によって行われたとし、一〇のセフィロトとヘブライ語のアルファベットの二二文字による象徴体系を叙述している（セフィロトの単数形はセフィラーであり、本来は両者を区別して表記すべきであるが、本書ではセフィロトで統一した）。ただしこの段階においては、のちにカバラー体系の中心をなすことになるアイン・ソフ、アダム・カドモン、セフィロト（第四章第二節の《1》を参照）の展開に関する詳しい記述はほとんど見られない。

カバラーの言語神秘主義

カバラーの本体が姿を現すのは、一二世紀後半の南仏プロヴァンス地方においてである。『セーフェル・イェツィラー』のセフィロトは神の属性（流出）とみなされるようになり、人間と神を結ぶセフィロトの階梯を上昇していくことにより神的世界に参入しようとするカバラー体系への道が用意される。イスラムの支配がスペインに拡大するとともに、一三世紀にはカバラーの根本聖典『ゾーハル』がラビ・モーセス・デ・レオンによって編纂される。『ゾーハル』はトーラーやタルムードと並ぶ正典としての地位を獲得する。

一三世紀にはまた、スペインの瞑想的・預言的なカバリストであるアブラハム・アブラフィアによって言語神秘主義が展開された。アブラフィアは、セフィロトの道は初学者には有益であるが、それより深い預言の世界へ参入するには神名の道によるほかはないという視点から預言的カバラーを主張した。ドイツのカバラー学者ゲルショム・ショーレムによると、アブラフィアの言語神秘思想は「言語に内在する次元」を発見しようとするという。言語に内在する

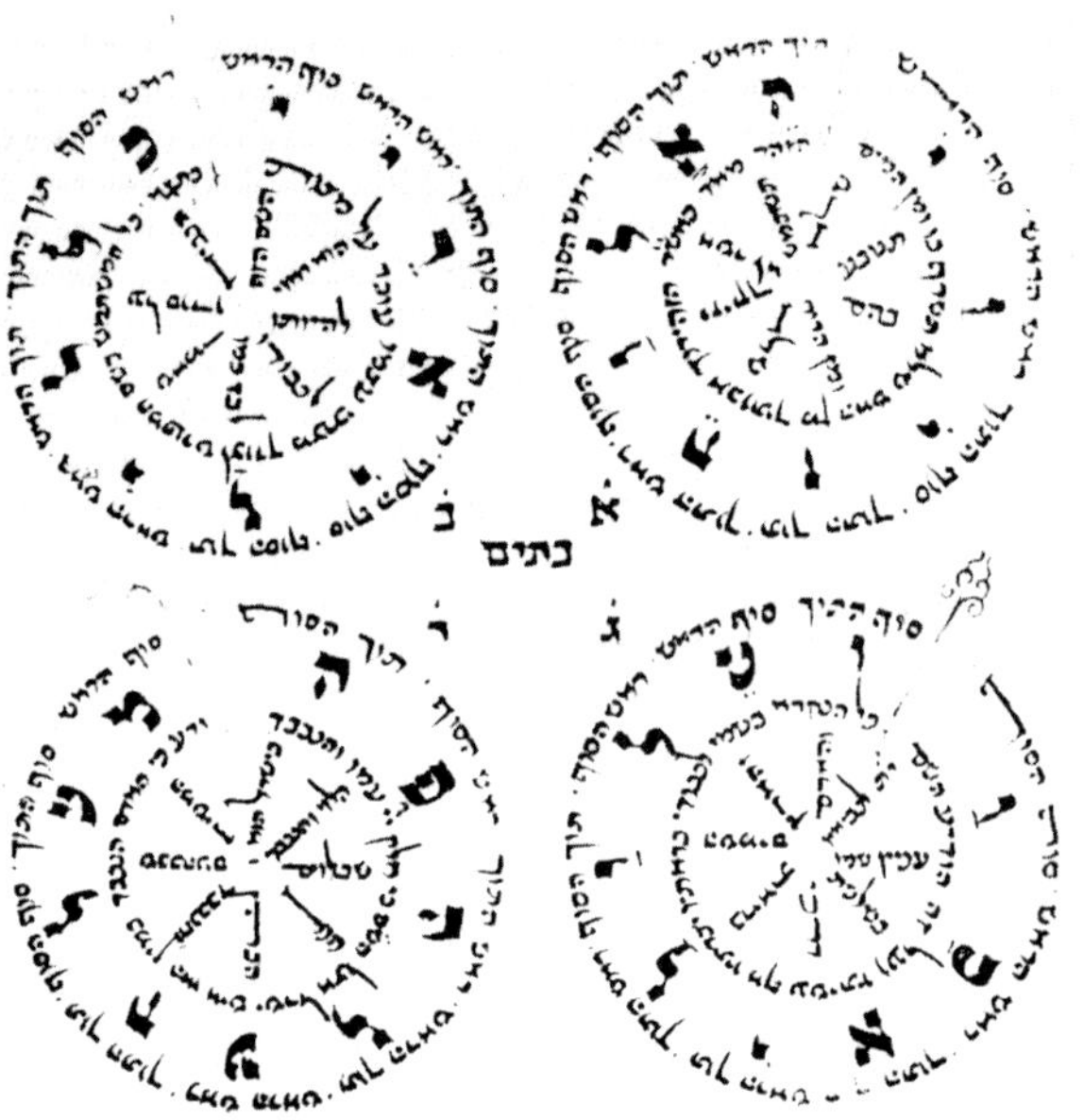

▶アブラフィアの神聖言語　一三世紀スペインのカバリスト、アブラハム・アブラフィアは、セフィロトの道は初学者には有益であるが、それより深い預言の世界へ参入するには神名の道によるほかはないと主張した。本図は、マンダラ図像のように、静止した状態で瞑想の対照とする場合を示しており、意識を高次の境域に引き上げることを目標とする。

次元とは、「伝達できる事柄の伝達に向けられたのではなく、むしろ、指示されることなく言語の内に生き、たとえ表現を与えられたとしても、結局は何の意味ももたず、何ら伝達可能な意味をもたないもの」である。ここには、日常生活を円滑に進めていくために必要な伝達の手段とみなす考え方とはまったく異なる言語観が展開されている。カバラーの言語観をそれ以外の言語観と分かつのは、そこに神的次元を読み込むかどうかという点にある。カバラーの言語論は「神名」を中心に構成されており、「言語とは、この神の名が分解し展開したもの」とみなされる。言語は人間の伝達のための道具ではなく神的世界の本質に関わるものであり、神のすべての力が結集する容器が神名と理解されるのである。「あらゆる世界に達する神の言葉は、無限に意味を孕《はら》んだものでありながら、一つの固定した意味をけっしてもたない。それ自身は意味をもたないもの、それこそがまさに解釈しうるものにほかならない」(「神の名とカバラーの言語理論」)。

ルーリアのカバラー

ユダヤ教神秘主義カバラーの歴史は、一四九二年にユダヤ人がスペインから追放されたことを契機として大きく変化する。カバラー研究の拠点は、スペインからイスラエル(サフェド)の地へと移る。一六世紀に活躍したカバリスト、イサーク・ルーリアは、ユダヤ人の流謫《るたく》からの救済の手掛かりをカバラーの理論に組み込むのである。そこには始原への単なる回帰ではなく、ユダヤ人自らが歴史に参加することにより、始原よりも輝かしい終極(未来)を出現させようとする意図が認められる。ルーリアの創造理論は、神性(アイン・ソフ)の収縮(ツィムツーム)、容器の破壊(シェヴィラート・ハ＝ケリーム)、修復(ティクーン)の三段階に分かれている。創造は、まず神性の自己限定から始まる。神の一部が退いた場所に、創造のための原空間が生まれ、この原空間に原型的人間アダム・カドモンが創造される。アダム・カドモンとは、本来の状態では無限定であったアイン・ソフが、原空間において最初に獲得した形態であり、この段階ではその本質がそのまま維持されている。アダム・カドモンの頭部から光が流れだすと、上位の三セフィロトはその光を受け入れるが、下位の六セフィロトは光に耐えきれず破壊されてしまう。最後のマルクトの容器も一部破損するが、完全な破壊は免れる。純粋な光の大部分はその源泉へと戻っていったが、その残りは破壊された容器の破片とともに投げ出されて、のちに物質界を形成する。

ルーリアの創造理論の独自性は、容器の破壊に続く創造の局面だけでなく、容器の修復の過程を設定している点にある。容器の破壊のさい、最後のセフィロトであるマ

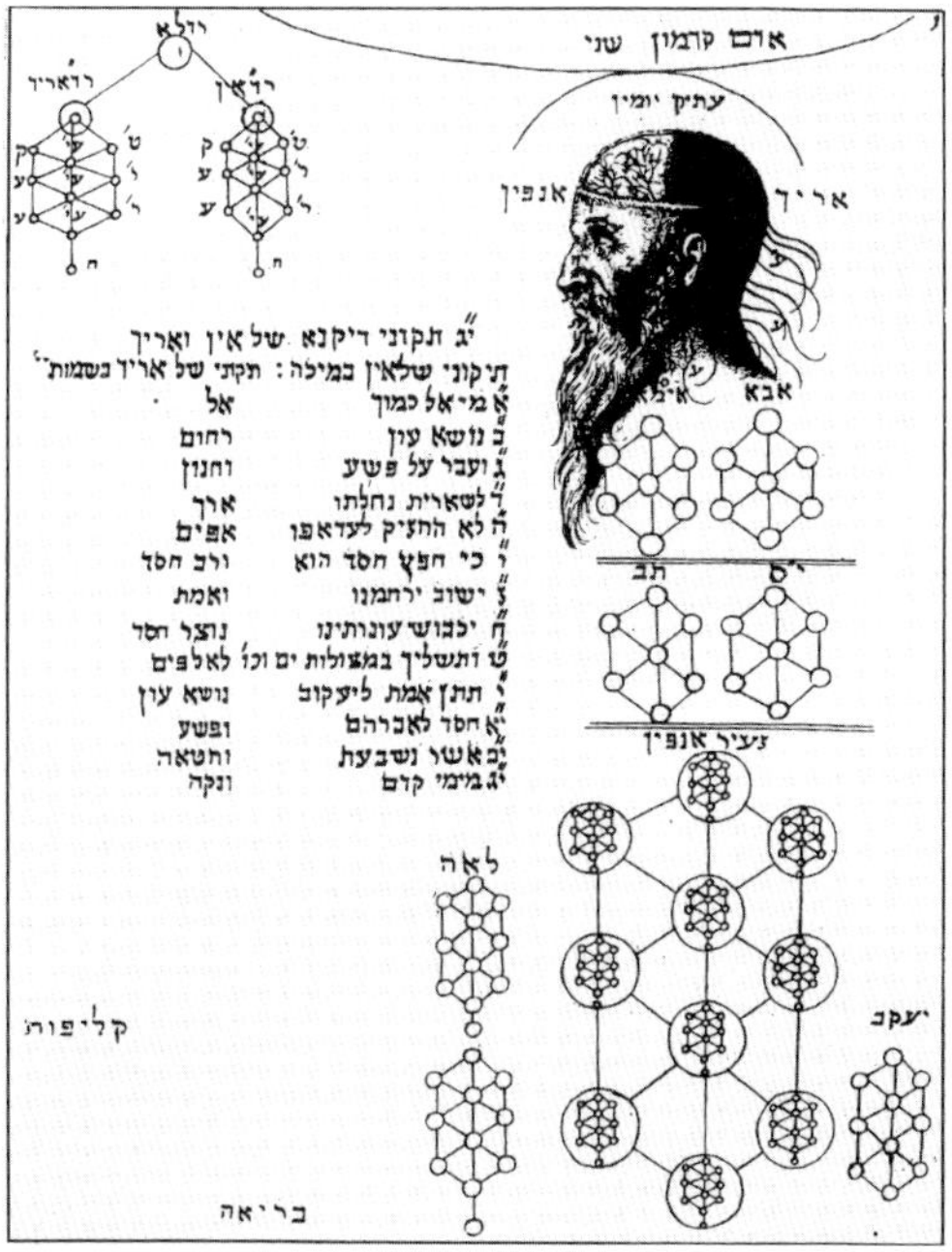

◀カバラーのセフィロトの木　クノール・フォン・ローゼンロートの『カバラー・デヌダータ』(一六七七～八四年)所収のセフィロトの木である。右上の人物像はアダム・カドモンを表わす。『カバラー・デヌダータ』は、黄金の夜明け教団のマグレガー・マザーズによって一八八七年に英訳され、『ヴェールを脱いだカバラー』として出版された。

ルクトは完全には破壊されなかったが、その復帰の過程がティクーンとなる。ルーリアの創造理論は、このティクーンが単なる原型的なアダム・カドモンへの復帰ではなく、より完全な形の神性の完成を目指しているところに特徴がある。アイン・ソフには当初から内在していた異質な要素を析出し、修復を通して真の統一に向かうことが歴史の意味とみなされる。ツィムツームが神性の自己限定の過程であったとすれば、ティクーンは、人間の手を借りた（すなわち、歴史を通して）神性が自己形成する過程である。容器の破壊によってまき散らされたアイン・ソフの光は、最終的にティクーンを通して、以前よりも完全な形で復帰する。そのさい、歴史は終極を迎え、すべての破局は修復されて、聖書が約束する救済が実現する。

Column 1

イタリア・ルネサンス期を代表する画家サンドロ・ボッティチェッリがロレンツォ・デ・メディチ（イル・マニフィコ）の又従弟ロレンツォ・ディ・ピエルフランチェスコ・デ・メディチのために描いた「春（プリマヴェーラ）」（ウフィッツィ美術館）は、一四七八年頃の精神的な高揚感を現在まで伝える作品である。構成については、右側・中央・左側の三部分に分かれる。右側には西風の神ゼピュロス、春の精クロリス、花と春の女神フローラが描かれている。春を呼ぶ西風を象徴するゼピュロスがクロリスをさらって妻とする場面であり、クロリスは花の神フローラと同一人物とみなされる。花々がクロリスの口から現われ、フローラのまとうドレスも花模様であり、春の到来とともに地上を彩る花の姿が強調される。左側には、三女神（愛・貞節・美）とメルクリウス、中央にウェヌスとクピドが描かれている。目隠しをつけたクピドが弓で狙いを定めているのは三女神であり、彼女たちに背を向けたメルクリウスは蛇杖カドケウスで雲や風のようなものを払いのけている。

この作品の主題解釈をめぐる著作や論文は、夥《おびただ》しい数にのぼる。ロレンツォ・ディ・ピエルフランチェスコ・デ・メディチがフィチーノの弟子であったことから、フィチーノの新プラトン主義的な世界観を前提にする解釈が主流となっている。新プラトン主義やヘルメス思想の本質は、人間の神化という問題にある。新プラトン主義者ポルピュリオスは『プロティノス伝』において、師プロティノスについて「彼は、つねに神的なものを目指して努力し、心魂を傾けてそれを愛した」と述べており、「すべてのものの上にある神に近づき合一すること」がその目標となっていたとしている。プロティノスの「美について」（『エネアデス』第一論集第六論文）は、プラトンの『饗宴』で提示された絶対的な「美」への上昇という主題を背景に執筆された著作であり、美と善がともに神的な領域に属するものであることを前提にして、次のように述べる。「ここに至るには、われわれが感性界に降下して身にまとったものを脱ぎ捨て、上の世界に方向を転じて昇っていかなければならない。このことは、神殿の秘儀に参加する者たちに、いままで着ていた衣服を脱ぎ捨てて身を浄め、裸のままで聖域に上ることが要請されるのと似ている。そして、このようにして昇りながら、神に縁のないすべてのものを通過し、純粋な自分にもどるならば、純粋単一で清浄な善をありのままに観ることができる」。霊的な自己が内部に存在する神性に目覚めるという発想は、『ヘルメス選集』の基調になっているものでもある。たとえば「神化、これこそがグノーシス（霊知）を有する人々のための善き終極である」（「第一冊子」）、「ところで、自己を神に等しくしないなら、神を知解することはできない」（「第一一冊子」）という表現に見られるように、人間が神の領域にまで飛翔していくことがヘルメス思想の目標であることを示している。

ボッティチェッリの「春」と護符魔術

ボッティチェッリの「春」に関する解釈の代表的なものとしては、アーウィン・パノフスキーの『ルネサンスの春』（一九七三年）、エドガー・ウィント『ルネサンスの異教秘儀』（一九八六年）やE・H・ゴンブリッチの「ボッティチェッリの神話画」（『シンボリック・イメージ』所収、一九九一年）などが邦訳されているが、最終的な解釈（仮にそういうものが存在するとして話だが）といえるものは紹介されていない。「春」と並ぶ傑作「ウェヌスの誕生」（一四八〇年頃）とともに分析されることが多く、「ウェヌスの誕生」は神聖にして超越的な神の愛を表わし、「春」のウェヌスは人間あるいは自然の愛を表現している。この場合メルクリウスは、二つの愛の中間にあって「人間の理性が成し得ることの可能性と同時にその限界」を象徴する存在である（パノフスキー）。また、「メルクリウスが視線を上げ、魔法の杖を持ち上げているその先に英知の美の光が隠されている」とすれば、ゼピュロスに駆り立てられた情熱は三女神を経由して、メルクリウスにより「英知の美の光」へと導かれる過程を示している（ウィント）。フィチーノにおいてはプラトン的な絶対美がキリスト教的な聖愛（超越的な愛）と重なっており、「春」の中央に描かれるウェヌスは人間の理想像「フマニタス（人間性）」を象徴する。「ウェヌスはフマニタスを意味し、その中には愛と慈悲、品位と度量、寛大と壮麗、美と慎ましさ、魅力と光輝が含まれる」（ゴンブリッチ）のである。ゴンブリッチはまた、中央のウェヌスとの関係から若干矛盾することになることは承知のうえで、三女神が「木星の影響下にある水星（メルクリウス・ヨウィウス）」、「太陽（ソル）」、「金星（ウェヌス）」に相当する可能性を示唆している。

フランセス・イエイツは『ジョルダーノ・ブルーノとヘルメス教の伝統』（二〇一〇年）において、ゴンブリッチの解釈をさらに進めて、「春が恩恵を与える惑星（木星・太陽・金星）を引き寄せ土星を避けるために操作配置された」ものであり、フィチーノ魔術を応用した複雑な「護符」であるという見解を示している。ボッティチェッリの描いた作品は、ロレンツォ・ディ・ピエルフランチェスコに生命霊気を充満させるための魔術的護符であるというのである。ゼピュロスの吹き出す息が「世界の霊気」であり、「星々の影響を媒介する霊気が魔術的護符の裡に捕捉され貯蔵されている」この作品を眺める者に「その霊気を伝達する」のである。

▲ボッティチェッリ「春」 この作品の主題解釈をめぐる著作や論文は、夥しい数にのぼる。フランセス・イエイツは、フィチーノ魔術を応用した複雑な「護符」であるという見解を示している。

「魔術暦」の護符

フィチーノあるいは『ピカトリクス』の護符については、図版のかたちでは残っていないために、正確にどのような魔術図像であったのかはわからない。ここでは参考のために、一七世紀に制作された「魔術暦」を紹介しておこう。

「魔術暦」は、一六二〇年にフランクフルトにおいてヨーハン・テオドール・ド・ブリーによって刊行された魔術表である。縦横それぞれ七〇×一四〇センチメートルほどの銅版一枚刷りであり、中世からルネサンスにかけて登場した魔術的なシンボルをまとめた要覧となっている。オリジナル版は、一五八二年にルドルフ二世に仕えた天文学者ティコ・ブラーエによって制作されたとされているが、実際には別の人物によって編纂されたものである。ブラーエの名前は権威付けのために利用されており、一五八二年という年代も確認されてはいない。

「魔術暦」の版元ド・ブリーは、フラッドの『両宇宙誌』やマイアーの『逃げるアタランテ』など一七世紀初頭のヘルメス＝錬金術的な著作も出版しており、精密な寓意的・魔術的図像を制作していたことで知られる。「魔術暦」は、義理の息子マチュー・メリアンによって彫版された。内容の大部分は、アグリッパの『オカルト哲学』第二巻の第四章から第一四章に掲載された被造物の分類表に基づいている。ヘルメス思想の「一なるもの」に相当する「一」から始まり「一二」までの数を基準として、大天使・天使・事物・身体などの名前が列挙されているが、なかでも重要と思われるのは「七」である。「魔術暦」では中央のかなりのスペースを使用して、七惑星の図像・特性・星印・

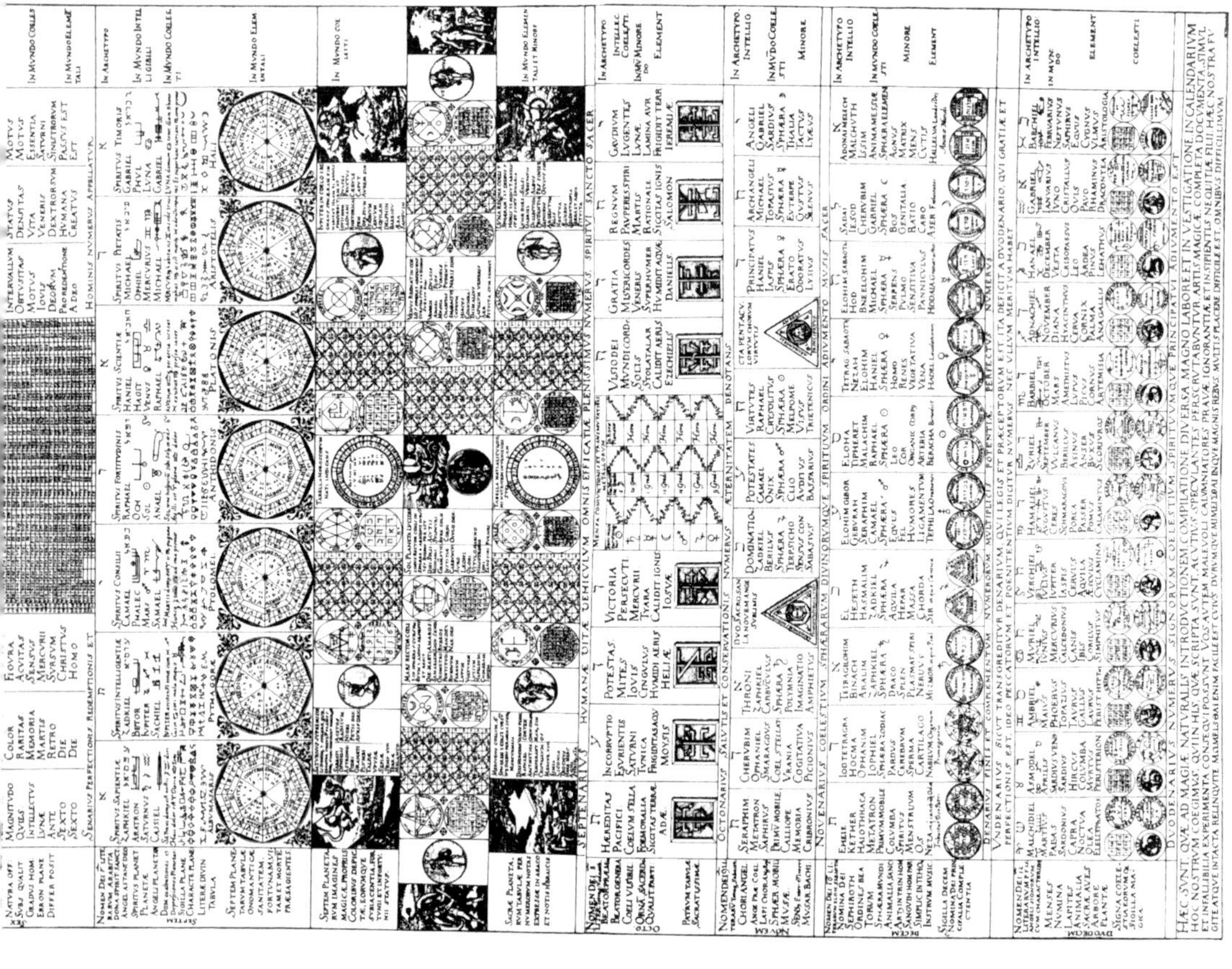

魔方陣などが描かれている。それぞれの惑星の特性と、対応する天使、金属、石（宝石）、色、身体器官は次の通りである。

土星……

大鎌をもつサトゥルヌス（クロノス）（括弧内はギリシア名、以下同）は、有翼の竜に乗って空中を飛ぶ。眼下には手前から、テントのなかに領主、大地を耕し種子をまく男、円内の人物を脅す悪霊などが描かれている。惑星の特性は、天使オフィエル、鉛、花崗岩《かこうがん》、黒、右足・右耳である。

木星……

稲妻の矢をもつユピテル（ゼウス）は、有翼の大鹿に乗って空中を飛ぶ。眼下には、狩猟の場面、壮麗な町が描かれている。惑星の特性は、天使ザキエル、錫《すず》、トパーズ、青、頭・左耳である。

火星……

剣と盾をもつマルスの傍らには、後足で立ち上がるライオンがいる。後方では、軍隊によって包囲された城が炎上している。惑星の特性は、天使サマエル、鉄、ルビー、赤、右手・右鼻孔である。

太陽……

右手に笏《しゃく》をもつ太陽神ソル（アポロン）は、二頭のライオンの引く戦車に乗って進む。惑星の特性は、天使ミカエル、金、ざくろ石、心臓・右眼である。

金星……

弓をもつクピド（エロス）とともにいるウェヌス（アプロディテ）は、左手に燃える心臓をもつ。空では一群の鳥が舞っている。惑星の特性は、天使アナエル、銅、エメラルド、緑、生殖器・左鼻孔である。

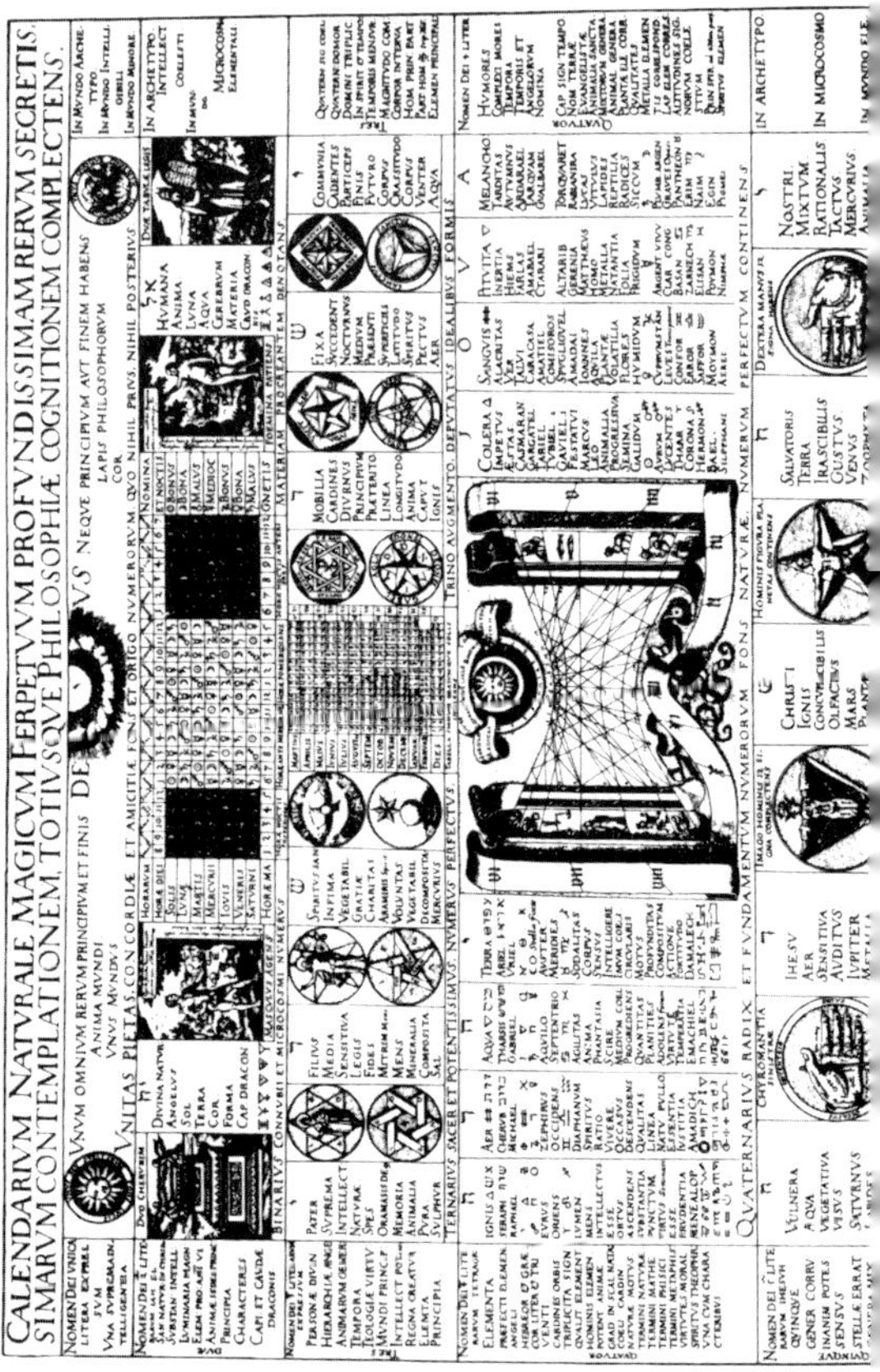

▲「魔術暦」 一六二〇年にフランクフルトにおいてヨーハン・テオドール・ド・ブリーによって刊行された「魔術暦」。中央のかなりのスペースを使用して、七惑星の神名・図像・特性・星印・魔方陣などが描かれている。それぞれの惑星の特性と、対応する天使、金属、石（宝石）、色、身体器官についての記述もある。

水星……

有翼のサンダルとヘルメットをつけたメルクリウス（ヘルメス）は、右手にカドケウス、左手に本をもつ。眼下には、尖塔の高さを測る人物と、のこぎり・蒸留器・パレットなどさまざまな道具が描かれている。惑星の特性は、天使ラファエル、水銀、水晶、左手・口である。

月……

松明《たいまつ》をもつ月神ルナ（セレネ）は、牡牛に乗って海上を進む。火山の噴火、彗星《すいせい》、船などが描かれている。惑星の特性は、天使ガブリエル、銀、サファイア、白、左足・左眼である。

HORARVM	TARAC	SASVR	AGLO	CAER VA	SALA	YAYN	LANOR	NASIA	SALA	SADED ALI	TAMVR	OVRE
HORÆ DIEI	8	9	10	11	12	1	2	3	4	5	6	7
SOLIS	☿	☽	♄	♃	♂	☉	♀	☿	☽	♄	♃	♂
LVNÆ	♃	♂	☉	♀	☿	☽	♄	♃	♂	☉	♀	☿
MARTIS	☿	♀	☽	♄	♃	♂	☉	♀	☿	☽	♄	♃
MERCVRII	♄	♃	♂	☉	♀	☿	☽	♄	♃	♂	☉	♀
IOVIS	☉	♀	☿	☽	♄	♃	♂	☉	♀	☿	☽	♄
VENERIS	☽	♄	♃	♂	☉	♀	☿	☽	♄	♃	♂	☉
SATVRNI	♂	☉	♀	☿	☽	♄	♃	♂	☉	♀	☿	☽
HORÆMA	1	2	3	4	5	6	7	8	9	10	11	12
	HORÆ NOCTIS POSTERIORES					HORÆ ANTE MERIDIANE						

◀▼七曜日の二四時間と七惑星との関係　縦に日曜から土曜までの七曜日、横に一日の二四時間が示されており、その時間帯の吉凶が七惑星によって判断される。太陽、月、木星、金星は吉兆、土星、火星は凶兆、水星は吉凶両面がある。魔術を実践するのに相応しい時間は、「魔術暦」のこの表によって決められた。

TANIC	NERON	IAYON	ABAI	NATALON	BERON	BAROL	THAIN	ATIR	MATHON	RANA	NETOS	NOMINA
8	9	10	11	12	1	2	3	4	5	6	7	ET NOCTIS
☉	♀	☿	☽	♄	♃	♂	☉	♀	☿	☽	♄	☉ BONVS
☽	♄	♃	♂	☉	♀	☿	☽	♄	♃	♂	☉	☽ BONA
♂	☉	♀	☿	☽	♄	♃	♂	☉	♀	☿	☽	♂ MALVS
☿	☽	♄	♃	♂	☉	♀	☿	☽	♄	♃	♂	☿ MEDIOC
♃	♂	☉	♀	☿	☽	♄	♃	♂	☉	♀	☿	♃ BONVS
♀	☿	☽	♄	♃	♂	☉	♀	☿	☽	♄	♃	♀ BONA
♄	♃	♂	☉	♀	☿	☽	♄	♃	♂	☉	♀	♄ MALVS
1	2	3	4	5	6	7	8	9	10	11	12	GNETIS
HORÆ POMERIDIANE					HORÆ NOCTIS ANTERIORES							

SATVRNVS SVPREMI COELI DOMIN, 7. SPHÆRÆ GVBERNATOR. CIRCVLV 30 ANIS 5. DIEB, & HOR: PERCVRRIT DOMIN,

SABBATI.	ACETOS.
OPHTELIS	RADICVM.
ASTRONO:	NIGRI.
FIDEI	PETIS DEX:
GRANATI	AVRIS DEX:
PLVMBI	
TALPÆ	
VPVPÆ	
SEPIÆ	
SEMP: VIVI	
TERRÆ	
MELANCO:	

◀▼サトゥルヌス（土星）　有翼の竜に乗って空中を飛ぶサトゥルヌス（クロノス）。

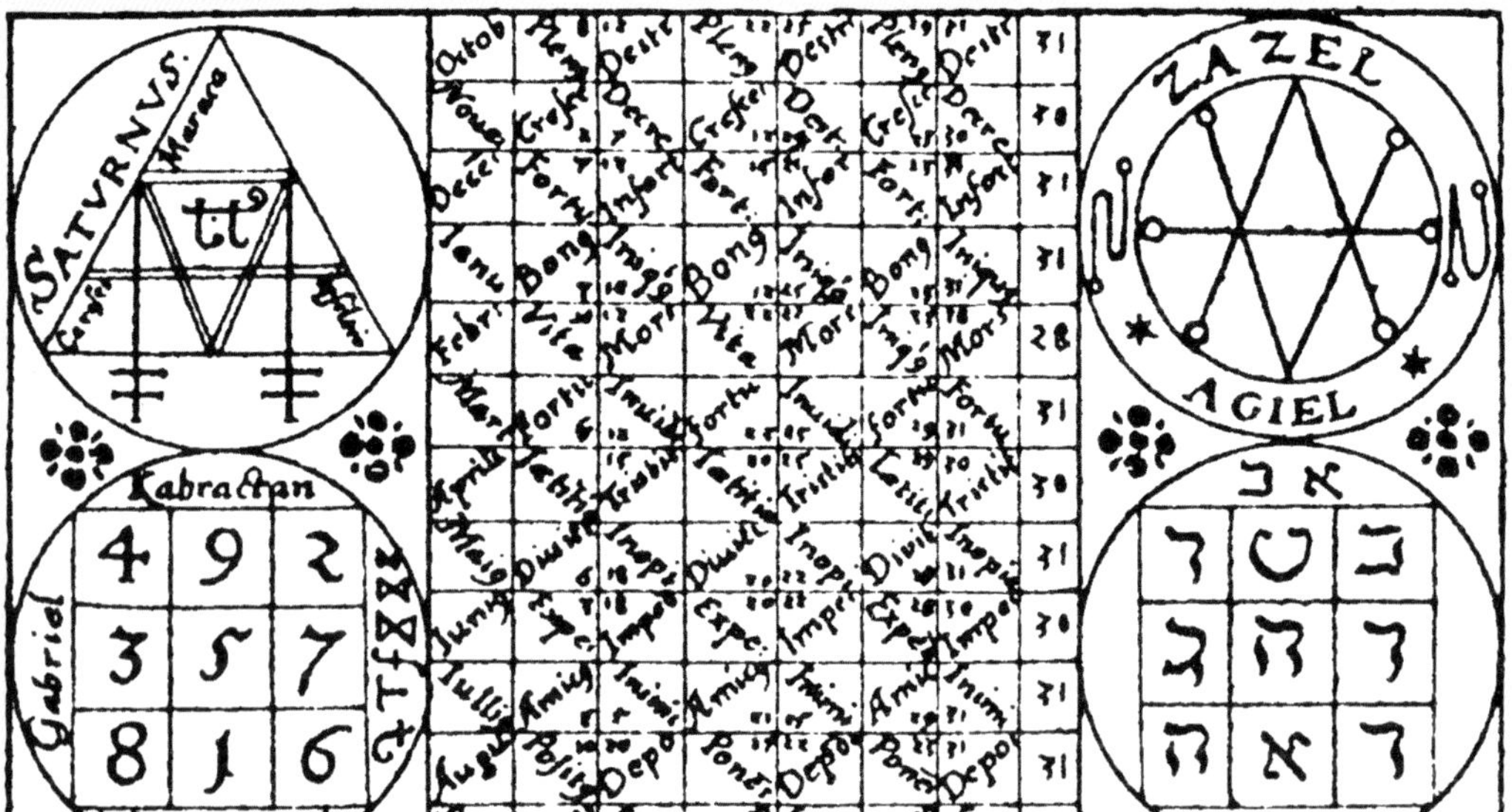

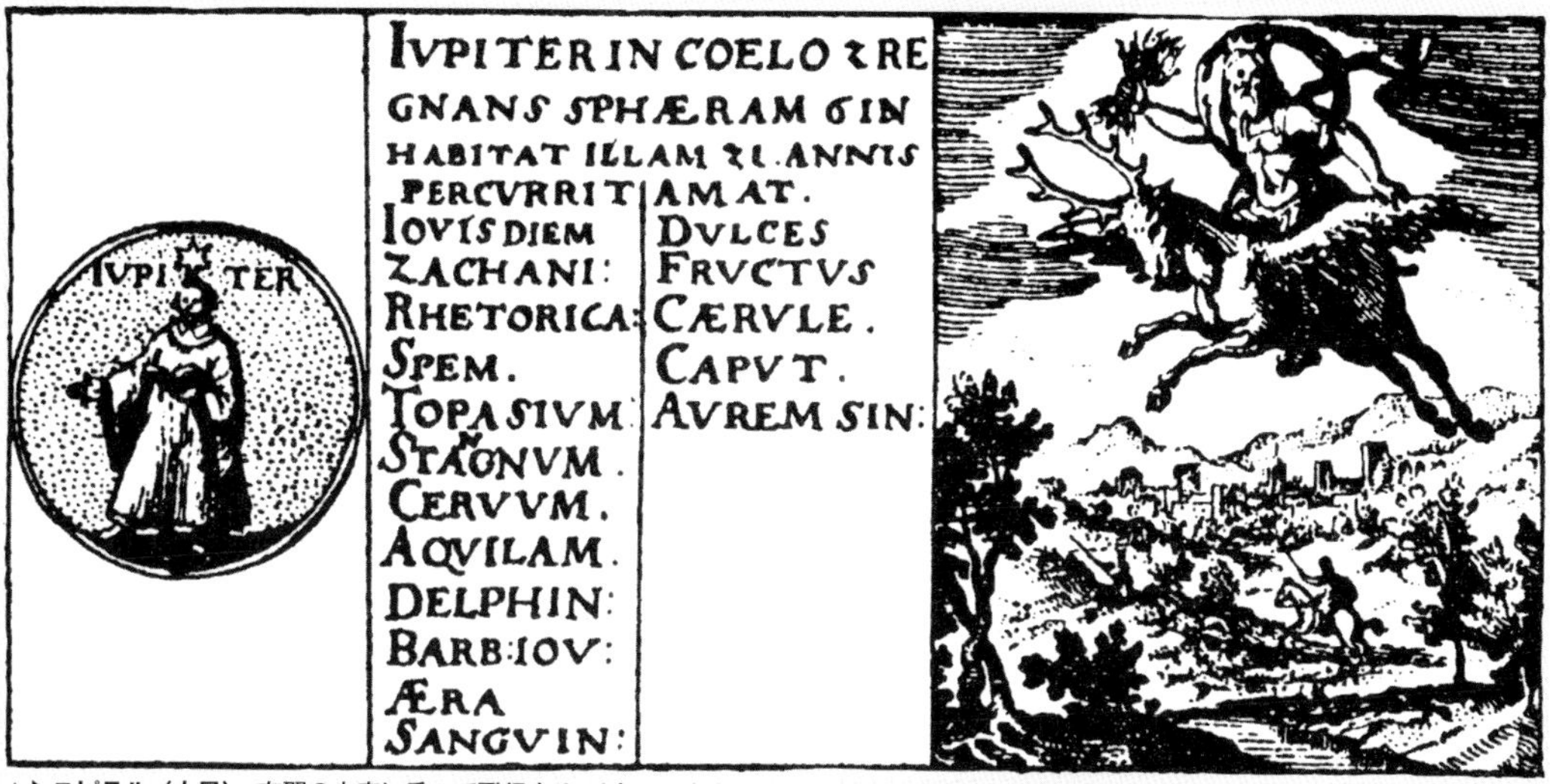

▲▶ユピテル（木星）　有翼の大鹿に乗って飛行するユピテル（ゼウス）。

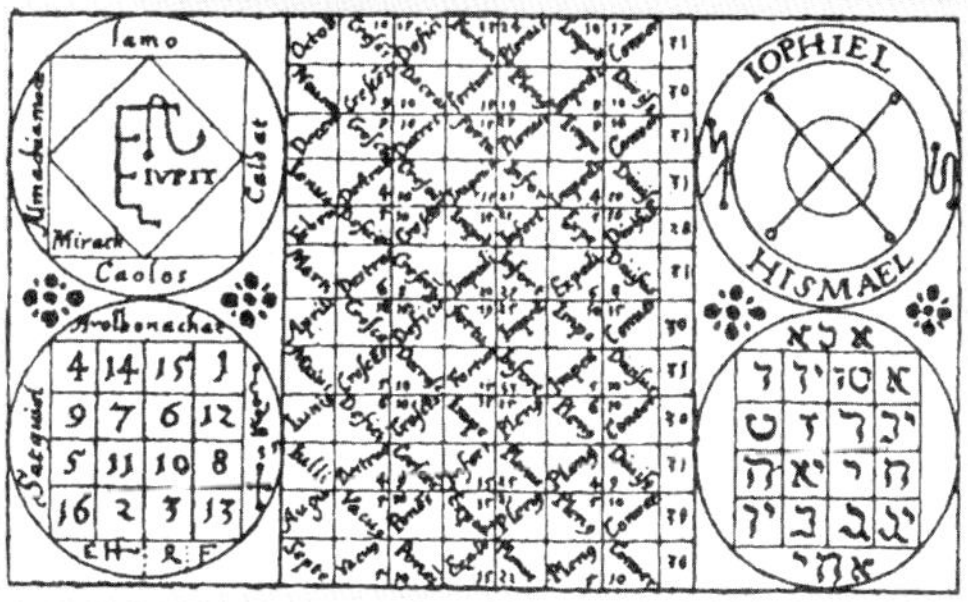

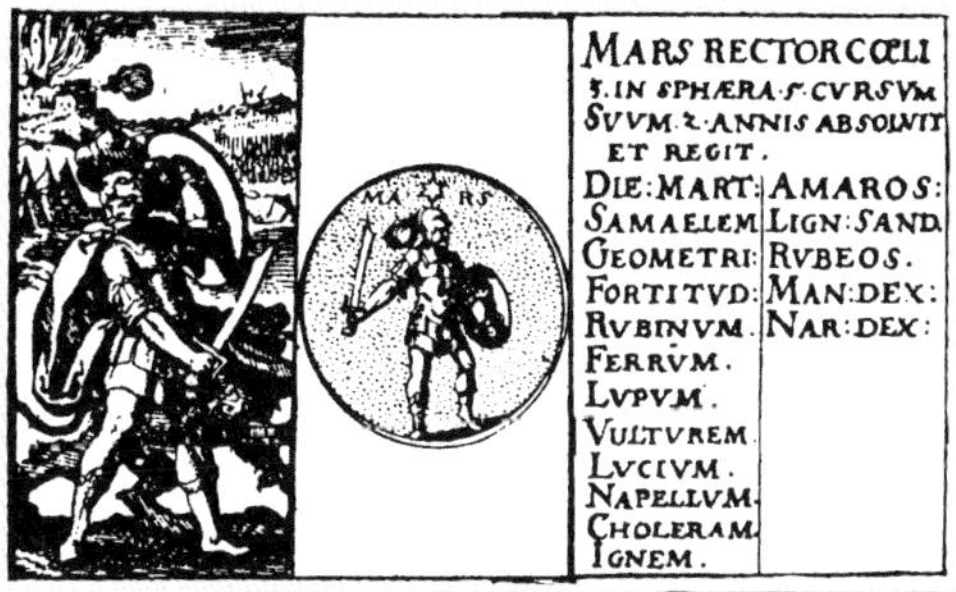

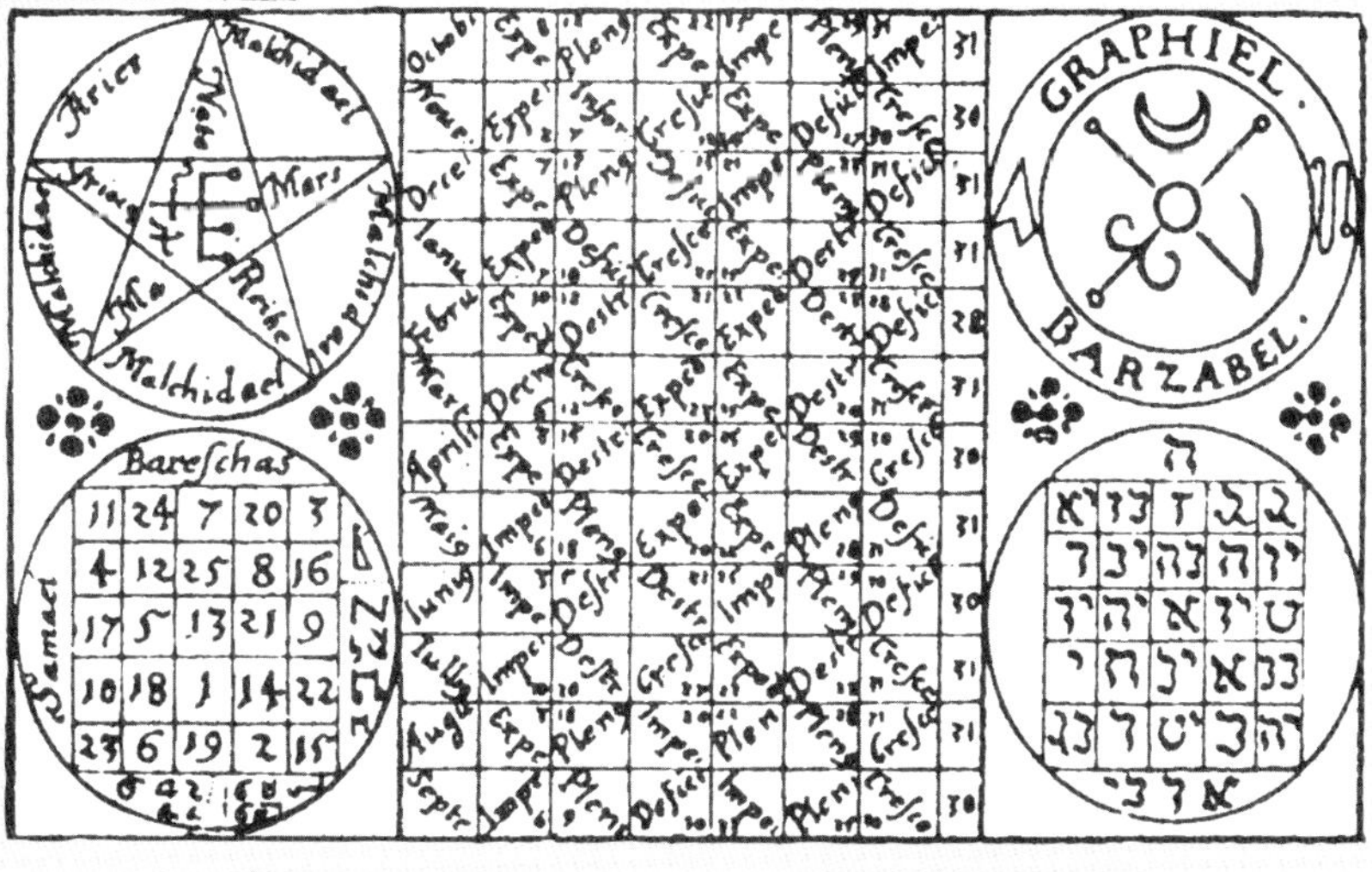

▲▶軍神マルス（火星）　剣と盾をもつマルスの傍らには、後足で立ち上がるライオンがいる。

SOL PLANETA LVCIDIS
SIMVS RECTOR COELI IN
SPHÆRA 4 ABSOLVIT CVRSV
365. DIEBVS PRÆ EST
DIEI SOLIS | ACVTIS.
MICHAELI | SVLPHVRI.
GRAMATIC: | AVRE: COLO.
IVSTITIÆ. | CORDI.
CARBVNCV: | OCVLO DEX:
AVRO.
LEONI.
OLORI.
VITVLO MARINO.
HELIOTROPIO.
IGNI.
SANGVINI | PVRIORI.

▲▶**太陽神ソル（太陽）**　二頭のライオンの引く戦車に乗って進む太陽神ソル（アポロン）。

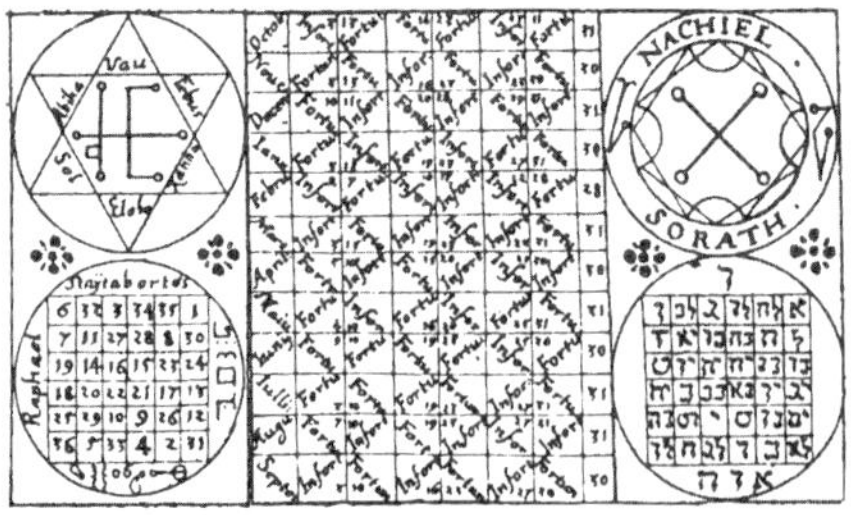

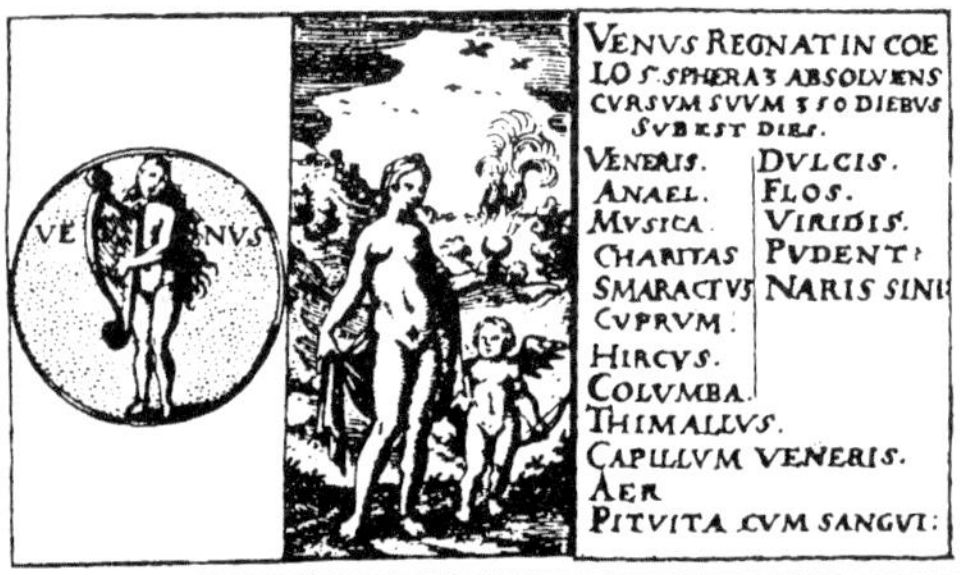

VE NVS
VENVS REGNAT IN COE
LO 5. SPHÆRA 3 ABSOLVENS
CVRSVM SVVM 350 DIEBVS
SVBEST DIES.
VENERIS. | DVLCIS.
ANAEL. | FLOS.
MVSICA. | VIRIDIS.
CHARITAS | PVDENT:
SMARACTVS | NARIS SINI:
CVPRVM.
HIRCVS.
COLVMBA.
THIMALLVS.
CAPILLVM VENERIS.
AER
PITVITA CVM SANGVI:

◀▼**美と愛の神ウェヌス（金星）**　弓をもつクピド（エロス）とともにいるウェヌス（アプロディテ）。

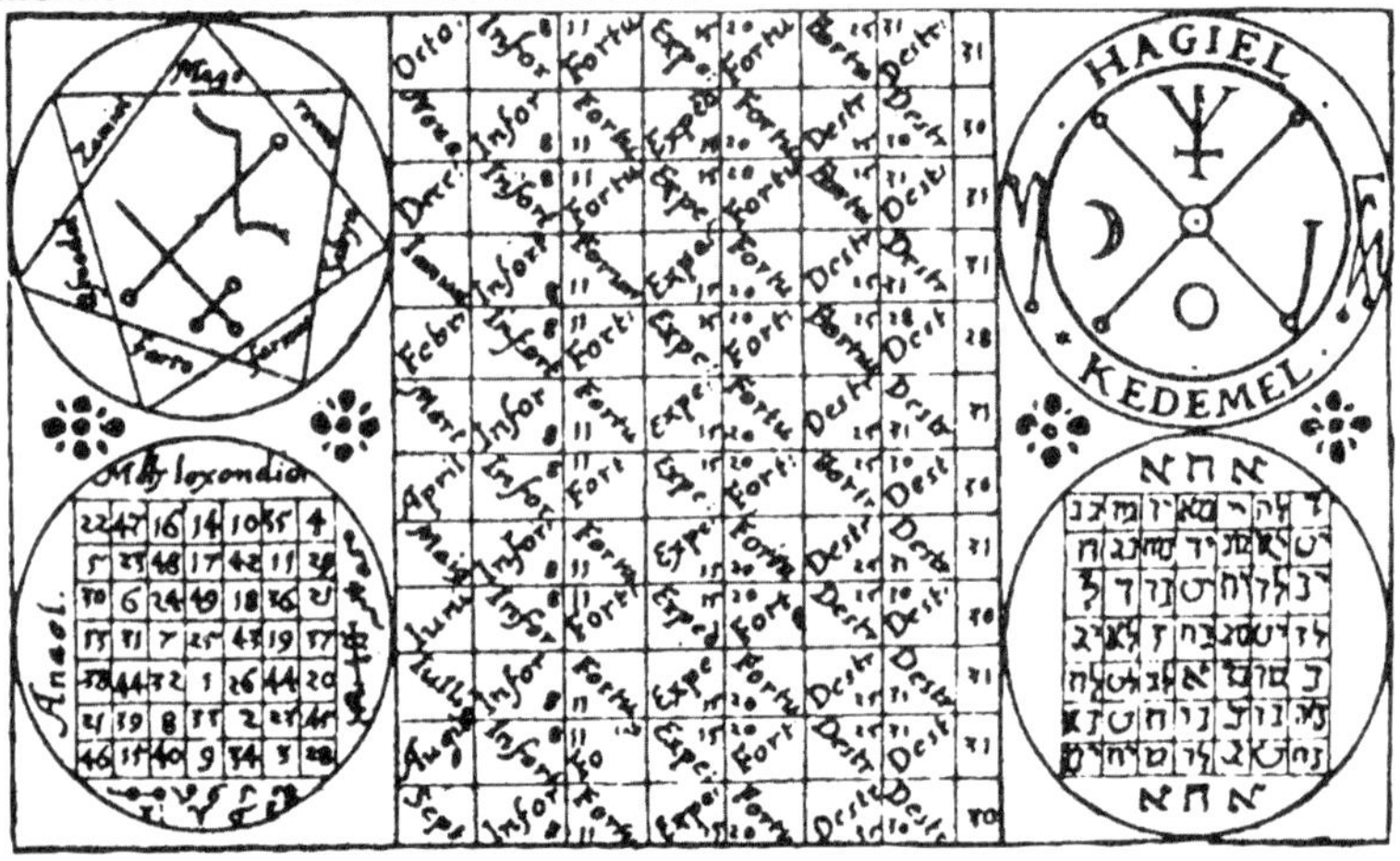

◀▼**メルクリウス（水星）** 有翼のサンダルとヘルメットをつけたメルクリウス（ヘルメス）。

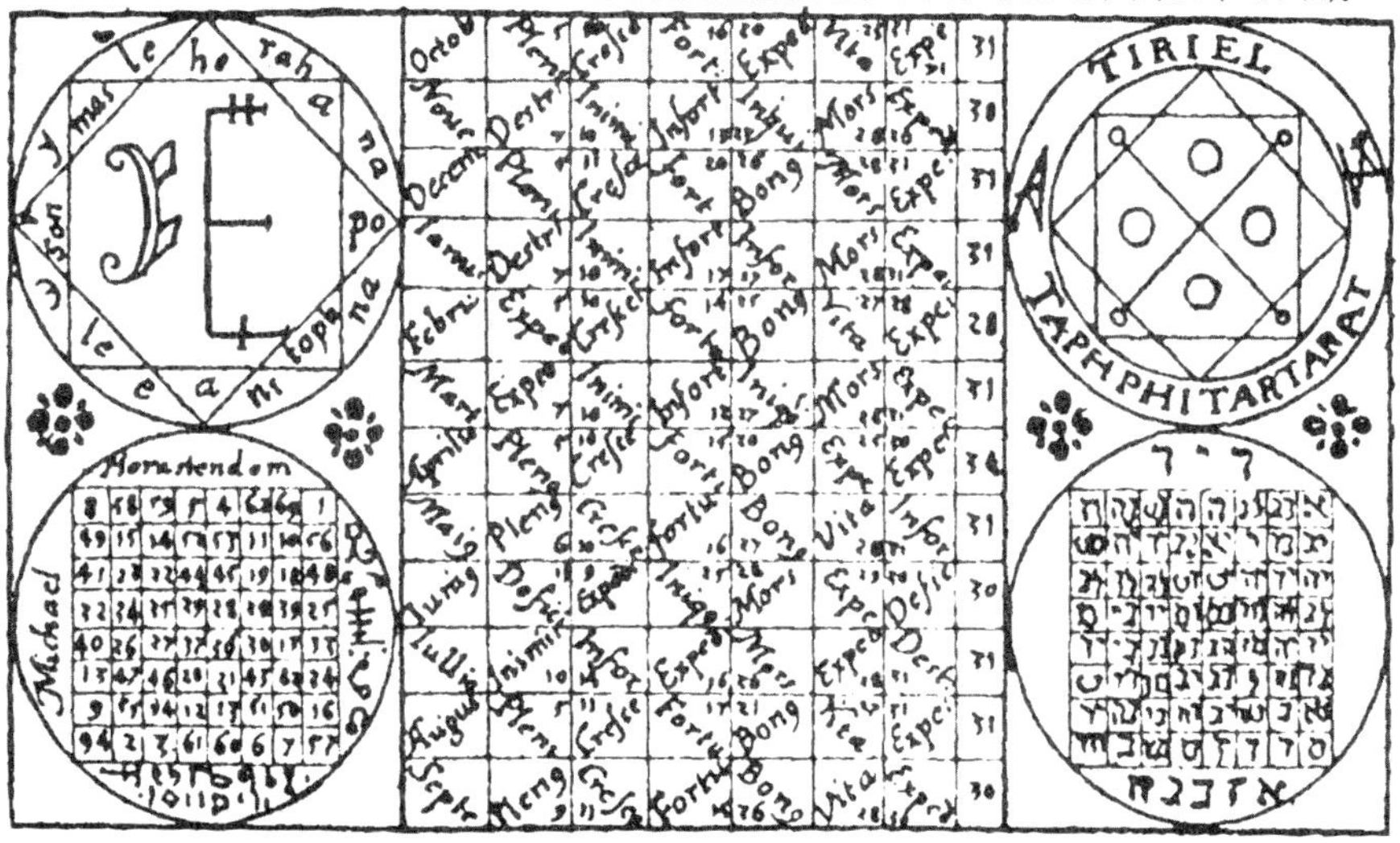

▼**月神ルナ（月）** 牡牛に乗って海上を進む月神ルナ（セレネ）。月神ディアナと同一視されることが多い。

3 ルネサンス魔術の総合

フィチーノとピコによって醸成された錬金術・護符魔術・カバラーを中核とするルネサンス魔術は、哲学の分野ではトリテミウスやアグリッパ、錬金術・占星医学の分野ではパラケルススによって継承されていく。

《I》ルネサンス魔術の総合

ヨハネス・トリテミウスは、一四六二年にドイツのトリッテンハイムに生まれ、一五一六年にヴュルツブルクで亡くなる。トリテミウスは、悪魔に霊魂を捧げる魔術を黒魔術とみなして熱心に魔女迫害の運動を進める一方において、ヘルメス思想に基づく魔術のキリスト教化に強い関心を寄せていた。彼が院長を務めたシュポンハイム修道院の図書室には二〇〇〇巻を超える写本が集められ、ヨーロッパにおける学術の一大中心地となる。占星術・錬金術・ピュタゴラス的数秘論・カバラーなどを含む魔術は、人間が地上的な段階から天使的な段階にまで上昇するための有力な手段となった。

トリテミウスは、暗号術の分野においても先駆的な存在であり、『暗号記法（ステガノグラフィア）』（一五〇〇年頃）や『多元記法（ポリグラフィア）』（一五〇八年）などの著作がある。『七つの下位神格について』（一五〇八年）では、土星はオリフィエル、木星はザカリエル、火星はサマエル、太陽はミカエル、金星はアナエル、水星はラファエル、月はガブリエルというように、惑星を支配する七人の天使を特定している。それぞれの天使が三五四年と四カ月を支配して、七周期が終わると世界が終焉を迎えるという説は、のちの神智学の宇宙論を想起させる点において興味深い。七天使のさらに下位にも精霊の領域が設定されており、トリテミウスの暗号は、こうした天使や精霊を呼び出す手段とされる。天使との交信によって、歴史の推移を預言することができるようになるだけでなく、同時期に別の場所で起きている事象を知ることができるという。ちなみに、一五六一年にパリで出版された『多元記法』には、黄金の夜明け教団の「暗号文書」において使用された暗号記法が含まれている。

トリテミウスのもとで学んだ修道士の一人にハインリヒ・コルネリウス・アグリッパ・フォン・ネッテスハイムがいる。アグリッパは、一四八六年にケルン近郊のネッ

▶**ヨハネス・トリテミウス**　シュポンハイム修道院長トリテミウスは、暗号術の分野においても先駆的な存在であり、暗号法に関する著作がある。1561年の『多元記法』（パリ版）には、黄金の夜明け教団の「暗号文書」において使用された暗号が含まれている。

◀**ハインリヒ・コルネリウス・アグリッパ**　アグリッパは1510年に『オカルト哲学』の原稿を完成し、師のトリテミウスに献呈した。しかし、その公表には慎重であり、最終的に3巻まとめて出版されたのは1533年である。

テスハイムで生まれ、一五三五年頃にグルノーブルで亡くなった。医学・錬金術の分野で大きな業績を上げたパラケルススとほぼ同時代に生きており、魔術の分野において決定的な影響を与えることになった。ケルン大学で学び、各国語に通じ、神聖ローマ皇帝マクシミリアン一世に仕えたこともある。アグリッパは一五一〇年、カバラーとヘルメス思想を軸にして『オカルト哲学』の原稿を完成し、師のトリテミウスに献呈している。しかし、黒魔術師との嫌疑がかかることを恐れたために（実際にその噂が立っていた）、その公表には慎重であり、最終的に三巻まとめて出版されたのは一五三三年である。そのさいに巻末に、「魔術」を含めて懐疑主義の立場で自ら執筆した『あらゆる学問の虚栄と不確実性』（一五二六年）の抜粋を付け加えた。魔術を扱う文書を公表することがいかに慎重を要したかを示している。

アグリッパにとって魔術は、自然世界の知識に通じると同時に、数秘論とカバラーを駆使して天空界と最高天とも通じる最高の学問そのものであった。『オカルト哲学』の第一巻は七四章、第二巻は六〇章、第三巻は六五章から成り、魔術に関わるほとんどの領域を含む百科事典のような構成となっている。

▼護符（1）「創世記」冒頭の5つの文章を、ノタリコンという技法によってつなげて新しい神聖言語を生み出す。ノタリコンとは、単語を構成する文字の一つひとつを、その文字で始まる別の単語にする、あるいは、文章を構成する複数の単語の、最初や最後の文字を集めて、新しい別の単語とする方法である。ノタリコンによって得られた言葉をメダルに刻んで護符とする。左上はメダルの表側、右上は裏側を示している。表側には4列4段の四角形に神名が書かれている（上からIHVH、ADNI、YIAI、AHIH）、周囲の文字は「IHVH、われらの神、IHVH、一なるもの」である。裏側には、ARARITA、すなわち「かの一性は一なる原理、特性は一なる始まり、盛衰は一なるもの」とある。六芒星の中央の言葉は、「創世記」の第1章1～5節の最後の文字を集めたものであり、左側にも同じ文字がある。その下の言葉は、「創世記」の第1章1～5節の初めの文字を集めたものであり、「すべての災いを避ける力がある」とされる。図版は、『オカルト哲学』（1651年版）の第2巻第22章、第3巻第11章、同第30章などに基づいて、バレットが『魔術師』に再録したものである。以下、護符（2）から（3）および惑星の魔術記号（1）から（4）についても同様である。

▼護符（2） ヘブライ語のアルファベット22文字と語末形の5文字を9つの区画（部屋）に3文字ずつ割り当てる。それぞれの文字に1から3つの点をつけることにより、文字を暗号化する。それを順に簡略していくことにより、下部の印章となる。この技法はテムラーと呼ばれる技法の一種であり、文字を所定の表に従って置き換える方法である。図版は、天使ミカエルの印章をもつ護符を示している。

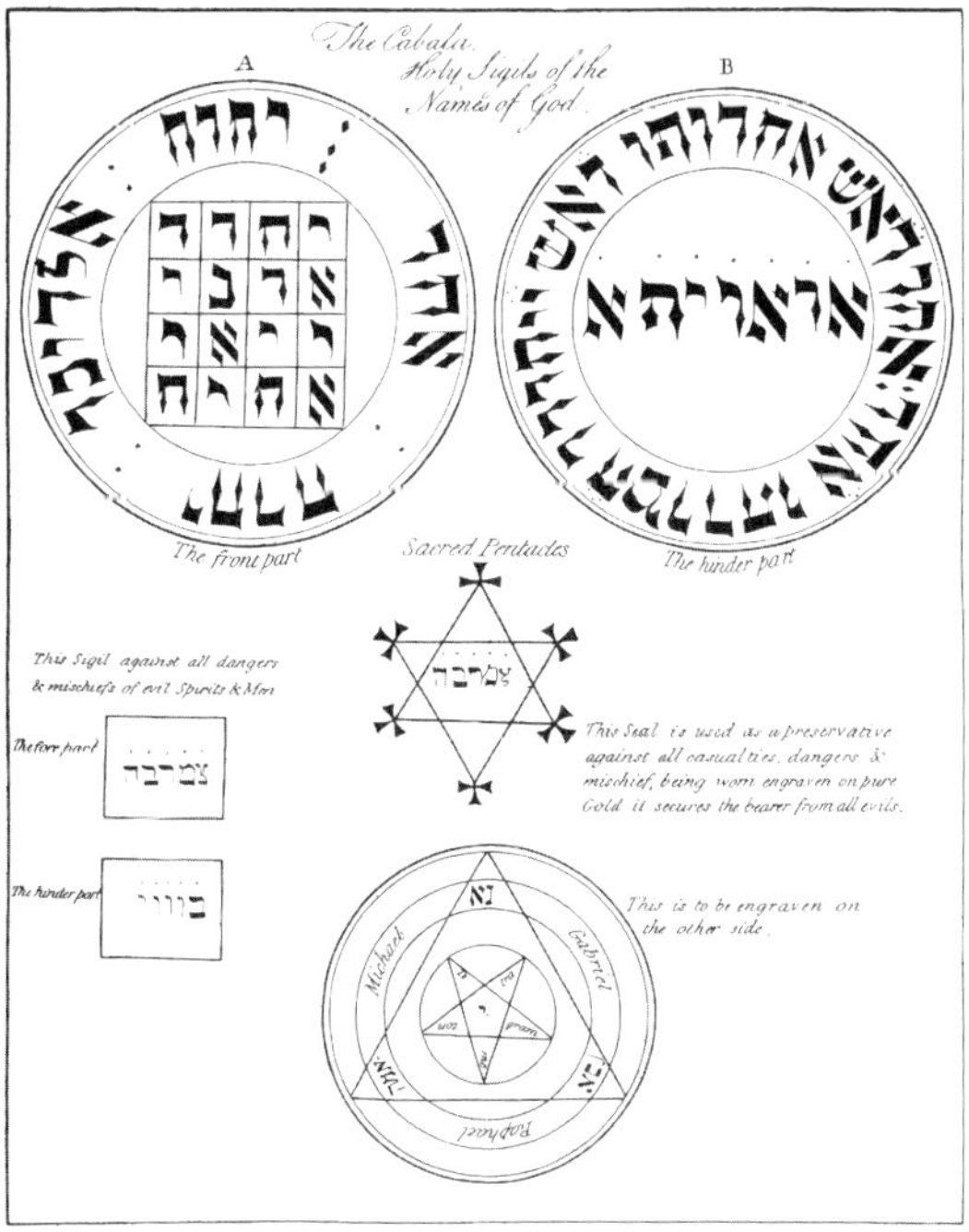

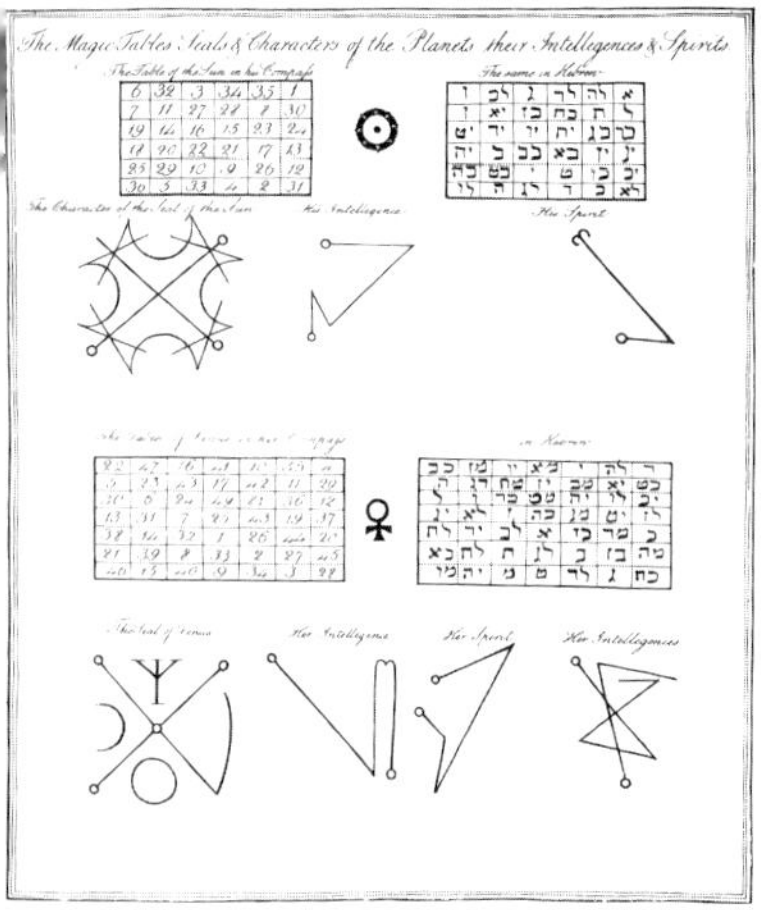

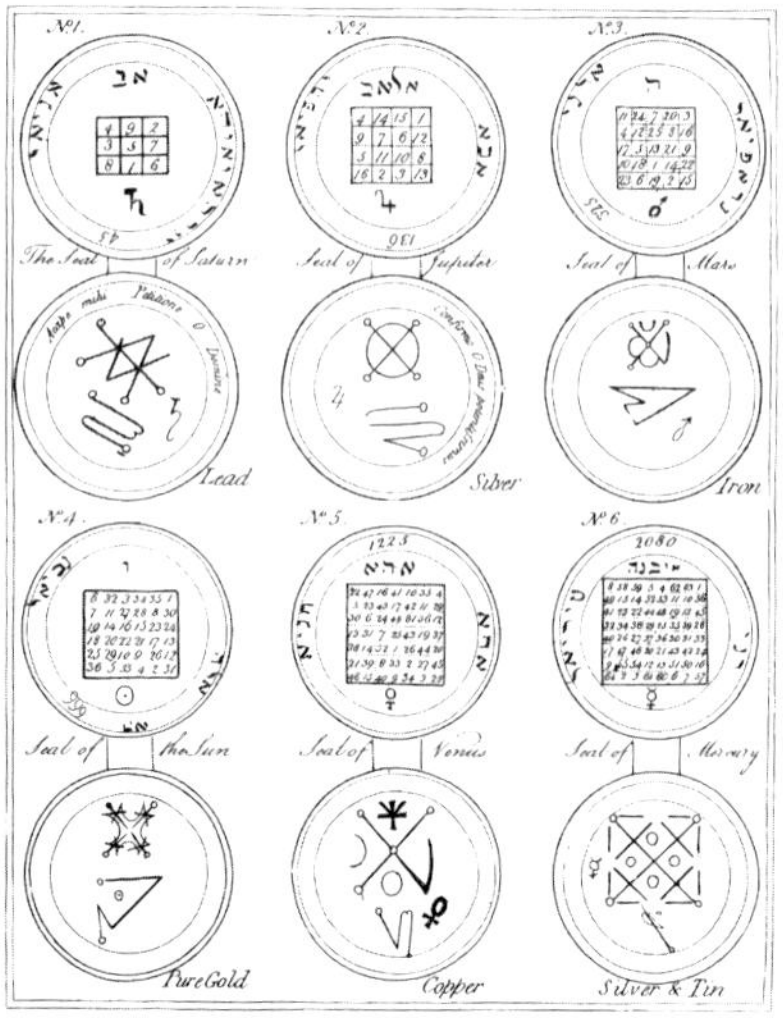

▶**上・護符（3）** 土星、木星、火星、太陽、金星、水星の魔方陣と印章を、それぞれ鉛、銀、鉄、金、銅、錫（あるいは銀）のメダルに刻んで護符とする。

▶**下・惑星の魔術記号（1）** 上から土星、木星、火星の魔方陣（数字とヘブライ語）、惑星の印章、知性霊、精霊の印章。土星の魔方陣は、左側に数字によるものを示し、右側にその数字を文字化したものが示されている。魔方陣は3列3段から成り、そこから3、9、15、45という数字が導かれ、それぞれの数字を文字化すると、アブ（3）、ホド（9）、イアー（15）となる。45からは、ゲマトリアによって、イェホヴァを展開した名（土星の天使）、アギエル（土星の精霊）が得られる。ゲマトリアとは、文字と数値を置換する方法である。ヘブライ語のアルファベットはそれぞれ数値に置き換えることができるために、文字を数値化することにより、文字の奥に隠された意味を探り出すことが可能となる。たとえば「創世記」（18：2）には神がアブラハムに現われる場面でVHNHShLShH（「見よ、3人の人」）という章句があり、この数値は701である。この数値は、ALV MIKAL GBRIAL VRPAL（「彼らはミカエル、ガブリエル、ラファエル」）に等しく、アブラハムに現われた3人の天使はミカエル、ガブリエル、ラファエルと解釈される。

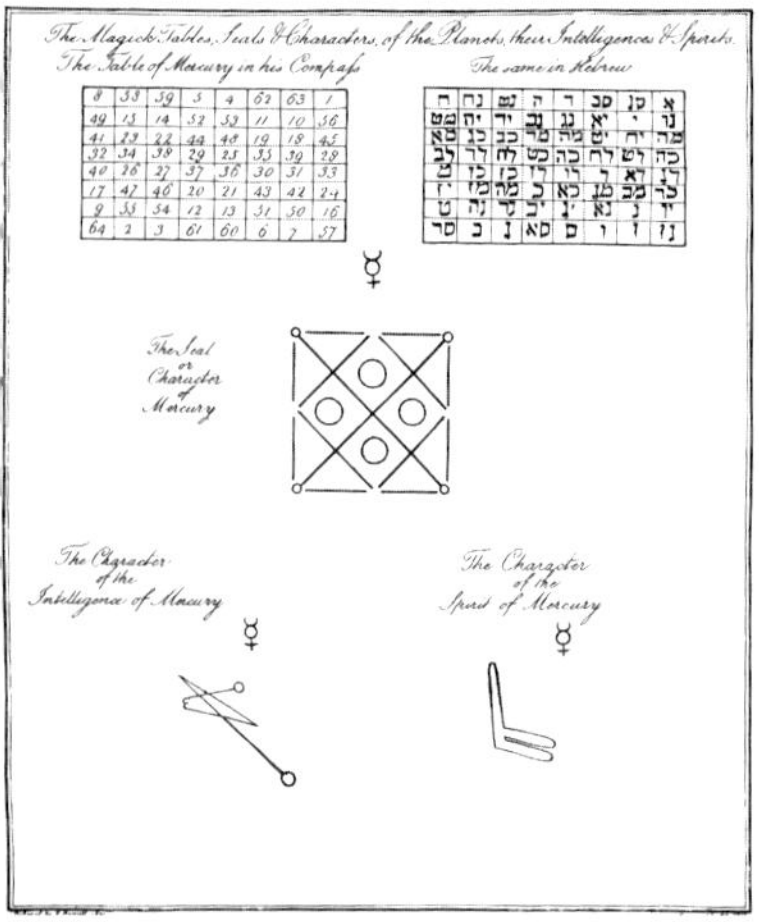

◀**上・惑星の魔術記号（2）** 上から太陽、金星の魔方陣（数字とヘブライ語）、惑星の印章、知性霊、精霊の印章。

◀**下・惑星の魔術記号（3）** 水星の魔方陣（数字とヘブライ語）、惑星の印章、知性霊、精霊の印章。ゲマトリアによって水星の精霊はタフタルタラト（2080）となる。この精霊については、フロレンス・ファーが召喚実験をしていることで名前が知られている（第5章第1節の《3》を参照）。

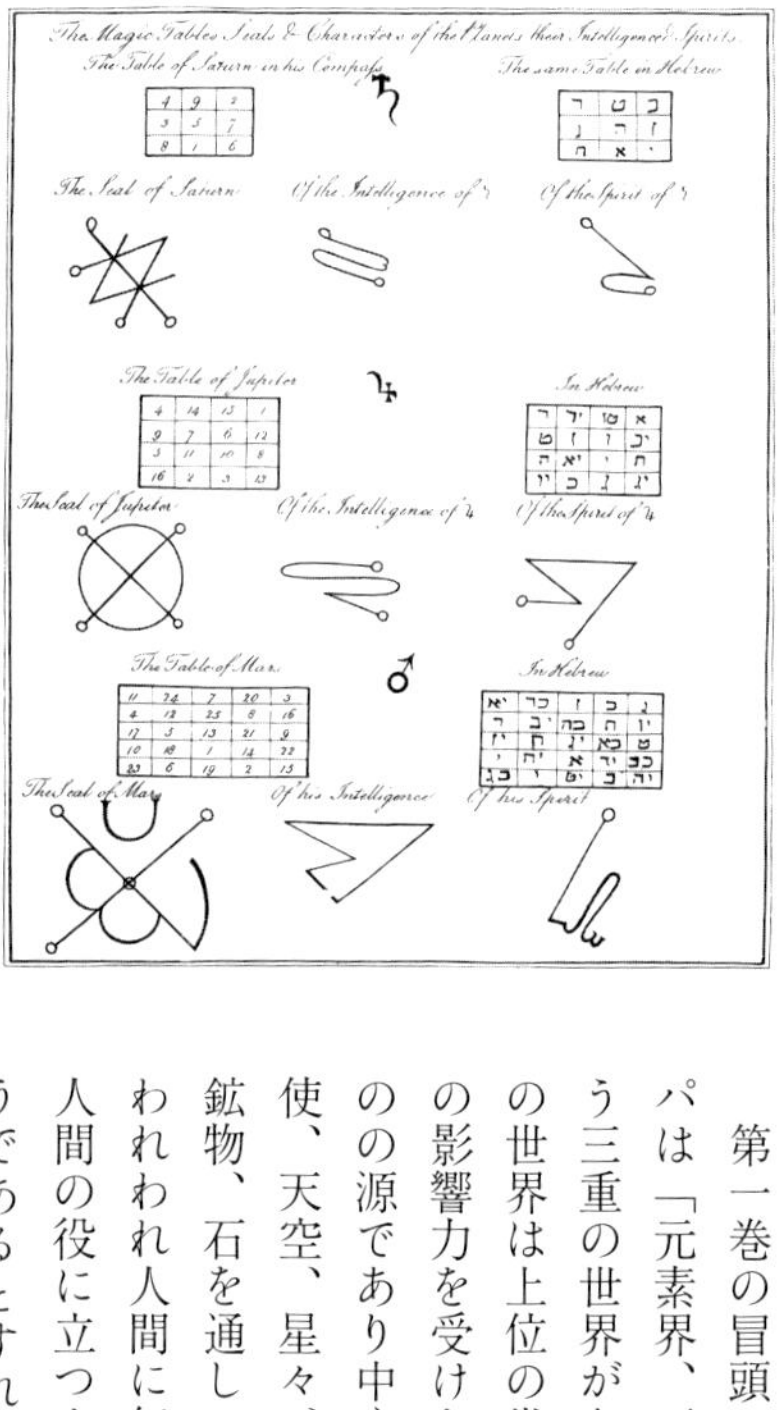

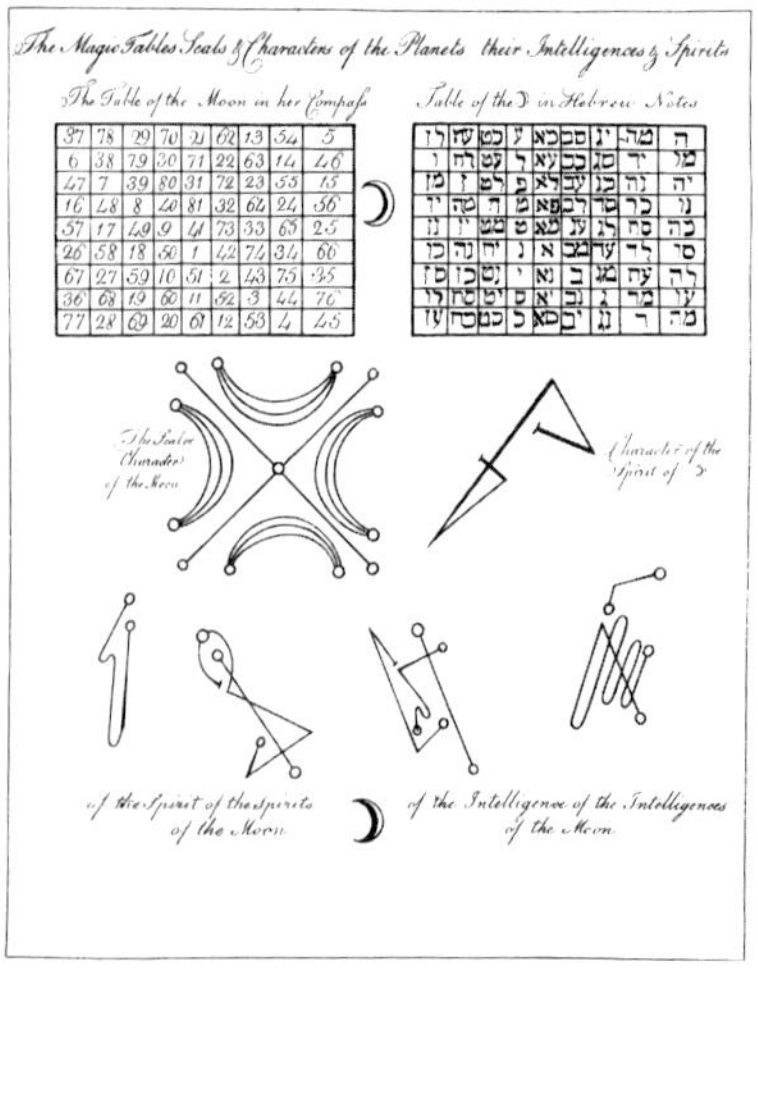

◀**惑星の魔術記号（4）** 月の魔方陣（数字とヘブライ語）、惑星の印章、知性霊、精霊の印章。

第一巻の冒頭において、アグリッパは「元素界、天空界、叡知界という三重の世界があり、すべての下位の世界は上位の世界に支配され、その影響力を受けとめる。すべてのものの源であり中心的な造物者は、天使、天空、星々、元素、動物、植物、鉱物、石を通して、その全能の力をわれわれ人間に伝える。彼は万物を人間の役に立つように創造した。そうであるとすれば、賢者〔魔術師〕は、人間が同じような段階を経て各世界を上昇していき、まさに大元の世界、万物の造物者、万物の始原たる第一原因にまで到達し、優れたものにすでに存在している力を享受するだけでなく、さらに新しい力を上から引き出すことができると考えても特段不条理なことでもない」と述べて、魔術師の目標が万物の造物者たる神の領域に近づくことにあり、その結果として超自然的な力を操作する能力を獲得するという原理を明らかにしている。

　第一巻では、四大元素、事物のオカルト的な力、宇宙霊、共感と反感、七惑星、霊的記号・文字・印章、妖術、占いと予言、人間の知覚と精神の構成、天使名とヘブライ語など自然界の秘鍵について論じている。

▲**エメトの大印章**　ディーは、1582年3月に行われた降霊会において、この魔術的印章のデザインを受け取ったという。エメトは「真理」を意味する。表側は、外側から円・7角形・ヘプタグラムと続き、中央にペンタグラムが描かれている。ペンタグラムに記される天使名は、ザバティエル、ゼデキエル、マディミエル、セメリエル、ノガベル、コラビエル、ラヴァニエル。裏側にはAGLAの文字が刻まれていた。AGLAは、ノタリコンによって、Ateh Gebor Le-Olahm Amen（「あなたは永遠に力強くある、主よ」）と解釈できる。

▶**エノクの肖像**　エノクには、365歳まで神とともに歩み、生身のまま天に運ばれたという伝説がある。そのまま天におかれたエノクと天使たちとの会話に使用された言語が「エノク語」である。15世紀制作。

　第二巻では、根元的な数としての一から一〇までを中心にして、ラテン語、ギリシア語、カルデア語、ヘブライ語の数、魔方陣、音楽、人体と精神の比例、惑星の魔術記号、黄道一二宮の記号など、天空界を数秘論と天使論の視点から論じている。

　第三巻では、まず魔術の実践には敬虔と沈黙だけではなく、キリスト教信仰が必要であることを強調したのち、一〇のセフィロト、魔術治療、天使・精霊、悪霊、天使名、魔術記号・印章、死霊の召喚、霊魂の構成、預言と神託、儀式魔術の準備、儀式魔術などについて、カバラーを援用しながら論じている。

　第三巻の最終章においてアグリッパは、魔術に関する「この書物は、精神が堕落しておらず、正しい生活を送り、貞節と誠実さと健全な信仰をもって神を怖れ崇《あが》める人のためにのみ書かれた」と述べ、魔術が造物者たる神の栄光のために実践されるものであることを強調している。『オカルト哲学』は、魔術が自然と神を知るための完全な学問であるという立場を表明しており、魔術に関してはこれ以前も以後も『オカルト哲学』を超える書物は現われなかったという意味で、西欧魔術の根本聖典となる。

《2》ジョン・ディーの魔術言語

　ジョン・ディーは、エリザベス朝時代における最先端を行く数学者・占星術師・錬金術師として活躍した。ディーを一躍有名にしたのは『象形文字の単子』（一五六四年）

であり、この「象形文字の単子」というシンボルは、宇宙霊あるいは生命霊気を引き寄せる護符の一種と理解することもできる。ディーはまた、天使魔術を実践したことでも知られている。

ディーの天使魔術は、霊媒エドワード・ケリーの協力によって行われ、天使や精霊との交信から成るエノク魔術として展開された。エノクは、「創世記」（四：一七－八、五：二一－四）や『旧約聖書偽典』の重要な文書「エノク書」にも登場し、三六五歳まで神とともに歩み、預言者エリヤや聖母マリアのように、生身のまま天に運ばれたという伝説がある。そのまま天におかれたエノクには天地創造の秘密が明かされるが、そのさい彼と天使たちとの会話に使用された言語が「エノク語」と呼ばれた。それは、アダムが使用していた言語（リンガ・アダミカ）につながるものであり、この言語を通して神の意思を直接知ることができるという神聖言語である。いわば究極の言語としてのアダムの言語は、堕罪によって失われたままになっていたが、エノク語を再興することにより、再びアダムの言語に近づくことが可能であると考えられたのである。

エノク語の再興とは完全言語の認識そのものであり、エノク語はそれ自体が生命をもって自律する言語である。ディーがエノク語を再興する方法として選んだのは、水晶球を見つめることにより、そこに現われる天使と交信する水晶凝視である。この方法は、古くから水晶占いに使用されていたものであったが、ディーはこれを普遍的な言語を獲得する手段にまで高めた。一五八二年の召喚儀式においてディーは、まず聖なるテーブルを用意し、その上に「エメト（AEMETH）の大印章」と呼ばれる魔術的印章をおく。そこに赤い絹布をかぶせ、印章の中央に水晶球をおく。ディー自身は霊視能力がなかったために、天使との直接交信は水晶凝視者（「スクライアー」と呼ばれる）ケリーを通して行われた。ケリーが天使と交信を行い、メッセージを受け取るとそれをディーに伝え、ディーは逐語的に書き留めていった。ディーが自分の聞きたい質問をケリーに伝えることもあった。ディーは、文字と数字を四九列四九行の細かなマス目に書き込んだ文字表を作成して、天使のメッセージを一文字ずつ記録していった。

天使との交信の一部は、「天使への呼びかけ、あるいは鍵」という一九の召喚文として伝えられている。たとえば第一七の祈りの冒頭部分は、「Ils d ialprt, soba upaah chis nanba zixlay dodsih」のように不思議なテクストとなっており、意味は「おお、第三の炎よ、あなたの翼は苛立ちを引き起

▲エノク魔術の文字表　ディーは、文字と数字を49×49の細かなマス目に書き込んだ文字表を作成して、天使のメッセージの具体的な内容を記録した。その内容の一部は「天使の鍵」と呼ばれる「召喚文」として伝えられており、一種のマントラのように使用された。

こす棘」と解されるが、テクストは一種のマントラのように使用されたと思われる。カバラー的な文字＝数値の変換によって天使名も導きだすことができた。天使は、七惑星に関わる七大天使、黄道一二宮に関わる天使、そして四方位（東西南北）に関わる天使というように、上位から下位へと階層を成している。祈願の内容によって召喚される天使が選ばれ、召喚された天使は神的な力をもって、魔術師の望みをかなえたとされる。

　一六五九年に古典学者メリック・カソーボンが『長年にわたるジョン・ディー博士と精霊との交信に関する真実にして忠実な報告』を刊行し、ディーの「交霊日誌」がエノク魔術に関する図版とともに公開される。カソーボンは、ディーの科学者・哲学者としての側面についてはまったく触れることはなく、エノク魔術についても無意味で愚かな技術と評価した。この出版を契機にして、英国国教会もディーを非難するようになり、ディーには「黒魔術師」という悪名が定着することになる。

《3》薔薇十字団の占星医学

薔薇十字団

　一七世紀初頭のドイツに魔術結社としての薔薇十字団が出現する。薔薇十字団は、一六一四年にドイツのカッセルで『友愛団の名声』、一五年に『友愛団の告白』という宣言文書、一六年にはシュトラスブルクで錬金術的な幻想小説『クリスチャン・ローゼンクロイツの化学の結婚』を次々に出版し、あたかも実在する結社のような印象を与えた。しかし実際には、現在に至るまでだれもその姿を確認したことのない幻の結社である。宣言文書の作者はチュービンゲンの学者集団であり、その中心にルター派の牧師ヨーハン・ヴァレンティン・アンドレーエがいた。薔薇十字団は、その後一八世紀ドイツの黄金薔薇十字団、一九世紀のイギリス薔薇十字協会、黄金の夜明け教団、さらにフランスの薔薇十字＝カバラー教団に至るまで魔術結社のモデルと位置づけられることになる。

　薔薇十字団の宣言文書には、ディーのエノク語による天使との交信を想起させるような記述がある。『友愛団の告白』では、薔薇十字団が「あらゆる事物の性質がたちどころに表現され解明される」ような「新しい言語」を創出しており、それは「バベルの言語混乱に覆い隠される以前の、我等が最初の父祖たるアダムやエノクの言語」に比肩しうるものであると述べている。ここで言及されている「アダムやエノクの言語」とは、堕罪以前の神的言語であり、人間が天使や神と語ることができた魔術言語を指している。薔薇十字団の宣言文書は、ディーが亡くなった一六〇八年から数年後に出版されており、この時期に魔術言語への関心が高まりを見せていたことが窺われる。

　『友愛団の名声』では、クリスチャン・ローゼンクロイツの地下霊廟が発見される過程が描写される。地下霊廟には、パラケルスス（テオフラストゥス・フォン・ホーエンハイム）の『語録』『旅行記』『伝記』が収蔵されていた。パラケルススは一四九三年に生まれて一五四一年に亡くなっている。ローゼンクロイツが亡くなるのは一四八四年であり、一六〇四年に霊廟が発見されるまで密封状態にあったとすれば、パラケルススの書物が含まれていることは矛盾している。それでもこの記述は、薔薇十字団がいかにパラケルススを高く評価していたかを示している。『友愛団の名声』にはまた、薔薇十字団の信条として「病人を無料で治療すること」が含まれていることが注目される。パラケルススは、卑金属から貴金属への変成を目的としていた錬金術を、病気治療と医薬の製造へと方向転換させたことで知られている。実践的な側面を特徴とするパラケルスス派の医学は、ドイツのミヒャエル・マイアー、イギリスのロバート・

フラッドのほか、オスヴァルト・クロリウス、ゲルハルト・ドルン、ジョゼフ・デュシェーヌ、ハインリヒ・クーンラートなどヨーロッパ各地の医化学派の医師によって継承されていく。

ロバート・フラッドの占星医学

イギリスを代表する医化学派の医師ロバート・フラッドは、修業時代にイタリアとドイツにおいてパラケルスス流の医学を修得している。薔薇十字団の宣言文書が出版されると同時に教団を擁護する『簡単な弁明』（一六一六年）を発表したのち、主著『両宇宙誌＝大宇宙誌』（一六一七年）などによって占星医学を展開していく。フラッドの著作には精巧な図版が数多く含まれており、言葉による説明以上に明快にその思想を伝えている。とくに『両宇宙誌＝大宇宙誌』に掲載された「大宇宙と人間の図解」は、キリスト教とヘルメス＝カバラーの異教が融合したルネサンス魔術を集約する図版である。頂点にテトラグラマトン（ヘブライ語で神名を表わす聖四文字）が配置され、その内部に三層から成る天使の位階、天空圏（第一動者、恒星、土星、木星、火星、太陽、金星、水星、月）が続き、中心に四大元素の地上世界が描かれている。中央の女性は宇宙霊（アニマ・ムンディ）であり、テトラグラマトンの手から伸びる鎖でつながれているように、神の命令で地上世界を統治する。彼女は、「すべての創造物を養う」とされているように、生命霊気を象徴する存在である。彼女の左手から伸びる鎖は「自然をまねる猿」につながれているが、これは人間の学芸・技術を意味する。

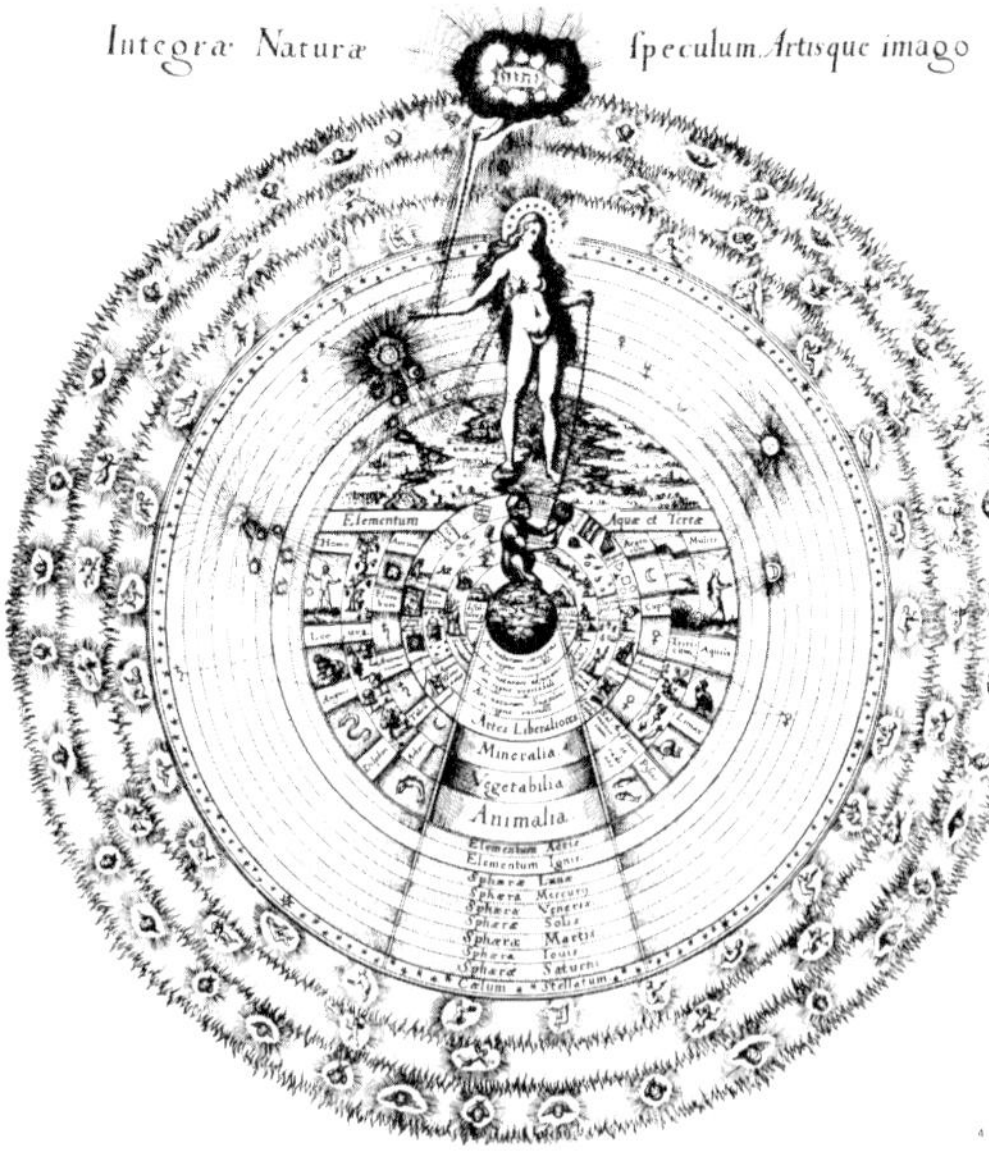

▲**大宇宙と小宇宙の図解**　フィチーノからアグリッパに至るまでのルネサンス魔術を集約する図版。頂点にテトラグラマトンが配置され、その内部に3層から成る天使の位階、天空圏が続き、中心に四大元素の地上世界が描かれる。中央の女性は宇宙霊であり、生命霊気を象徴する。フラッド『両宇宙誌＝大宇宙誌』（1617年）。

フラッドの占星医学については、病気の発症と悪霊を関係づける興味深い図版が『宇宙の気象学』（一六二六年）と『普遍医学＝疫病の神秘』（一六三一年）に収められている。『宇宙の気象学』には、宇宙における人間の位置と気象との関係に関する図解があり、宇宙と人間との間の魔術的な関係を示している。最上部の光のなかに神がテトラグラマトンで示される。その両脇に一〇人の天使が描かれた一〇区画があり、それぞれ神名、一〇セフィロト、天使の位階、大天使、天空圏の名称が見える。巨大な半円には外側から、恒星と惑星、彗星、雲などが描かれ、その下に一二の風が示される。左右には、惑星の相と気象との関係を示す図解がある。中央下に、すべての気象の影響下にある人間が横たわる。気象現象の背景には天使と悪霊が存在しており、人間はその影響下で生きている。

『普遍医学＝疫病の神秘』の図版（三六ページ）では、病気が悪霊の仕業によるとされる一方、人間の健康は天使の恵みによるという発想を示している。神の怒りを表わす悪霊が、東西南北の四方位から「疫病を解き放つ」と風が地上に運んでくる。図版において四方位の悪霊（オリエンス、パイモン、アマイモン、エギン）は、それぞれサマエル、アザエル、アザゼル、マハザエルという悪霊を地上の人間に向けて送り込んでいる。地上では、ミカエル、ラファエル、ウリエル、ガブリエルの大天使が要塞を守る。この状態が続けば、中央にいる人間の健康が守られ、病気になることはない。同書の別の図版では、悪霊が東西南北の四方位から疫病を送り込んでいる構図という

◀**占星術師と占星医学**　占星術師が天球儀やコンパスを使ってホロスコープを描いている。フラッドは、パラケルススに始まる医化学派の医師として、占星医学を実践していた。テーブルや壁の書棚には書物が並んでおり、理論と実践のバランスが重要であることを示している。フラッド『両宇宙誌＝小宇宙技術誌』（一六二〇年）。

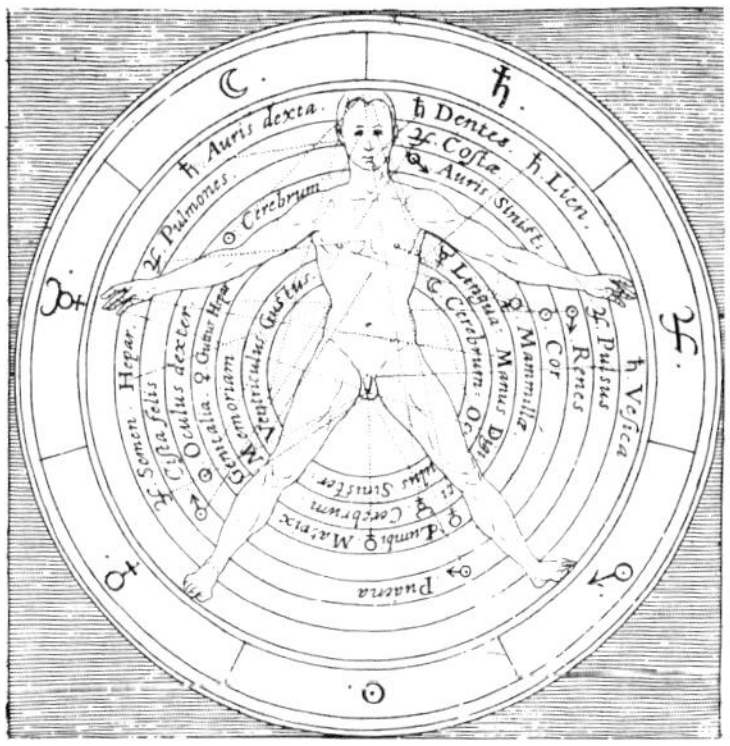

◀**人間の健康と七惑星**　土星＝右耳・脾臓《ひぞう》・膀胱《ぼうこう》、木星＝肺・肋骨・肝臓、火星＝左耳・腎臓・性器・胆嚢《たんのう》、太陽＝脳・心臓・右眼、金星＝胸部・腰・子宮・喉、水星＝舌・手・指、月＝左眼・脳・腹部のように、七惑星と人体の各部の関係を示している。フラッド『両宇宙誌＝小宇宙誌』（一六一九年）。

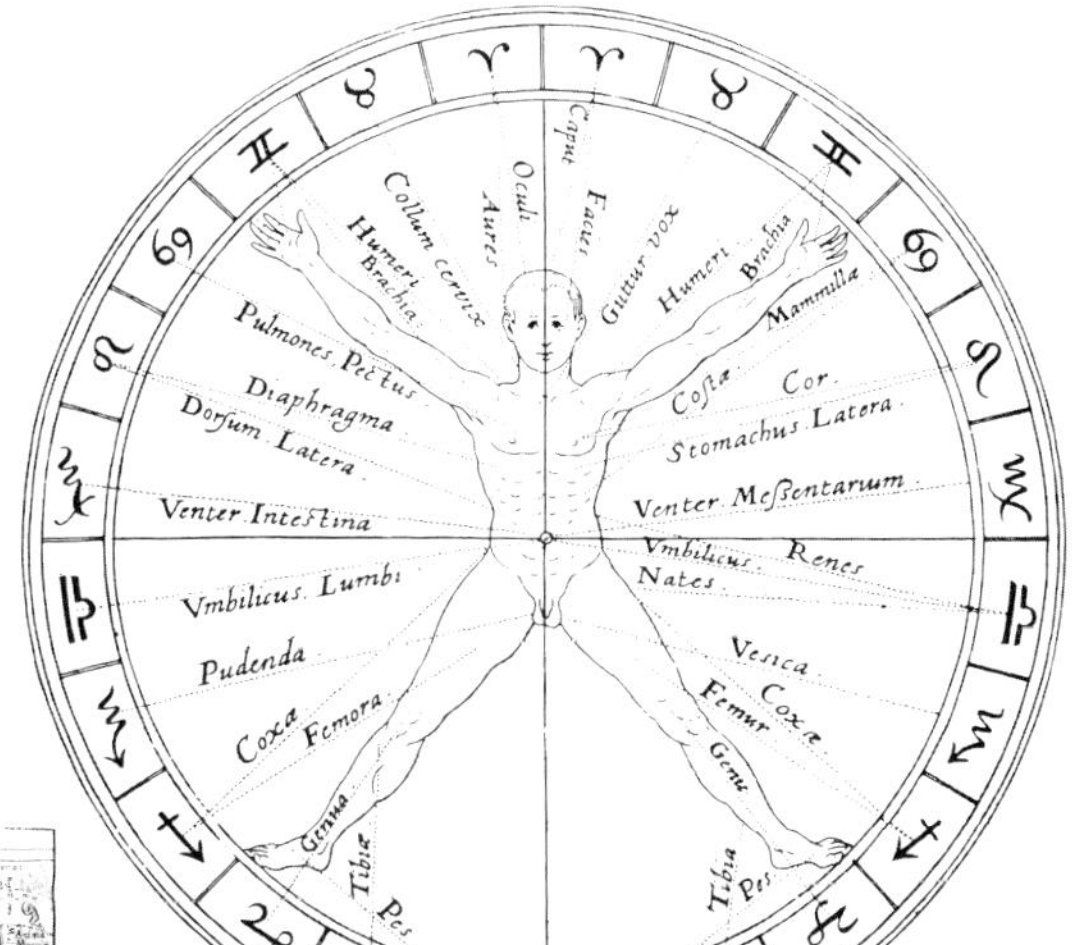

▲**人間の健康と黄道一二宮**　白羊宮《はくようきゅう》＝耳・眼・頭・顔、金牛宮＝首・喉、双児宮＝肩・腕、巨蟹宮《きょかいきゅう》＝肺・肋骨、獅子宮＝横隔膜・背中・脇腹・胃・心臓、処女宮＝腹・腸・腸間膜、天秤宮＝臍・腰・臀部・腎臓、天蠍宮《てんかつきゅう》＝性器・膀胱、人馬宮＝股関節・腿、磨羯宮《まかつきゅう》＝膝、宝瓶宮《ほうへいきゅう》＝脛骨、双魚宮＝足のように、黄道一二宮と人体の各部との関係を示している。フラッド『両宇宙誌＝小宇宙誌』（一六一九年）。

◀**人間と天空現象との関係**　宇宙における人間の位置と気象との関係に関する図解であり、宇宙と人間との間の魔術的な関係を示している。最上部の光のなかに神がテトラグラマトンで示される。その両脇に一〇人の天使が描かれた一〇区画がある。巨大な半円には外側から、恒星と惑星、彗星、雲などが描かれる。中央下に、すべての気象の影響下にある人間が横たわる。気象現象の背景には天使と悪霊が存在しており、人間はその影響下で生きる。フラッド『宇宙の気象学』（一六二六年）。

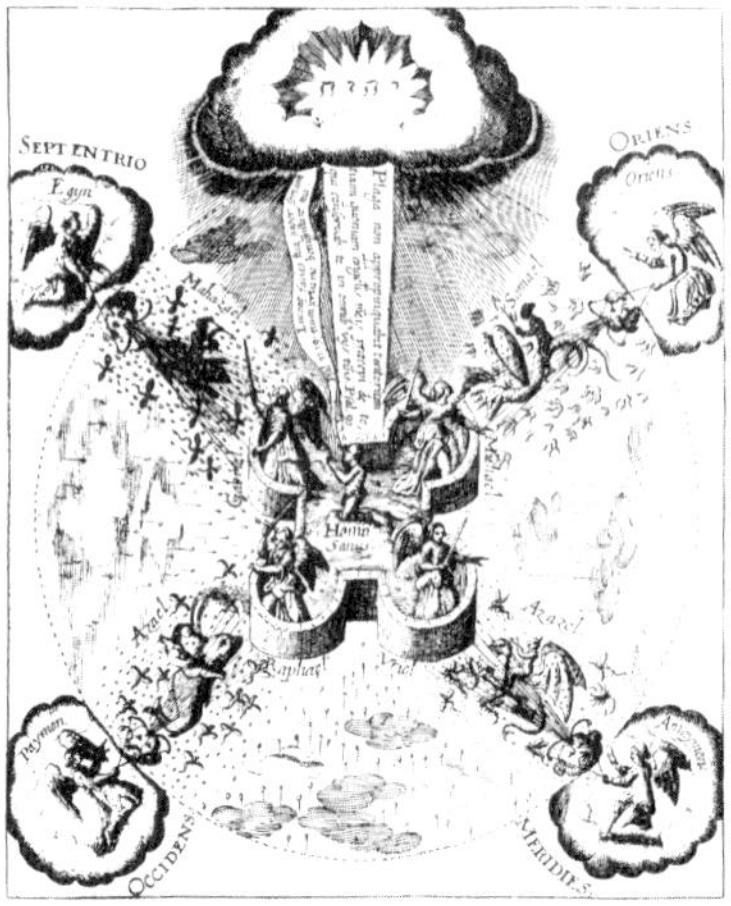

▶健康を守る大天使と四方位の悪霊（1） 病気は悪霊の仕業であり、人間の健康は天使の恵みによる。神の怒りを表わす悪霊が、東西南北の四方位から「疫病を解き放つ」と風が地上に運んでくる。フラッド『普遍医学＝疫病の神秘』（一六三一年）。

点では前図と同じであるが、南（南西）のアマイモンから送られる悪霊が健康の要塞を破っている様子が表わされている。要塞を守っていた四人の大天使は、もはやここにはいない。中央の人間は、すでに病床にあり、医師の治療を受けている。患者は「全能者の矢に射抜かれ、わたしの霊はその毒を吸う。神の恐るべきはわたしに対して脅迫の陣を敷かれた」（「ヨブ記」六：四）と叫んでいる。

　フラッドのこのような著作は一七世紀のいわゆる科学革命が進展する時代に発表されており、彼の魔術的な占星医学や宇宙論はヨハネス・ケプラー、マラン・メルセン

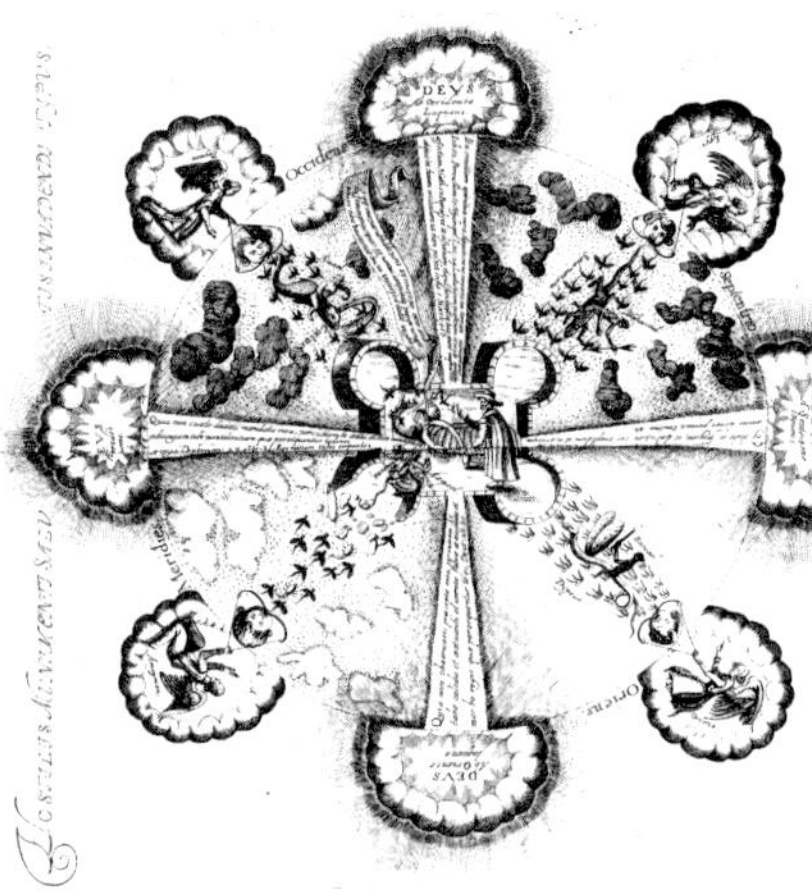

▶四方位の悪霊と健康の要塞の破壊（2） 悪霊が東西南北の四方位から疫病を送り込んでいる構図という点では上図と同じであるが、南（南西）のアマイモンから送られる悪霊が健康の要塞を破っている様子が表わされている。フラッド『普遍医学＝疫病の神秘』（一六三一年）。

ヌ、パトリック・スコット、ピエール・ガッサンディ、ウィリアム・フォスターなどから厳しい批判の対象となった。その後の医学は、自然科学の進歩とともに合理主義的な思考法に基づく方法論が勝利して、フラッドの占星医学的な思考法は評価されることなく歴史の闇へと置き去りにされたかのように見える。しかし、問題はそれほど簡単には片付かない。

　フラッドの思考法の根底には、プロティノスなど新プラトン主義の宇宙霊（生命霊気）の存在を認め、世界を結ぶオカルト的な共感関係を利用して操作することができるという考え方がある。自然科学は、世界の原理として原因と結果に基づく自然法則を導入することにより、魔術的な共感関係にとって替わったと一般には理解されている。しかし、アイザック・ニュートンが物理学よりはるかに長い時間をかけて錬金術を研究していたことからもわかるように、自然科学と魔術との境界はそれほど明確なものとはいえなかった。自然科学と魔術的な思考法との間にはある種の連続性があり、自然科学の実験という手法には、正確さを何よりも重んじる魔術的な儀式の手続きを継承しているようなところがある。錬金術師による金属変成の実験の様子は、それ以後の化学あるいは薬学の実験室とそれほど変わったものとはいえず、科学の刷新に多大な寄与をしたとさえいえるのである。

　魔術が人々の想像力に強く印象づけたのは、何よりも魔術のもたらす驚異的な効果であった。顕微鏡や望遠鏡という科学装置は、新しい魔術装置としての役割を果たすことになった。新しい魔術として自然科学は、少なくとも伝統的な自然魔術を継承しており、両者を分離することはそれほど容易な作業ではなかったのである。

第二章 一九世紀のエソテリシズム

I 占星術と魔術の流行

《1》メスメリズムと骨相学

一七世紀から一八世紀にかけて自然科学が飛躍的に進歩して、合理主義的な思考法が主流となる。合理主義的な思考法は、自然だけでなく社会や人間に適用されて、人々の意識を変容させていく。さらに、市民革命と産業革命を通して、社会は世俗化の波をまともに受ける時代が到来する。自然科学の進歩とは裏腹に人々の精神的な枯渇状態が強まっていき、旧来のままの魔術の復活というのではなく、科学を前提にした新しいかたちの魔術が登場してくる。

その例として、一七七五年頃にフランツ・アントン・メスマーによって創始されたメスメリズムがある。宇宙には磁気を帯びた流体が充満しており、その流れが人間の体内で滞ると病気が起こるという一種の疑似科学である。動物磁気とも呼ばれる流体が、ルネサンス魔術における生命霊気の代替物であることは容易に想像できる。相違は、この流体が当時すでにその存在が確認されていた電気や磁気と関係づけられて、すなわち「科学」的な裏づけをもつものとして提起されたという点にある。したがってアントワーヌ・ラヴォアジエやベンジャミン・フランクリンなど科学者を含むフランス王立委員会が、この流体には「科学」的な根拠がないという結論を出すと、一時的にとはいえ人々の支持を失っていった。それでもメスメリズムは人間の内的な力と結びつけられ催眠術（ヒプノティズム）として生き残り、一九世紀にも影響を及ぼすことになった。

メスメリズムと並んで骨相学という疑似科学も登場する。骨相学は、現在では聞きなれない言葉ではあるが、頭蓋の形状が個人の能力や性格と相関関係をもっているという学問である。医師フランツ・ガルやヨーハン・シュプルツハイムなどによって創始されたが、一八二八年にスコットランドの弁護士ジョージ・クームの『人間の構成』が出版されたことが契機となってイギリスとアメリカ合衆国において急速に普及した。骨相学は、人間の知性と感情などをすべて脳の器官と機能に結びつけ、頭蓋という眼に見える形によってその機能を判断する。家柄や財産が個人の能力を決定するのではなく、脳の構造が個人の資質を決定するという骨相学は、自分の意思によって発達の遅れた能力を発達させることが可能であるという見方をとるために、広く人々に受け入れられていた。一九世紀になると骨相学と結びついて骨相メスメリズムというかたちの催眠術に変容していく。

《2》占星術の再興

天文学の発達とともに、占星術は過去の遺物として消滅していったと考える向きがあるかもしれない。事実はその逆であり、旧来の占星術は機械的な宇宙論に飽きていた人々の心を捉えるだけの魅力を秘めていたのである。一九世紀初頭のロンドンには一〇〇人近くの（！）占星術師が生活していたといわれるが、それだけの占星術師の生活を支えるほどの需要があったとみられる。代表的な占星術師には、シブリー、ラファエル、ザドキエルなどがいる。

　エベネーザー・シブリーは、初めはカルヴァン主義者であったが、のちにスウェーデンボリの信奉者となった。アバディーンで修業した医師であり、パリではメスマーの調和哲学協会の会員であった。一七八四年にはフリーメイソンに加入し、積極的にその活動に参加した。シブリーの代表作は一七八四年から九二年にかけて出版された『占星術たる天空的学問の完全な解説』（全四巻）であり、スウェーデンボリ思想と魔術・占星術を結びつけている。シブリーに

▶エベネーザー・シブリー　スコットランドの医師エベネーザー・シブリーは、スウェーデンボリを学び、パリでメスマーの調和哲学協会の会員となる。一七八四年にはフリーメイソンにも加入する。主著『占星術たる天空的学問の完全な解説』（全四巻）は一七八四年から九二年にかけて出版された。

▶ルイ16世とマリ・アントワネットのホロスコープ　『占星術たる天空的学問の完全な解説』に登場するルイ16世とマリ・アントワネットのホロスコープであり、誕生・死に関する占星術的な図解である。

▲「黄道12宮の影響を受ける女性」18世紀末においても、ルネサンスの占星医学を表わす図版が登場する。シブリー『オカルト学詳説』（1790年）。

▲ラファエル『19世紀の占星術師』 19世紀初頭における占星術の流行を象徴するラファエルの『19世紀の占星術師』のタイトルページには、中央に黄道12宮に取り巻かれたマスター・キーが描かれており、宇宙の謎を解き明かす手段が占星術（＝鍵）であることを示している。

▲幽霊を呼び出すエドワード・ケリー（1）

▶幽霊を呼び出すエドワード・ケリー（2） 魔術円のなかに魔術師が立って精霊の召喚を行うというイメージは、エベネーザー・シブリーの『オカルト学詳説』第2版の図版で一般に流布した。この図版は、エリザベス朝の魔術師ジョン・ディーと助手ケリーが教会墓地で魔術円のなかに立って幽霊を呼び出している図と理解されているが、実際にはケリーとポール・ウェアリングなる人物がランカシャーの教会墓地で行った実験の様子である。

よると、召喚魔術によって呼び出されるのは悪霊だけであり、善霊は呼び出しには応じないという。キリストによって神の怒りが鎮められてからは、悪霊はその力を弱めることになり、悪魔との契約などというものはほとんど存在しない。一方において善霊は、人間を見守っているだけの存在であり、人間の指示などには従わないというのである。一七九二年には『医学とオカルト学への鍵』を出版しており、宇宙霊に端を発し、プリマ・マテリアを介して万物が創造される過程を論じている。

ロバート・クロス・スミス（通称ラファエル）は、一八二二年に「賢者マーリン」という土占いに関する冊子を刊行する。さらに一八二四年に週刊誌「流浪する占星術師」を発刊する。ここには、占星術師の結社「メルクリアイ」の広告も掲載された。この当時の著名なプラトン主義者トマス・テイラーも「オルペウス讃歌」の翻訳を寄稿している。「流浪する占星術師」が休刊となると、今度は占星術と魔術を中心として扱う月刊誌「ウラニア」を発刊する。この雑誌には、「神秘的芸術家ブレイク氏の出生時の星位」というタイトルで、ウィリアム・ブレイクのホロスコープが掲載されたことがある。いずれの雑誌も失敗すると、スミスは原稿をまとめて『一九世紀の占星術師』として出版する。サブタイトルは、「未来の出来事に関するマスター・キー、古代密儀への案内、オカルト学の完全な体系」とあり、「マスター・キー」が実際に表紙に描かれている。一八二五年の第七版は図版入りの増補版であり、バレットの『魔術師』（一八〇一年）と並ぶ一九世紀初頭の代表的な魔術書となる。

▶フランシス・バレット　バレットは、一九世紀冒頭に魔術の復活を象徴するような『魔術師』（一八〇一年）を出版した。彼は、神秘学を教えるような協会をロンドンのメリルボーンに設立し、一二人ほどの限られた受講者を対象にして自ら「オカルト学」の講義をする計画も立てていた。

リチャード・モリソンは、ロバート・クロス・スミスが一八三二年に亡くなったのち、イギリスにおける代表的な占星術師となる。海軍を退いたのち、ザドキエル（ツアドキエル、木星の精霊名）という名前で『ザドキエルの暦』を刊行した。ニュートンの天文学に批判的な立場を表明して、一八六八年に『新しいプリンキピア』を出版した。

《3》魔術の復活

一九世紀の冒頭に魔術の復活を象徴するような書物が出版された。フランシス・バレットの『魔術師』である。彼の生涯については、薬剤師の徒弟をしていたこと、グリニッジやスウォンジーで熱気球の冒険を試みたというエピソードを除いてほとんど知られていない。バレットはある時期、コヴェント・ガーデンで古書店を営んでいたジョン・デンリーなる人物からオカルト関係の書物を借り出して読んでいた。占星術師エベニーザー・シブリーが一七九九年に亡くなったとき、そのコレクションを買い取ったのがデンリーである。バレットは『魔術師』を編纂するにあたり、デンリーから原典となる本を借りたにもかかわらず、出版のさいにそのことに言及することもなく、またデンリーに献本することもなかった。タイトル・ページには「フランシス・バレット」という名前に続けて「FRC（薔薇十字団の同志）」とあり、全体が薔薇十字団の魔術書であることをほのめかしている。『魔術師』の内容は、自然魔術と錬金術、天空魔術と護符魔術、カバラーと儀式魔術から構成されており、最後にトリテミウスやディーなど西洋魔術師たちの略伝が載せられている。大部分はアグリッパの『オカルト哲学』（英語版、一六五一年）を基にしているが、そのほかに偽アグリッパの『オカルト哲学第四書』などを参考にして構成されている。『オカルト哲学第四書』の英語版は一六五五年に出版されており、ピエトロ・ダバーノの作とされる『ヘプタメロン』を含んでいる（その後幾度となく引用される著名な魔術円が掲載されている）。『魔術師』は独創性という点では評価できないかもしれないが、その意義は、アグリッパの魔術世界を『オカルト哲学』などの図版を添えて提供し、一九世紀初頭のイギリスの読者層にヨーロッパ魔術の大枠を示したところにある。

　バレットはまた、神秘学を教育する協会をロンドンのメリルボーンに設立し、一二人ほどの限られた受講者を対象にして自ら「オカルト学」の講義をする計画も立てていた。協会が設立されたという証拠はないが、バレットの弟子という人物も現われ、魔術を研究・実践する私的なグループが存在していた可能性がないわけではない。実際に現在ウェルカム図書館に保存されている『魔術師』初版には悪霊についてはカラ

◀バレット『魔術師』の「悪霊」(1)　バレットの『魔術師』の初版には、数枚のカラー図版が収められていた。本図は、そのための用意されたバレット原画、B・グリフィス彫版による銅版画である。

◀バレット『魔術師』の「悪霊」(2)　魔術師が召喚する悪霊のイメージは、バレットの『魔術師』のような一九世紀の出版物を通して流布した。

ー図版も挿入されており、計画通り設立されていれば『魔術師』はその根本聖典になるはずであった。

一八一五年に『錬金術哲学者列伝』という本が匿名で出版される。この本の「錬金術哲学者」の綴りは「alchem*ystical* philosophers」であり、イタリック体で示したように「神秘的」という意味が含まれている。この本の増補版は、その後黄金の夜明け教団と関わることになるアーサー・E・ウェイトの編集により一八八八年に出版された。『魔術師』には「錬金術」のセクションもあることから、『錬金術哲学者列伝』の著者がバレットであるという説もある。その可能性はないとしても、一九世紀初頭において神秘的錬金術の需要が存在していたことを窺わせる。

2 ウィリアム・ブレイクの「幻視による肖像」

《I》ブレイクとカバラー

ウィリアム・ブレイクは、初期には『天国と地獄の結婚』（一七九三年）や『無垢と経験の歌』（一七九四年）など明澄な詩・散文詩を書いていたが、後期になると『ミルトン』（一八〇八年）や『イェルサレム』（一八二〇年）などのような難解な詩作品を執筆する。『イェルサレム』の第二章の冒頭には「ユダヤ人に」と題する文章があり、「あなたがた（ユダヤ人）は、人間が昔その巨大な肢体に天と地のすべてを含んでいたという伝統をもっている」という表現が含まれており、ブレイクがカバラーのアダム・カドモンを知っていたことを窺わせる。ブレイクにとってカバラーは、一八世紀のドルイディズムを経由している可能性が高いが、当時のロンドンには実際にカバラーを教えるユダヤ人のラビが居住していたことも確かである。マッケンジー（後述）は『ロイヤル・フリーメイソン百科事典』において、ドイツ生まれのユダヤ人ヨーハン・F・ファルクは一八二四年にロンドンで亡くなる前には「カバラー学院」の院長を務めており、彼の父「カイン・ファルク」もまたカバラーに精通していた、と証言している。同時代にはサムエル・J・

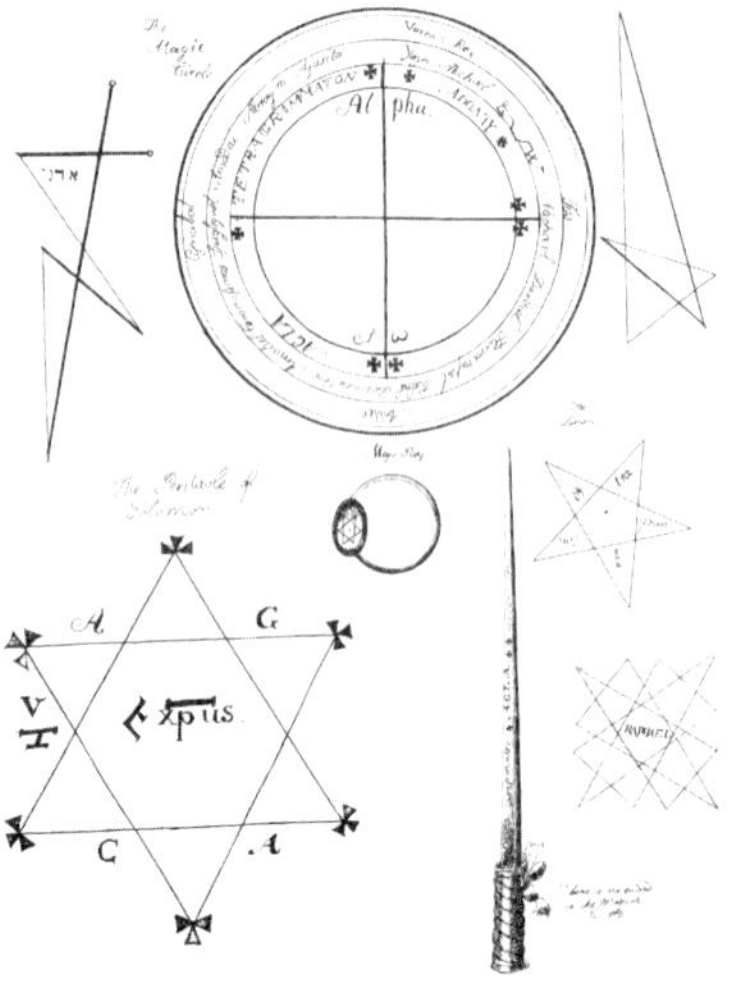

▲魔術円（1） バレットの『魔術師』に収録された魔術円である。アグリッパの『オカルト哲学』（1550年版）には『オカルト哲学第四書』が収録されており、そこにピエトロ・ダバーノ作とされる『ヘプタメロン』の図版が含まれていた。1655年に出版された英訳版にも同じ図版があり、バレットはこの図版を修正して掲載している。魔術円とともに六芒星、ペンタグラム、魔術杖などが描かれている。

▼魔術円（2） 魔術円（1）の基になった図版である。下部に記されているのは、月の天使ガブリエルの記号である。アグリッパ『オカルト哲学』（1550年版）。

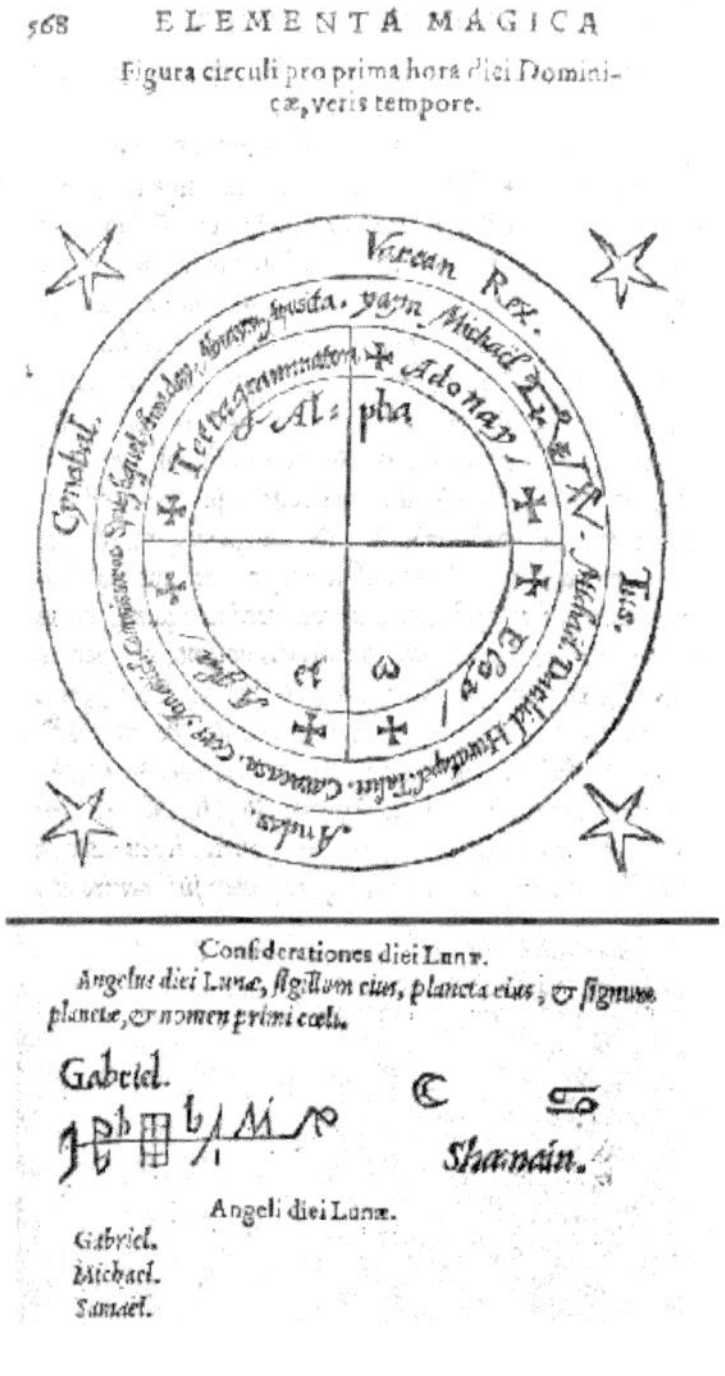

C・ファルクというポーランド生まれのユダヤ人もいた。彼は一七四二年にオランダからロンドンにたどり着き、一七八二年に亡くなるまで滞在した。人々の世俗的な願望をかなえるという実践的カバラーを得意としており、一般には「バール・シェム（神名の師）」という名前で知られていた。イースト・エンドにある自宅で「秘密の学院」を運営しているほか、ロンドン橋の上にあった建物の一室には、錬金術の実験室を設置していた。マッケンジーが「カイン・ファルク」とした人物がサムエル・ファルクであるとすれば、一七四〇年代に設立された「秘密の学院」は「カバラー学院」として受け継がれていき、一八二〇年代まで存続したことになる。のちにウェストコットはヨーハン・ファルクの「カバラー学院」に言及して、黄金の夜明け教団の先駆的な結社と位置づけている。

◀「バール・シェム」すなわちサムエル・J・C・ファルク　ポーランド生まれのユダヤ人サムエル・J・C・ファルクは、ブレイクにカバラーを教えた人物とする説もある。

《2》占星術と骨相学

ブレイクは晩年、一八一八年頃に自分より三五歳も若い画家ジョン・リネルと知り合う。リネルは、貧困にあえいでいたブレイクにさまざまな仕事を依頼することでその生計を支えるようになる。一八一九年にブレイクは、このリネルにより水彩画家のジョン・ヴァーリーを紹介される。本業の水彩画、とくに風景画でもかなり名前を知られていたヴァーリーは、ロンドンに多くの弟子をもっており、リネルはヴァーリーの弟子の一人であった。ヴァーリーは、水彩画の教師として三〇〇〇ポンドもの年収があるかと思うと、負債をかかえて逮捕されることもあるというように、破天荒な生き方でも有名であった。このヴァーリーには、占星術というもう一つの関心事があった。ヴァーリーは、占星術の基本を占星術師シブリーから学んだといわれ、自ら占星術と観相術を組み合わせて「占星観相術」なる技法を創始している。

一八一九年から三年ほどの間にブレイクはヴァーリーの邸宅をしばしば訪れて、深夜の「降霊会」を開催している。夜の九時頃に始まり、明け方の五時頃まで続くこの降霊会において幻視を見るのはもっぱらブレイクであり、暗闇に現われる「ソクラテス」「夢の中でブレイクに絵画を教えた男」「ソロモン王」「ピラミッドを建設した男」「カラクタクス」（ローマ軍に抵抗したブリトン人の族長）、「ワット・タイラーの娘」など、おびただしい数の肖像をあたかも実

◀ブレイクとヴァーリー　一八一九年から三年ほどの間にブレイク（左）はヴァーリー（右）の邸宅をしばしば訪れて、深夜の「降霊会」を開催する。ジョン・リネル作、一八二一年。

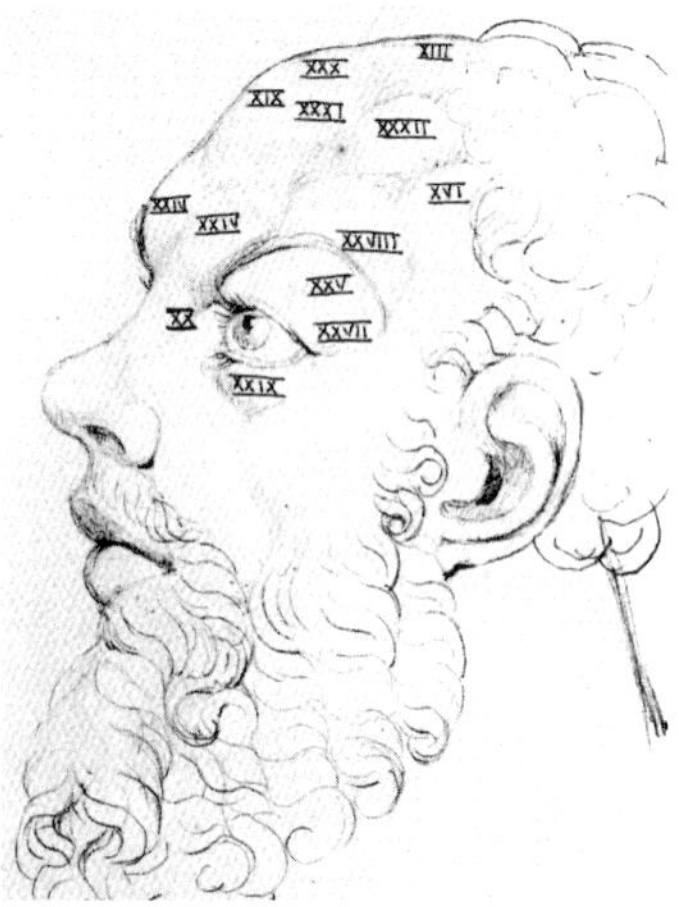

▶「ソクラテス」、幻視による肖像（1） ブレイクの幻視による肖像は、観想術や骨相学の知識をふまえて描かれたという見方がある。本図は、ブレイクが描いたソクラテスの肖像である。骨相学は、頭蓋は脳の形状と関係があることを前提にして頭蓋の形状から人間の能力や性格が判断することができるという仮説であり、19世紀にはドイツ、イギリス、アメリカ合衆国で広く人々に受け入れられていた。

◀「ソクラテス」、幻視による肖像（2） 前図のソクラテスの肖像に、現代の研究者がシュプルツハイムの分類による脳機能の番号を書き加えたものである。とくに注目されるのはXVI（耳の上部のあたり）すなわち「理想」を司る部分であり、シュプルツハイムはこの機能を「想像力」と一致させている。イギリスにおける代表的な骨相学者ジョージ・クームは、この機能を詩人・哲学者・画家・彫刻家と関連づけている。

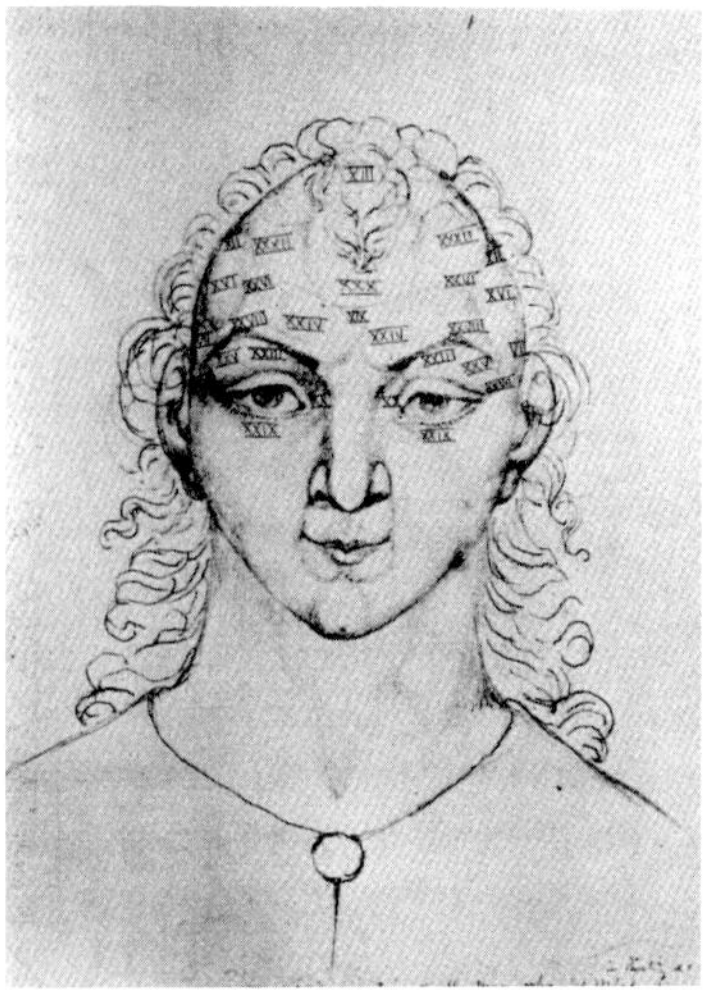

▲「夢の中でブレイクに絵画を教えた男」、幻視による肖像（3）「幻視による肖像」（2）と同じように、ブレイクによって描かれた「夢の中でブレイクに絵画を教えた男」に、シュプルツハイムの分類による脳機能の番号を書き加えたものである。この場合でもXVIが発達しており、「想像力」に恵まれた人物像が想定されている。

▶蚤の幽霊 「蚤の幽霊」の原型は、ロバート・フックが顕微鏡で観察した「蚤」の詳細図（『ミクログラフィア』、1665年）の可能性がある。

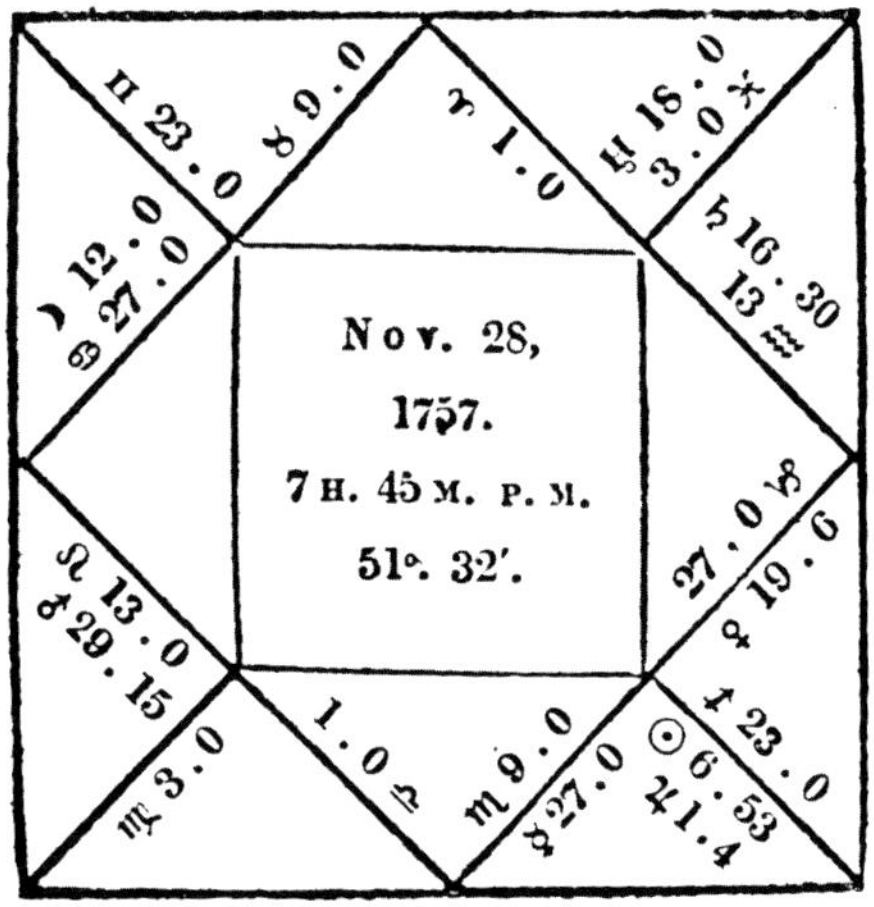

▶**ブレイクのホロスコープ**　ヴァーリーによって作成されたブレイクのホロスコープであり、「神秘的芸術家ブレイク氏の出生時の星位」と題されている。スミスの占星術誌「ウラニア」（一八二五年）に掲載された。

◀**ヴァーリーの肖像**　著名な水彩画家ジョン・ヴァーリーの肖像スケッチであり、ブレイクによって制作された。ヴァーリーは、占星観相術を創始した。

際のモデルを前にしているかのように、時には幻像と会話を交わしながら描いている。占星観相術を創始したとはいえ、ヴァーリー自身には幻視を見る能力はなかったために、ブレイクの描く幻視の姿は刺激的な印象を与えたと思われる。一八二一年にブレイクとヴァーリーが向き合って談論している様子を、リネルがスケッチに残している。

　ブレイクは、骨相学をイギリスに紹介したドイツの医師・骨相学者ヨーハン・シュプルツハイムの著作『精神異常の観察』（一八一七年）に自らコメントを書き入れていることもあり、骨相学についての知識もあったと見るのが自然である。ブレイクは一八二三年、ロンドンの石膏像制作者でアマチュア骨相学者のジェイムズ・ドゥヴィルが「想像力の機能」が発達している人物として、ブレイクのライフマスクを制作したいと申し出たさい、その依頼に同意している。ヴァーリーも骨相学に通じていたと自ら証言しており、このときの両人の会話に果たして骨相学の話題が含まれていたかどうかは興味のあるところである。

　ブレイクの「幻視による肖像」の一枚に、「蚤《のみ》の幽霊」と題するものがある。左手に血液を入れる杯をもち、金と緑色の鱗状の皮膚をし、刺すような舌をすばやく口から出す姿を描いたものである。この蚤のヴィジョンには、実際にはロバート・フックが顕微鏡で観察した「蚤」の詳細図（『ミクログラフィア』、一六六五年）という原形があり、ブレイクはどこかでそのイメージを見ていた可能性がある。ブレイクがどこかで見たものが記憶の底に沈みこみ、ヴァーリーとの降霊会において、何らかの契機で浮かび上がってきたものが幻視と理解されたのかもしれない。

　占星術に関心を寄せていたヴァーリーはブレイクのホロスコープを作成しており、この図は、すでに触れたように、スミスの占星術誌「ウラニア」（一八二五年）に掲載された。ブレイクは「ミケランジェロ、ラファエル、ミルトンなどの霊と会話をしたことがある」という「神秘的芸術家」と紹介されており、中央にブレイクの誕生日である「一七五七年一一月二八日」が記載されている。ブレイクの神秘的な幻視については、「一二室において巨蟹宮に位置する月」の影響があるという見立てがなされている。火星と水星が九〇度（矩）のアスペクトにあることは、ブレイクのような人物に見られる異様な思想の原因とみなされた。このホロスコープには、従来の七惑星に加えて、一七八一年にハーシェルによって発見された天王星（ウラノス）も配置されている。

ブレイクの『「ヨブ記」イラスト』

COLUMN 3

現在ではワーズワースやコールリッジと並ぶ、偉大なロマン主義詩人として知られるウィリアム・ブレイクも、生前は詩人としてよりもむしろ、銅版画家として知られていた。彼の生計を支えたのは、挿絵の彫版という仕事である。より多くの収入が見込める挿絵の原画も別の画家の手によるものが多く、ブレイクはその原画を銅版画に写すという作業を担当していた。ブレイク自身が原画と彫版の両方を担当したもののなかでもっとも有名な作品が『「ヨブ記」イラスト』（一八二六年）である。画家ジョン・リネルの依頼を受けて制作した『「ヨブ記」イラスト』は、『旧約聖書』の「ヨブ記」を二一枚の図版で表現したものであり、単なる挿絵という域を超えてブレイクの世界観を凝縮した傑作となっている。ブレイクは一八二〇年頃（一八一〇年から二一年までの時期）に同じ「ヨブ記」を題材にして二一枚の水彩画を描いており、銅版画はこれを基にして制作された。ブレイクの「預言書」と呼ばれる膨大な詩作品は、その内容と表現のいずれの点からみても難解をきわめたものであり、その核心を把握することは容易なことではない。それに対してブレイクの晩年に制作された『「ヨブ記」イラスト』は、二一枚（タイトルページを入れると二二枚）の図版にブレイクの世界が視覚的に表現されていることもあって比較的容易にアプローチすることができる。ここでは第六、一一、一六、一八プレートの四枚の図版を取り上げ、ブレイクが悪魔（サタン）をどのように表現しているかに焦点を絞って見てみることにする。

第六プレートは、ヨブがサタンによって試練を受ける場面である。サタンはいやな腫物《はれもの》をもってヨブの全身を覆う。本来は神の光を受け止めることができるヨブの感覚が、サタンによって閉じられてしまう状況である。太陽は左側の海に沈んでいき、最終図に至るまで姿を見せ

▲ブレイクの『「ヨブ記」イラスト』第11プレート　サタンは蛇を全身に巻き付け、裂けた足をもち、右手で「律法の書」を指さしている。ヨブは死の床に横たわり、地獄の炎から現われた3人の悪霊が彼を鎖で縛りつけようとしている。

▲ブレイクの『「ヨブ記」イラスト』第6プレート　画家ジョン・リネルの依頼を受けて制作した『「ヨブ記」イラスト』(1826年)は、『旧約聖書』の「ヨブ記」を21枚の図版で表現したものである。本図は、ヨブがサタンによって試練を受ける場面であり、サタンはいやな腫物をもってヨブの全身を覆う。

ることはない。

第一一プレートは、ヨブの苦悩の最下点である。サタンは蛇を全身に巻き付け、裂けた足をもち、右手で「律法の書」を指さしている。ヨブは死の床に横たわり、地獄の炎から現われた三人の悪霊が彼を鎖で縛りつけようとしている。サタンはヨブと同じ相貌《そうぼう》をしており、自我意識に囚われた人間の状況を表現している。

第一六プレートは、サタンの敗北の場面である。ヨブとその妻は、サタンが地獄の猛火のなかに真っ逆さまに落ちていく光景を見ている。サタンの両側にはヨブとその妻らしい人物が描かれているが、それは両者の自我意識に支配された状況である。自我意識は、今やサタンとともに浄化の炎のなかに消えていき、想像力たる神性が目覚める。上部には、神が二人の大天使とともに配置されているが、ここでも神の

◀ブレイクの『ヨブ記』イラスト」第一六プレート　ヨブとその妻は、サタンが地獄の猛火のなかに真っ逆さまに落ちていく光景を見ている。自我意識は、今やサタンとともに浄化の炎のなかに消えていき、想像力たる神性が目覚める。

相貌がヨブに重なっていることに注意したい。

第一八プレートは、サタンとの闘いに勝利したヨブが、燔祭《はんさい》（ホロコースト）を行う場面である。古代ユダヤ教では、動物を祭壇で焼いて神に捧げる燔祭という儀式が行われていた。ここでヨブが捧げているのは旧い自我意識であり、祈りの対象は真の神性たる想像力である。太陽の半円、火の三角形、祭壇の四角形という幾何学的な構成が特徴となっている。四角形（石組み）は地上世界であり、自我意識は祭壇の炎に焼き尽くされて、太陽（想像力、すなわち神性）の高みへと飛翔する。場面は明らかに夜であり、この場合の太陽は（アプレイウスの『黄金のろば』にも登場する）「真夜中の太陽」を想起させる。（古代ケルト人のドルイド密儀の神殿のように）周囲を取り巻く木々も円形を成しているように思われるが、その場合には、精霊召喚が行われ

◀ブレイクの『ヨブ記』イラスト」第一八プレート　動物を祭壇で焼いて神に捧げる燔祭という儀式において、ヨブが捧げているのは旧い自我意識であり、祈りの対象は真の神性たる想像力である。

COLUMN 3 ……ブレイクの『「ヨブ記」イラスト』

▲ブレイクの想像力　ブレイクがジョン・ミルトンの『復楽園』の挿絵として制作した図版の一枚であり、サタンの誘惑に打ち勝ったキリストを描いている。サタンが人間の狭隘《きょうあい》な自我意識であるとすれば、キリストは人間を神的な境域へと導く想像力を象徴する。

る魔術円の変容したものと見ることもできる。左下の本に書かれている聖句には、「あなたがたの天の父が完全であられるように、あなたがたも完全な者となりなさい」（「マタイによる福音書」五：四八）も含まれている。周辺部には、上から六人の天使、豊かな穂をつけた小麦、画家用パレット、銅版画用の彫版器具ビュランなどが描かれている。芸術は神性の具体的な表現であり、詩人は近代における預言者であるという主張が背景にある。

　ブレイクの『「ヨブ記」イラスト』は、表面的にはヨブの試練を題材とする組版画であるが、実際にはヨブに仮託された近代的自我をめぐる自我意識（理性）と神性（想像力）との相克が描かれているといえる。この世の王であるサタンは虚構ではなく、実際には人間の自我意識として存在し続けている。多くの人は、理性の制約により感覚を閉じられたまま、無限の喜びと自然の輝きを感じとる能力が眠った状態にある。人間が真の神性に目覚めるにはこの自我意識を克服して、想像力を起動することが必要である。その瞬間に世界は、神の栄光に照らされるはずであるというのが『「ヨブ記」イラスト』の主題である。ちなみにブレイクは、想像力という用語を確定する前は、それをゲニウス（英語ではジーニアス）と呼んでおり、万象に内在する神的な力という意味で使用していた。

▼ブレイクのエノク　この図版は全体の構成から見てヨブとその家族を描いたものとみなされてきたが、K・レインはこの人物がエノクであると解釈している（『神の人間的な顔』）。中央の人物の膝にある本にはヘブライ語で「エノク」と書かれており、聖句は「創世記」（5：24）からの引用である。中央の人物を囲む3人の若者がそれぞれ音楽・絵画・詩を象徴していることから、エノクの連れていかれた神的世界とは、想像力によるヴィジョンそのものであるというブレイクの考え方が主題となっている。1807年頃制作。

❸ ケネス・マッケンジーの人脈

《I》マッケンジーの登場

占星術や骨相学とともに一九世紀のエソテリシズムに加わった分野に水晶凝視という技法がある。水晶凝視は、中産階級の人々が夕食会のあとで行う娯楽として人気を博していた。一八四二年にはエドワード・ジョージ・アール・ブルワー＝リットンの小説『ザノーニ』が出版され、薔薇十字団という不思議な結社とその魔術が主題となる。さらに一八四八年のハイズヴィル事件を契機にして、アメリカとヨーロッパを席巻した、心霊主義の流行も見逃すことはできない。フランスではエリファス・レヴィが登場し、一八五六年に主著『高等魔術の教理と祭儀』を出版して一九世紀を代表する魔術師となる。レヴィの中心的な概念である「アストラル光」がメスメリズムの磁気流体ときわめて似た性格をもっていることも、一九世紀の魔術がどのような文脈に位置づけられるかを示している。こうした一連の流れを自ら体験し、さまざまな魔術結社に所属しながら、その活動が一九世紀の後半を代表する黄金の夜明け教団に強い影響を与えた人物が、ケネス・マッケンジーである。ここでは、ホックリー、レヴィ、ブルワー＝リットンなどとの交流についても触れながら、マッケンジーの生涯をたどっていく。

マッケンジーは、一八三三年にロンドン南東のデプトフォードに生まれた。医師であった父の赴任したウィーンで子供時代を過ごし、両親がイギリスに帰ったのちもオーストリアに残り、教育も当地で受けた。そのため彼は、英語と同じようにドイツ語を母語話者と同じようなレヴェルで駆使することができた。一八歳頃までにイギリスに帰国すると、得意のドイツ語を活かして学術雑誌「ノーツ・アンド・クエリーズ」などに翻訳や評論を書き始める。マッケン

▲ブルワー＝リットン　エドワード・ジョージ・アール・ブルワー＝リットンは、1803年にロンドンで生まれ、10歳頃から詩作をするなど文学的な生活を送った。ケンブリッジ大学ではとくに古代史に関心を寄せており、そのことがのちに『ポンペイ最後の日』の執筆にも役立つことになる。若い頃に社会主義者ロバート・オーウェンの著作に親しんでおり、直接オーウェンと会ったことは強い印象を残した。1827年に結婚した頃から、本格的に執筆活動を開始する。1831年には政治活動も始めており、文学と政治という2つの領域を両立させている。ドイツ語、スペイン語、イタリア語に堪能であり、翻訳の分野でも業績を挙げている。

▶ブルワー＝リットン　『ザノーニ』の物語は、フランス革命の恐怖政治の時代を背景にして展開し、ザノーニのヴィオーラへの愛による自己犠牲とその英雄的な死で終わる。

▶ケネス・マッケンジー　『ロイヤル・フリーメイソン百科事典』の編集者として知られるマッケンジーは、レヴィ、ホックリー、ブルワー＝リットン、ウェストコット、フランシス・アーウィンなどとの交友があり、一九世紀イギリスにおけるエソテリシズムを知るためのキー・パーソンである。黄金の夜明け教団の暗号文書の作成にも関与した人物とされている。

ジーの翻訳にはゲーテの『ファウスト』やゴットホルト・エフライム・レッシングのフリーメイソン対話『エルンストとファルク』も含まれていた。一八五一年には水晶魔術を始めており、一八五八年から五九年にかけてフレデリック・ホックリーとともに魔術を学ぶなど、オカルト学への関心を深めている。

《2》ホックリーの水晶凝視

ホックリーはロンドンのコヴェント・ガーデンでジョン・デンリーの経営する書店で働いていたことがあり、占星術などオカルト学関係の文書や写本の転写をする仕事もしていた。一八二四年頃から水晶凝視を始めたが、ホックリー自身にはもともと幻視を見る能力がなく、ディーがケリーという霊能者を必要としたように、精霊の呼び出しは霊媒を介して行われた。ホックリーの場合、霊媒はスペキュラトリクスと呼ばれ、実際にはエマ・リーという少女が担当した。ホックリーは、精霊への質問を霊媒リーに伝え、彼女が精霊（「第七天球の授冠の天使」）を呼び出して、質問への答えを聞きだすという手法が採られた。最初に水晶球の中心に霧状のものが現われ、次にメッセージが浮かびあがる。彼女がメッセージを読みあげると、ホックリーがそれを記録する。一種の降霊会ともいえる会はまず敬虔な祈りから始まり、最後はキリストと天使への感謝の祈りで終わるというように、キリスト教信仰が基軸となっていることに注意しておきたい。

一八五〇年代に結婚したホックリーの妻もまた、心霊主義に関心を寄せており、彼女自身も霊媒としての能力を備えていた。彼の妻への深い愛情は、彼女が亡くなってから自分の死に至るまでの三〇数年間、霊的な世界において交信を続けていたということからも推測できる。マッケンジーは、このホックリーから水晶凝視を含めて魔術の基本を学んでいたと思われる。

《3》エリファス・レヴィとの会見

マッケンジーは一八六一年、パリを訪問する。そこでウィーンから移り住んでいた父と会うためだけではなかった。マッケンジーは、ド・マン街に住んでいたアルフォンス・ルイ・コンスタン神父（すなわちエリファス・レヴィ）を一二月三日と四日に訪問する。その時の会見の模様は、「薔薇十字団と赤い十字架」誌（一八七三年）に詳しく記録されている。マッケンジーは、朝の一〇時頃にレヴィ宅を訪れ、イギリスとフランスにおけるオカルト学の現状について意見を交わした。骨相学についても話がおよび、レヴィはマッケンジーの頭蓋が神智学にふさわしい形状であると観察した。レヴィは、タロット・カードの大アルカナ二二枚とヘブライ語のアルファベット二二文字との対応を体系的に示そうとした最初の人物である。『高等魔術の教理と祭儀』で言及されたタロットの完全版についてマッケンジーが質問すると、レヴィは公表する用意があると答え、自ら描いたカードを見せた。心霊主義における死者の霊との交信について、レヴィは明確に否定したという。さらにレヴィは、ブルワー＝リットンの多様な知識を高く評価していると証言している。

レヴィは、一八五四年と一八六一年にイギリスを訪問している。そのさいレヴィは、ハートフォードシャーのネブワースにある広大な領地にブルワー＝リットンを訪ね、そこに滞在したことがある。ブルワー＝リットンの魔術への造詣の深さから見て、レヴィのほうも魔術について学ぶことが少なからずあったはずである。心霊主義が最盛期にあった一八五五年に、代表的な霊媒ダニエル・ダングラス・ホームがイギリスを訪問しているが、そのさいホームはネブワースを訪れて降霊会を開催している。ブルワー＝リットンは、レヴィと同じように、心霊主義が死霊の顕現であるという見方に

▶二六歳のエリファス・レヴィ（アルフォンス・ルイ・コンスタン）　アルフォンス・ルイ・コンスタンは、一八一〇年にパリの職人の家に生まれる。母は聡明な彼をカトリック教会の神父にしようとして神学校で学ばせる。社会主義者となり、異端の嫌疑を受けて投獄されたこともある。一八五一年頃からヘブライ語風に自らの名前を変え、エリファス・レヴィを名乗るようになる。一八五六年に出版した『高等魔術の教理と祭儀』は、フランスにおける魔術復活の象徴的な著作となる。

◀五二歳のエリファス・レヴィ　レヴィと一八六一年に会見したマッケンジーは、レヴィについて、小柄で頑丈そうな人物であり、射貫くような眼、形よく小さくまとまった唇、顎ひげと口ひげ、少し禿げあがった額が印象的であったと報告している。

は懐疑的な態度をとっていた。

『高等魔術の教理と祭儀』教理篇の第一三章には、一八五四年にロンドン訪問のさいにレヴィが行ったテュアナのアポロニウスの霊を呼びだす実験について詳細に語られている。レヴィは、魔術に深い関心を寄せていたある婦人の招待を受ける。「完璧な招魂の実験」を試みる決意をして、二一日間の準備を進める。いよいよ当日、「招魂のために用意された部屋」において、儀式が行われる。四つの凹面鏡、白大理石の祭壇、白大理石に刻まれた五芒星、祭壇の下の「真新しい白い仔羊の毛皮」、大理石のテーブル、香料を焚くための銅製の焜炉《こんろ》などのほか、魔術衣装（カトリック教会の神父が着るような白い法衣）、剣、典礼書はすでに用意されていた。レヴィが典礼書の呪文を唱え、テュアナのアポロニウスの霊を呼び降ろすと、「痩せこけて、悲しげな霊が鏡のなかに白い姿で登場する。レヴィは、アポロニウスの霊との交信について「霊魂が上層領域を実際に離れて私たちと話しにやってくるという証拠」はないとし、交信は私たちのほうが上層領域に向かうことによって行われるという見解を示している。「普遍的磁気の共同貯蔵槽ともいうべき『霊光』の中に彼らが残した記憶を私たちは喚起する」のである。

《4》『ザノーニ』の魔術

レヴィの実験は、彼が高く評価していたブルワー＝リットンの小説『ザノーニ』で展開される薔薇十字魔術といくつもの点で共通するものがある。『ザノーニ』の魔術とは、メスマーの提唱した磁気流体のように「自然の中に隠れひそむものを絶えず探究する」学問であり、「電気に似た偏在性の、目に見えない流体」が支える自然の隠された共感関係を重視するものである。主人公ザノーニはアドナイなる精霊を召喚するとともに、人間的な愛と死の神秘を含めてそのすべての知恵を学ぶ。この設定は、自然科学の原理を逸脱するものではないという前提に立っており、「霊光」すなわち「アストラル光」がメスメリズムの磁気流体を想定している点と矛盾するものではない。

魔術師メイナーの部屋で弟子のグリンドンが行う作業は、レヴィの実験を思わせるような段取りで進んでいく。あたかも中世における精霊召喚の儀式のように、まず九つのランプを部屋の中央に並べて火を点す。水晶の小瓶の栓を抜いて「揮発性の激しい霊気」を吸いこみ、霊薬をこめかみに塗る。ここで使用されているのは幻覚剤に類する薬品と思われる。ランプの炎から光が現われ、雲のように漂う気体が「人に似た影」

となり、最後に「妖怪」の姿となる。この妖怪は「門口に住める者」であると名乗る。この「門口に住める者」とは、現代でいえば個人の意識とその下層にある無意識との境界に沈みこんだ過去の記憶のようなものであり、魔術を実践する過程において出現する妖怪（悪霊）とは、魔術師自身の「本性」を現わすものということになる。魔術師は、この過去の重荷を克服することによって、不死なる領域に参入するという設定である。『ザノーニ』では、外界を超越して光輝くこの不死なる部分は、新プラトン主義の用語でアウゴエイデスと呼ばれている。

《5》マッケンジーとイギリス薔薇十字協会

マッケンジーに話を戻そう。パリから帰国後マッケンジーは、ロンドンの叔父ジョン・ハーヴィーの家に滞在している。この叔父は著名なフリーメイソンであり、マッケンジーに加入を勧めたと思われる。しかしマッケンジーは、フリーメイソン思想については会員よりも詳しく知っていたために、直ちに加入することはなかった。マッケンジーがフリーメイソンとなったのは、一八七〇年のことであり、その時も一年経つ前に退会している。おそらく社交クラブとしてのフリーメイソンには関心がなかったのであろう。

一八七二年にマッケンジーは、イギリス薔薇十字協会のメトロポリタン支部において第一位階の参入者となる。イギリス薔薇十字協会（ＳＲＩＡ）は、一八六六年にロバート・Ｗ・リトルによって設立された組織である。ロンドンの連合グランド・ロッジの職員であったリトルは、自ら発見した古い儀式文書を基にして、薔薇十字思想を研究する協会を開設する。協会はフリーメイソン組織ではないが、フリーメイソンのマスター・メイソン位階に達した者だけに入会資格が与えられていた。マッケンジーがマスター・メイソンとなったという記録はないが、ドイツの薔薇十字団の参入儀礼を受けていたためという説もあり、特別な配慮がなされたと思われる。ちなみに同じ年にホックリーもまたイギリス薔薇十字協会に加入しているが、彼のオカルト学に関する知識は協会の一般会員の水準を超えているという理由により、いきなり第七位階が授けられた。ホックリーは、一八六四年にロンドンのフリーメイソン・タヴァンにおいてフリーメイソンに加入しており、六七年にマスター・メイソンに昇格していた。フリーメイソンの参入儀礼について関心を深め、一八六五年にはロイヤル・アーチ儀礼を受けており、その儀礼や象徴の意味を探求した。

ロンドン、ブリストル、マンチェスター、エディンバラなど各地におかれたイギリス薔薇十字協会の支部は、フリーメイソンの集会所がロッジと呼ばれたように、（たとえばロンドン・カレッジというように）カレッジを付して呼ばれた。イギリス薔薇十字協会の組織は、のちの黄金の夜明け教団とほとんどの点において重なっているが、女性の加入を認めない点で大きく異なっている。マッケンジーはこの協会の会合に積極的に参加し、重要な役職について運営にも参加しただけでなく、数度の会合において自ら論文を発表するほど積極的であったが、一八七五年に最高マグスのリトルと対立して退会する。

《6》『ロイヤル・フリーメイソン百科事典』の編纂

この後もマッケンジーは、「イシュマエル結社」「光友愛団」「サト・ブハイ王立東方結社」「スウェーデンボリ儀礼」などさまざまな結社に所属する。「イシュマエル結社」は、一八七二年に創設された疑似フリーメイソン結社であり、それぞれ九位階から成る四教団で構成されていた。この結社が実際に存在していたかどうかは定かではないが、「チーフ（首席導師）」と呼ばれる「三人の最高導師」が統括しているとされた。「光友愛団」は、フリーメイソンの退役軍人フランシス・アーウィンが創設した組織である。フィレンツェで設立されたというこの結社は、水晶凝視によって「カリオストロ伯爵を名乗る霊」から啓示を受けたものとされ、フィチーノ、スウェーデンボリ、パスカリス、サン・マルタン、メスマー、カリオストロ伯爵などが加入したという。アーウィンは、マッケンジーのほかに、友人のホックリーやベンジャミン・コックスに参加を求めた。「サト・ブハイ王立東方結社」は、インドにおいて陸軍将校ロレンス＝アーチャーが開設したものであり、七つの位階から成っていた。このうちの三位階には男女がともに加入することができたが、第四位階に参入するにはマスター・メイソンの資格が必要とされた。マッケンジーは、この結社のための参入儀礼のシナリオを準備するほど積極的であったが、二年も経たないうちに興味を失ってしまう。代わりに関心を寄せた結社は、一八七〇年頃にカナダで生まれた「スウェーデンボリ儀礼」であり、こちらには数年の間参加している。イギリスでは著名なフリーメイソンであるジョン・ヤーカーが統括しており、マッケンジーもはじめのうちは協力していたが、最後には対立して決別してしまう。

　マッケンジーは、一八七五年から一八七七年にかけて『ロイヤル・フリーメイソン百科事典』を六分冊のかたちで出版する。この事典は、さまざまな傍流フリーメイソン結社について言及しているだけでなく、カバラー、薔薇十字団、カリオストロ伯爵などに多くのページを割いていることで知られている。この直前の一八七四年に出版されたアルバート・マッキーの編集による『フリーメイソン百科事典』が主流フリーメイソンに関する本格的な事典であったことと好対照を成している。マッケンジー編纂の事典には、「二年ほど前に亡くなった」エリファス・レヴィの項目もあり、さりげなくレヴィと親交があったことに触れている。「アルフォンス・ルイ・コンスタン（レヴィ）」神父は、哲学的魔術に関する著作で著名な作家である。光友愛団の会員でもある。カトリック教会の神父であったが、彼よりも想像力と学識に劣る人々によって教会から追放された。筆者（マッケンジー）は、レヴィ氏を個人的に知っているが、その気取らない態度や優れた業績にも慢心することのない態度については誰にも引けをとら

▲フランシス・アーウィン　一八八三年に設立された「八人協会」には、フランシス・アーウィン、ケネス・マッケンジー、フレデレック・ホックリー、ベンジャミン・コックス、フレデリック・ホランド、ジョン・ヤーカー、ウェストコット、W・A・エイトンが参加し、のちにマグレガー・マザーズが加わった。黄金の夜明け教団につながる結社として注目される。

▼ジョン・ヤーカー　ジョン・ヤーカーは、カナダで生まれたスウェーデンボリ儀礼のイギリスにおける推進者の一人であり、マンチェスターで活躍するフリーメイソンの長老であった。カリオストロ伯爵のエジプト・フリーメイソンの流れを汲むメンフィス＝ミスライム東方儀礼は九七もの位階をもつ組織であり、ヤーカーはイギリスにおける統括者でもあった。

ない」。さらに「薔薇十字思想」の項目には、九位階から成る黄金薔薇十字団の組織図が掲載されており、第一位階は九＝一、第九位階は一＝九というように位階の高低が数字で示されること、カバラーのセフィロトと位階との関係を暗示していることなど、のちの黄金の夜明け教団を予兆する内容となっている。また、「宇宙と人間の構成」に関する興味深い図解もあり、この時期のオカルト学がどのような世界を想定していたかを知る重要な手掛かりとなる（コラム4を参照）。

　一八八三年には「八人協会」というオカルト研究協会が立ち上がる。主たる研究課題は、錬金術である。光友愛団の会員とされたマッケンジー、アーウィン、ホックリー、コックスの四人のほかに、フレデリック・ホランド、ジョン・ヤーカー、ウィリアム・W・ウェストコット、ウィリアム・A・エイトン牧師の四人が加わった。ホックリーが亡くなったあとに補充された会員がマグレガー・マザーズであり、のちに黄金の夜明け教団を牽引する主役が登場することになる。ホランドはマザーズにカバラーを指導した人物であり、エイトン牧師は熱心な錬金術師として知られていた。ジョン・ヤーカーは、フリーメイソンの長老であり、メンフィス・ミスライム儀礼の統括者であった。マッケンジーは、この「八人協会」がイギリス薔薇十字協会よりも数段優れた結社であるという自負を抱いていた。

　マッケンジーは一八八六年、長年の飲酒癖のために、五三歳の誕生日を迎えることなく亡くなる。マッケンジーの魔術や占星術に関する遺稿の大部分はウェストコットに渡るが、そのなかに黄金の夜明け教団設立の鍵となる「暗号文書」が含まれていた可能性がきわめて高い。仮にそうであるとするとマッケンジーは、レヴィやホックリーなどのオカルト学を継承し、アーウィンやヤーカーなどの傍流フリーメイソンの流れを受けとめ、ウェストコットやマザーズなどに伝えた功労者といえる。ウェストコットは、マッケンジー夫人から暗号文書を含むマッケンジーの遺稿を譲り受けたことへの謝意を表するために、一八八八年三月に夫人をイシス＝ウラニア神殿に加入させているが、彼女の教団名はクリュプトニュマ（マッケンジーの筆名「クリュプトニュムス」に基づく）であった。

COLUMN 4

　ケネス・マッケンジーが『ロイヤル・フリーメイソン百科事典』の「生命霊気（spirit）」の項目に付けた図版は、イギリス薔薇十字協会や神智学協会が開設される時期のエソテリシズムが、生命霊気あるいは人間の内部についてどのように考えていたかについて理解する手掛かりになる。

　全体は、上部に二つの三角形と下部に一つの長方形から成る。三角形は、創造された世界を超越する神性を象徴するのに対して、四角形は創造された世界を象徴する。上から見ていくと、最初の三角形には、カバラーにおける至高の神性エン・ソフ（アイン・ソフ）、創造以前、渾沌《こんとん》における三位一体とあり、三角形の内部に三重のT（タウ）の符号が示される。本来は、三位一体は渾沌のなかにあったが、「創造の意志」とともに、三つのセフィロトが展開する。これが二番目の三角形が表現するものであり、三つの頂点には父＝ケテル、子＝ホクマー、ビナー＝聖霊が配置される。三角形の内部にヘブライ語のヨドが示され、両側に創造、生命霊気の誕生とある。キリスト教の三位一体とカバラーの最初の3セフィロトとが重ね合わされており、生命霊気が神

マッケンジーの宇宙図

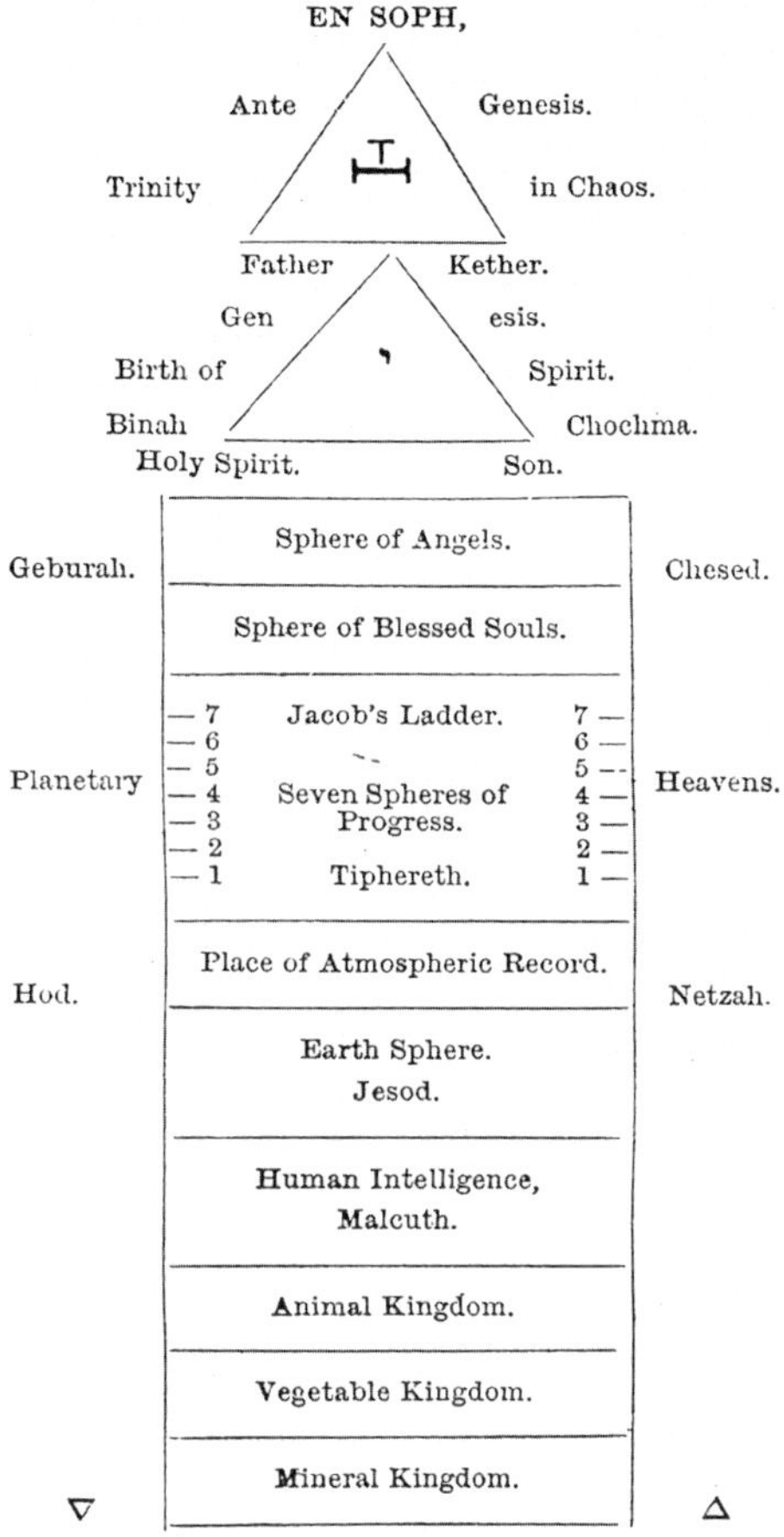

▲マッケンジーの宇宙図

に由来することを示している。

下部の四角形は九の領域に分割されており、創造された世界を示している。上から第九領域には天使の天球、両側にヘセドとゲブラー、第八領域には祝福された魂、第七領域にはヤコブの梯子《はしご》、進化の七天球、ティフェレト（霊的な太陽として霊的な世界を照らす）、両側に惑星の天空、第六領域には大気の記録の場、両側にネツァハとホド、第五領域には地の天球、イェソド（物質的な太陽として地上を照らす）、第四領域には人間の叡知、マルクト、第三領域には動物界、第二領域には植物界、第一領域には鉱物界、両側に下向きの三角形（水の錬金術記号）と上向きの三角形（火の錬金術記号）がある。生命霊気は、天使や人間だけでなく、動物・植物・鉱物の世界でも機能する。

注目すべき点が二つある。一つは第六領域の「大気の記録の場」であり、マッケンジーの説明によると、「地上の人々の道徳的・知的な行為は、生命霊気の動きによって記録される」。人間のすべての営為は、消え去るのではなく記録されているという発想は、歴史において生じたすべてのものが存在するブレイクの「ロスの広間」（『イェルサレム』、ロスはブレイクの神話に登場する預言者＝詩人）、あるいはイェイツの「魔術論」に登場する「大記憶」につながるものである。第二は、最下部の左右に示されている下向きの三角形（水の錬金術記号）と上向きの三角形（火の錬金術記号）である。水と火という象徴は、宇宙における二項対立の代表として採用されている。図版の説明では「宇宙における二つの霊的、能動的、電気的な作用因」となっており、宇宙に充満して万物を活性化させる神の息吹のようなものが想定されていた。

この図版が興味深いのは、宇宙の構造だけでなく、人間の内部を同時に表現したものと理解できるからである。その場合、四角形は上（あるいは外側）になり、その下（あるいは内側）に三角形が位置づけられる。人間の意識は、肉体、感覚、意識、記憶という順序で構成されており、さらにその下には霊魂、そして神性を想定することができる。意識世界の中心に霊的な太陽を象徴するティフェレトがおかれているが、それは想像力あるいは直観に相当するものであり、意識と無意識という全体を見渡すことができる神的能力である。図版でも強調されているように、三角形で示される神的世界は地上の人間の把握することができない領域であるが、人間は神の想いを想像力に反映するというかたちで神との接点をもつことができる。この図版を黄金薔薇十字団（『薔薇十字団の秘密象徴』）、神智学（フランツ・ハルトマンの宇宙図）、黄金の夜明け教団の図版などと比較すると、一九世紀のエソテリシズムの内的世界がどのようなものであったかを垣間見ることができる。この図版は、近代魔術が志願者を自己進化あるいは自己完成へと向かわせる一種の心理学であることを暗示しているように思われる。

第三章 黄金の夜明け教団の登場

Ⅰ イギリス神智学協会とヘルメス協会

《Ⅰ》中産階級の出現と結社

前章で紹介したように一九世紀前半から半ばにかけて、フリーメイソンの周辺において各種の魔術結社が組織された。数人を超えない研究グループが多かったが、一九世紀後半になると結社に集まる人々の意識が変化し、組織の規模も格段に大きなものとなる。一八六〇年代から七〇年代にかけての時期は、大英帝国の確立によりイギリスが世界制覇を成し遂げた時代である。階級闘争、経済恐慌、失業問題など資本主義のもたらす弊害と社会矛盾をはらみながらも、それでも以前の時代にはなかった自由を享受することができた。とくに上流階級と労働者階級の中間に中産階級と呼ばれる階層の人々が出現したことが注目に値する。身分として貴族の称号をもつ支配階層に属する集団ではなく、法律家、医師、商人、学者、牧師などのように自律して自らの人生を設計することのできる人々であり、こうした人々が「市民」として社会の中軸をになうことになるのである。中産階級に属する人々は、教育に対して特別な関心を寄せており、自発的に自己形成あるいは自己改善の問題に取り組むようになる。この動きにさらに拍車をかけたのが、女性の社会参加である。大学に進む機会もなく政治活動も制限されていた時代において、女性たちは社会進出と自己形成の場を求めていた。

▲45歳頃のブラヴァツキー夫人 神智学協会は、ブラヴァツキー夫人とオルコット大佐によって1875年に設立される。1876年頃の若いブラヴァツキー夫人。

▶五六歳のブラヴァツキー夫人　一八八五年にブラヴァツキー夫人は最終的にインドを去り、ヨーロッパを迂回して、二年後にロンドンに到着する。その頃に撮られた写真であり、『秘密教義』を執筆していた時期である。

この時期に登場した代表的な魔術結社は黄金の夜明け教団であるが、その登場にはさまざまな要因が絡んでいた。

一八七〇年代に登場した結社のなかでもっとも成功を収めたのは、神智学協会である。神智学協会は、ブラヴァツキー夫人とオルコット大佐によって一八七五年九月にニューヨークで開かれた会合において設立計画が示され、一一月一七日に正式に発足した。一八五〇年代から心霊主義は、アメリカだけでなくヨーロッパ全土を巻き込むかたちで流行していたが、神智学はその波に後押しされるように登場する。神智学の特質は、東洋（この場合にはインド）の神秘主義を標榜していた点にある。その意味において、ヴィクトリア女王がインド皇帝に即位した一八七七年に、ブラヴァツキー夫人の主著『ヴェールを脱いだイシス』が出版されたことは象徴的である。神智学協会はこの頃に本部をニューヨークからインドに移しており、活動の拠点はインドになる。

《2》イギリス神智学協会の設立

イギリス神智学協会を組織しようとする動きは、早い時期から始まっていた。イギリス人の弁護士チャールズ・マッセイは発足当初からの会員であり、アメリカから帰国すると同時に、友人とともに神智学グループを組織する。その一人であるジョン・ヤーカーはブラヴァツキー夫人に手紙を送り、イギリス神智学協会を組織することを提案する。一八七八年六月にイギリス神智学協会が、マッセイを会長として発足した。会員には、錬金術に関心をもつ牧師ウィリアム・A・エイトン、画家イザベル・ド・スタイガー、錬金術に関する著作で知られたメアリー・アン・アトウッド、オカルト学者ピーター・デイヴィドソンのほか、自ら霊媒としても活躍していたステイントン・モーゼスがいた。ちなみにマッセイも心霊主義に熱中していたことが知られており、心霊主義はイギリス神智学協会の主要な関心事であった。

一八八三年にイギリス神智学協会に、アンナ・キングズフォードという初期フェミニズム運動の先駆者のような異色の人物が参加する。彼女は裕福な商人の娘として生まれ、シュロップシャーのイギリス国教会牧師アルジャーノン・G・キングズフォードの妻となるが、やがて疎遠になる。一八七〇年にはカトリックに改宗し、動物愛護にも特別の関心をもつようになる。一八七四年にはパリに行き、医師の資格を取る。ソルボンヌ大学医学部が女性に入学資格を与えていたからである。この頃二二歳年上のエドワード・マイトランドと知り合う。

▲アンナ・キングズフォード　若い頃にイギリス国教会牧師アルジャーノン・キングズフォードの妻となるが、やがて疎遠になる。1874年にはパリに行き、医師の資格を取る。1883年にパリからロンドンに戻り、イギリス神智学協会に加入する。

▲ランズダウン・ロード17番地の住宅　ロンドンのオックスフォード通りを西に向かうと、ハイドパークを超えたあたりにホランド・パークがあり、壮大な住宅が並ぶ高級住宅地となっている。そのランズダウン・ロード17番地にブラヴァツキー・ロッジがおかれ、アメリカ、フランス、スウェーデンなどから神智学に関心をもつ人々が集まった。

マイトランドは、ケンブリッジ大学を出て牧師になる予定であったが、カリフォルニア、シドニーなどを遍歴したのち、ロンドンに戻る。キングズフォードとマイトランドは、夫であるキングズフォード牧師の許可を得て、ともにパリに滞在する。一八八二年には主著『完全な道、すなわちキリストを発見すること』を匿名で出版し、アラン・カルデック風の輪廻再生と内的キリストを軸とする神秘的なキリスト教を主張した。一八八三年一月、パリからロンドンに戻ると、彼女はマイトランドとともにイギリス神智学協会に加入した。彼女がロンドン・ロッジの会長、マイトランドが副会長に就いたのはそれから間もなくのことである。彼女のキリスト教を重視するという姿勢は、インド派の神智学徒たちとの摩擦を生むことになる。

　一八八三年に、インドにおいてブラヴァツキー夫人から直接に指導を受けたジャーナリスト、アルフレッド・シネットが帰国する。彼は自らも霊的な導師と交信することができたと主張し、二年前の一八八一年にその記録を基にした『オカルト世界』を出版していた。シネットは、一八八三年に続編『神秘的な仏教』を出版し、さらに大きな反響を呼んでいた。シネットのような正統派のインド派は、教義の中心にマハトマ（大いなる導師）を据えて、それを唯一の権威としている。そのためキングズフォードのグループとの対立は次第に激しくなっていき、ついにブラヴァツキー夫人が両者の仲裁に入る。一八八四年四月七日、キングズフォードはロンドン・ロッジの会長職を解かれ、シネットがこれに代わる。

《3》「ヘルメス協会」の設立

　ブラヴァツキー夫人の提案により、キングズフォードはロンドン・ロッジからは独立した新しいロッジ「ヘルメス・ロッジ」を開設することが認められる。キングズフォードは、もともと心霊主義とキリスト教を軸足にして神智学を捉えており、時とともに神智学と決別の方向に向かうことはある意味において必然でもあった。ヘルメス・ロッジは、一八八四年五月九日に「ヘルメス協会」として独立した組織へと発展する。その目的は、古代密儀宗教、グノーシス主義、ピュタゴラス、プラトンなどの思想に加えてカバラーとキリスト教を西洋エソテリシズムとして研究することにあった。

　ブラヴァツキー夫人は、一八八四年に起きた「クーロン事件」のために最終的にインドを去る。マハトマからの手紙は実際には夫人の手によって書かれたことが、使用人のクーロン夫妻によって暴露されたのである。ブラヴァツキー夫人が一八八七年にロンドンに到着した頃には、シネットは神智学から心霊主義へと関心を移しており、夫人とは一線を画すようになっていた。ブラヴァツキー夫人がまず着手したのは、ロンドン・ロッジとは別に、自らのロッジとして神智学協会ブラヴァツキー・ロッジを開設することであった。ブラヴァツキー夫人は帰国後に小説家のメイベル・コリンズの家に同居していたが、新しいロッジの本部はこのコリンズの家におかれる。コリンズの提案により神智学協会出版会が発足し、機関誌「ルシファー」が発刊される。ブラヴァツキー・ロッジは順調に会員を拡大していき、コリンズの家では手狭になったため、ホランド・パークのランズダウン・ロード一七番地に落ち着く。詩人ウィリアム・B・イェイツが訪問したのもこのランズダウンの家である。

　一八八八年には『秘密教義』が出版され、会員の魔術への強い関心に応えて「秘教部門」が開設される。ブラヴァツキー夫人は一八九一年に亡くなり、神智学協会の会長職はその後、社会主義活動家として知られたアニー・ベサントに引き継がれる。黄金の夜明け教団もそうであるが、ブラヴァツキー夫人、ベサント、キングズフォードなど女性の活躍が目覚ましい。ブラヴァツキー夫人とオルコット大佐、ベサントとチャールズ・リードビーター、キングズフォードとエドワード・マイトランドというように、彼女たちを献身的に助ける男性がいたことも特徴的である。

　キングズフォードのヘルメス協会は、さまざまな西洋エソテリシズムに関する講義を主催しているが、その講師としてイギリス薔薇十字協会のマザーズやウェストコットが参加している。キングズフォードとマイトランドは、大英博物館においてローゼンロートの『カバラー・デヌダータ』の原典を閲覧して、その内容が自分たちの考え方にきわめて似ていることに驚く。一八八七年にマザーズはその英訳版『ヴェールを脱いだカバラー』を出版しているが、彼はこの本をキングズフォードとマイトランド

▲ランズダウン・ロードの住宅内部　ブラヴァツキー夫人の居間の様子を描いたものであり、部屋に入るとトルコ煙草の強い香りがしたという。朝の6時から夜暗くなるまで、ブラヴァツキー夫人は煙草を燻《くゆ》らせながら執筆を続けた。この住宅には、世界各地から来た6、7人の神智学信奉者が住んでいた。

▼霊的指導者マハトマの一人モリヤ　ランズダウン・ロードの住宅の部屋には、ブラヴァツキー夫人が自らの霊的な指導者としていたマハトマ＝モリヤの肖像画（素描）が掛けられていた。黄金の夜明け教団では「秘密の首席導師」は姿を現わすことはないが、ブラヴァツキー夫人の場合にはイギリスで一度、インドでは何回にもわたり、モリヤは実際の人間の姿で現われたという。

に献呈している。マザーズやウェストコットが示したキングズフォードへの崇敬の気持ちから見ると、のちの黄金の夜明け教団設立の精神的な源流の一つがヘルメス協会であることは明らかである。キングズフォードは不運にも一八八六年に病魔に冒され、八八年には亡くなる。もし彼女が健在であれば、黄金の夜明け教団が果たした役割は、ヘルメス協会が担っていたかもしれない。

ハルトマンの宇宙図　COLUMN 5

ドイツ出身の医師・神智学者フランツ・ハルトマンの『白魔術と黒魔術』（一八八六年）に掲載された図版であり、神智学の立場から「魔術」とは何かを考察している。全体は、宇宙の絶対原理たるパラブラフマン（「ブラフマンを超えるもの」を意味する）が支配する構造となっている。これは超自然的で根本的な創造原理であり、その「想像力と意志」によって地上世界のあらゆるものが展開してくる。最下部には眠るスフィンクスが描かれ、世界はスフィンクスの夢すなわち幻影であることを示している。パラブラフマンの下にまずロゴス、すなわち「子」たるキリストが生まれる（神智学では、最高の自己意識としての「ブッディ」）。ロゴスの層は、オメガの形を成しており、中央のA（アルファ）と対応している。ロゴスから「見えざる光」が生まれる。この光は宇宙を貫く生命原理である。その下に黄道一二宮、そして七惑星が続く。活動する宇宙の原理は、上下に重なる三角形で示される。大きな上向きの三角形は、ブラフマー（創造神）・ヴィシュヌ（維持神）・シヴァ（破壊神）の三主神であり、下向きの三角形は火・水・地を表わす。小さな上向きの三角形は、B（認識）・C（知る者）・D（知られるもの）であり、下向きの三角形はE（物質的人間）・F（エーテル的人間）・G（霊的人間）である。中心ではペンタグラム（五芒星）のなかにAすなわちアートマンが配置されている。ハルトマンは、アートマンとは「人間の魂に植えられた霊的な種子であり、その成長を通して不滅の生命が獲得される」と述べている。その光は「十字架の薔薇であり、叡知と力によって形成される」。ハルトマンは、ここでは正統インド思想にキリスト教を接合しており、そこからインド思想を除くと、紛れもなく近代魔術の姿が浮かび上がってくる。

中心にはペンタグラムが描かれているが、この象徴は「人間」を表わす。下の四つの三角形が四大元素であり、人間の四肢を表わす。頂点の三角形は頭部であり、第五元素に相当する。したがってペンタグラムは、つねに一つの頂点が上にくるように描かれなければならず、そうでない場合には悪が到来する。六芒星は、ソロモンの大印章と呼ばれ、人間に魔術的な力を授ける。六芒星の上向きの三角形と下向きの三角形は、物質の霊への上昇と霊から物質への下降を表わしており、両者が重なることにより循環が生じる。六芒星の中心にT（タウ）が書かれる場合、六芒星が円あるいはウロボロスの蛇によって取り囲まれる場合もある。ハルトマンは、この六芒星が「もっとも強力な魔術的な記号」であるとしながら、「それを理解するには神の叡知が必要である」と証言している。

『白魔術と黒魔術』第九章には、「記憶」に関する興味深い記述もある。「観念は精神の状態であり、宇宙的な精神の思考はアストラル光に貯蔵される。このアストラル光は記憶の書物であり、そこにすべての思考が刻まれ、すべての出来事が記録される。思考が強烈であればあるほど深く刻まれ、その像は長く残る。思考は力であり、思考した本人が亡くなった後にも、その思考の結果は残る。アストラル光に存在する事柄の心像は長い間そこにとどまり、透視者はそれを見ることができる」。ここでは心像を見ることができるのは「透視者」となっているが、心像に形体という「衣服」を着せて眼に見える姿にするのは「想像力と意志」である。「人間が思考を創造するのではなく、アストラル光のなかに存在する観念が人間の精神に流れ込んでくる」のであり、想像力と意志は、「すべての芸術と魔術の操作の基礎を成している」。これは芸術と魔術との相関性についての重要な証言であり、のちにイ

エイツの「魔術論」における魔術の定義にも同じような発想が現われるだけでなく、二〇世紀初頭のモダニズム芸術においても具体的なかたちで実践されることになるものである。

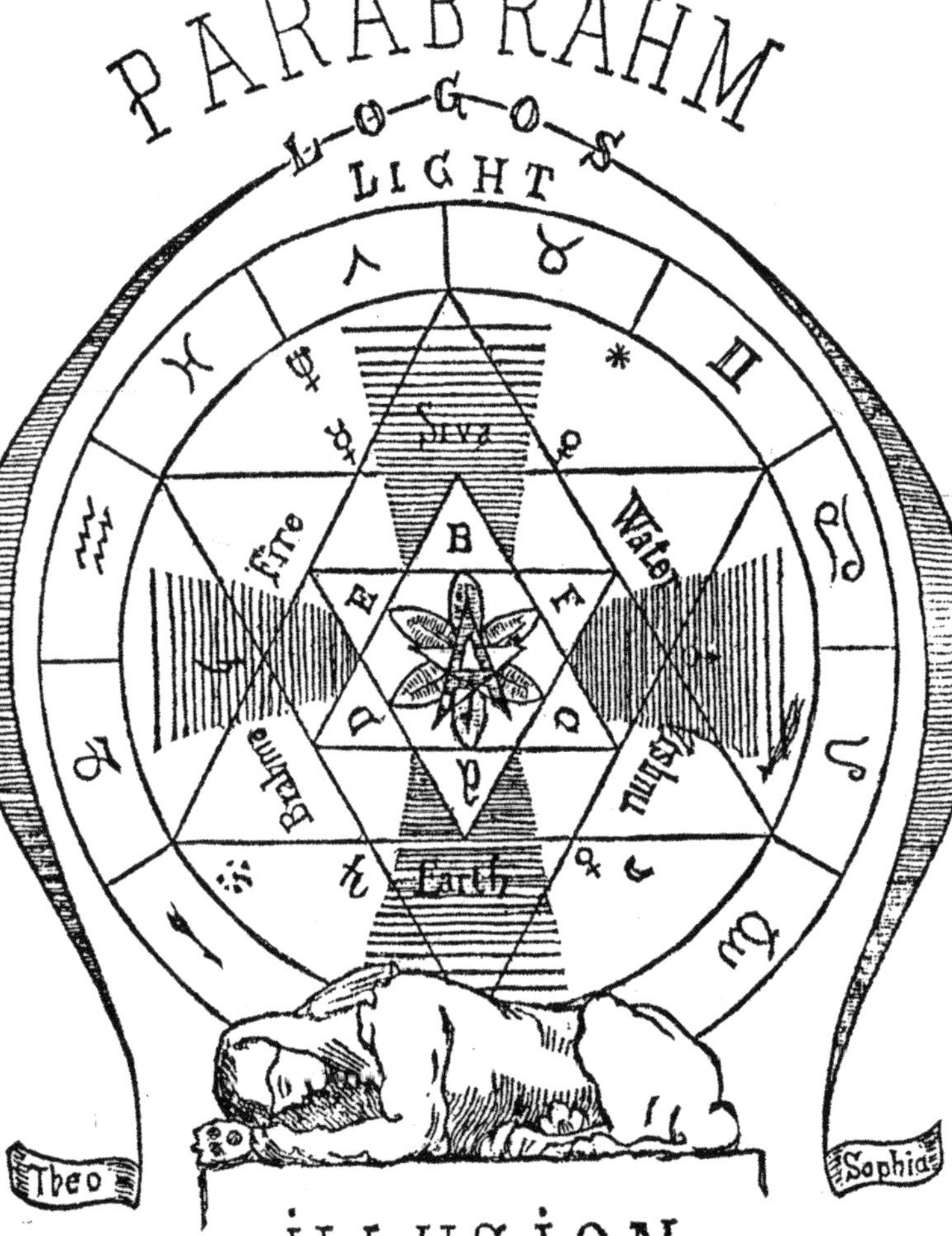

▲宇宙と人間の構成　フランツ・ハルトマンは1886年に『白魔術と黒魔術』において、神智学の立場から見た「魔術」を論じている。本図は宇宙と人間の構成を示した図版であり、中央からアルファ（A）と薔薇＝蓮の花弁、六芒星、黄道12宮、光、ロゴスと続き、中心に十字架が配置されている。最上部にパラブラフマンとあり、宇宙はスフィンクスの見る夢＝幻想という想いが込められている。

❷ 暗号文書と新教団の創設

《Ⅰ》ウェストコットの構想

マッケンジーを中心とする傍流フリーメイソンの結社と、キングズフォードを中心とする神智学的なヘルメス結社の流れが交わるところに、黄金の夜明け教団が登場する。二つの流れの両方に身をおいて、それを統合して、新しい結社「黄金の夜明け教団」を設計したのはウィリアム・ウィン・ウェストコットである。マザーズ、イェイツ、クロウリーなどに比べるとあまり知られてはいないが、黄金の夜明け教団の設計者として、また一九世紀後半のイギリス・エソテリシズムを長期にわたって支えた重要な人物である。前章で見たように、彼はマッケンジーと深い絆があり、「八人協会」などさまざまな結社に関与していた。ブラヴァツキー夫人との絆も深く、神智学協会の「秘教部門」に属しており、その教義にも精通していた。錬金術、数神秘主義、占星術、カバラーなどに通じており、まとまった主著はないにしても、『セーフェル・イェツィラー』(一八八七年)、『ベンボ枢機卿のイシス表』(一八八七年)、『数、そのオカルト的力と神秘的な徳』(一八九〇年)のほか、講義録やパンフレット類などを多数刊行している。

ウェストコットは、一八四八年にウォリックシャーのレミントンで外科医の家庭に生まれる。彼が一〇歳になる前に両親が亡くなり、同じく外科医であった叔父に引き取られる。設立されて間もないユニヴァーシティ・カレッジで医学を学び、一八七一年に医師としての資格を得る。同年にフリーメイソンとなり、オカルト学への関心を強める。一八七三年に結婚し、社会的にも安定した生活に入る。一八七九年から八一年までの二年間、一時的に医師としての仕事を休業してまで、錬金術・カバラー・薔薇十字思想の研究に没頭している。一八八一年にロンドンに戻り、検視官の職につく。この職は一九一八年に退職するまで続けており、ウェストコットの生計を支えた。

ウェストコットはアンナ・キングズフォードとも親しく、一八八四年にヘルメス協会が独立すると、その名誉会員となる。一八八〇年にはイギリス薔薇十字協会に加入する。その頃のイギリス薔薇十字協会は、フリーメイソンに付属するかたちで設置された純粋なエソテリシズムの研究グループ

▶ウェストコット　私服を着たロンドン検視官ウィリアム・ウィン・ウェストコット。イギリス薔薇十字協会、神智学協会、フリーメイソンの会員であり、黄金の夜明け教団を発案し設計した。

◀ウェストコット　英国薔薇十字協会の最高マグスの礼装をしたウェストコットであり、右手に笏をもっている。

であり、実践的な魔術は対象となっていなかった。しかも女性には門戸を閉ざしていた。イギリス薔薇十字協会は、一八七八年に亡くなったロバート・W・リトルの後継として医師ウィリアム・R・ウッドマンが最高マグスの役職を引き受けていた。ウッドマンは、フリーメイソンの最古参の先輩であり、年齢的にも二〇歳違いのウェストコットには父親のような存在であった。一八九一年にウッドマンが亡くなったときに最高マグスの役職に就いたのがウェストコットである。

《2》暗号文書の発見

ウェストコットが新しい結社を構想するにあたって重要な役割を果たしたのは、いわゆる「暗号文書」である。日付は明らかになっていないが、一八八七年のある時、ウェストコットは不思議な暗号文書を手に入れる。彼がどのような経緯でこの文書を入手したかについてはさまざまな話があるが、大きく分けて二つある。一つは、ウェストコットが主張している説であり、もう一つは現代の研究者が主張している説である。

ウェストコットは、暗号文書をフリーメイソンの先輩である牧師A・F・A・ウッドフォードから渡されたものと主張している。ウッドフォード自身は一八八七年に死去しており、実際のところ話の真偽は不明のままである。ウッドフォードはある時、ロンドンの古書店で偶然に古文書を発見する。文書は暗号で書かれていたために、彼はウェストコットにそれを渡したのだという。このエピソードは、ブルワー＝リットンの『ザノーニ』の冒頭で紹介される内容と重なっているために広く知られているが、にわかには信用することができないものである。

暗号文書に関する最近の説は、マッケンジーの残した文書のなかに含まれていたとするものである。マッケンジーは一八八六年に亡くなっており、彼の残した膨大な文書は夫人のもとにあった。ウェストコットは、この文書を一括して受け取ることを望んでいたが、夫人がようやく承諾したのが

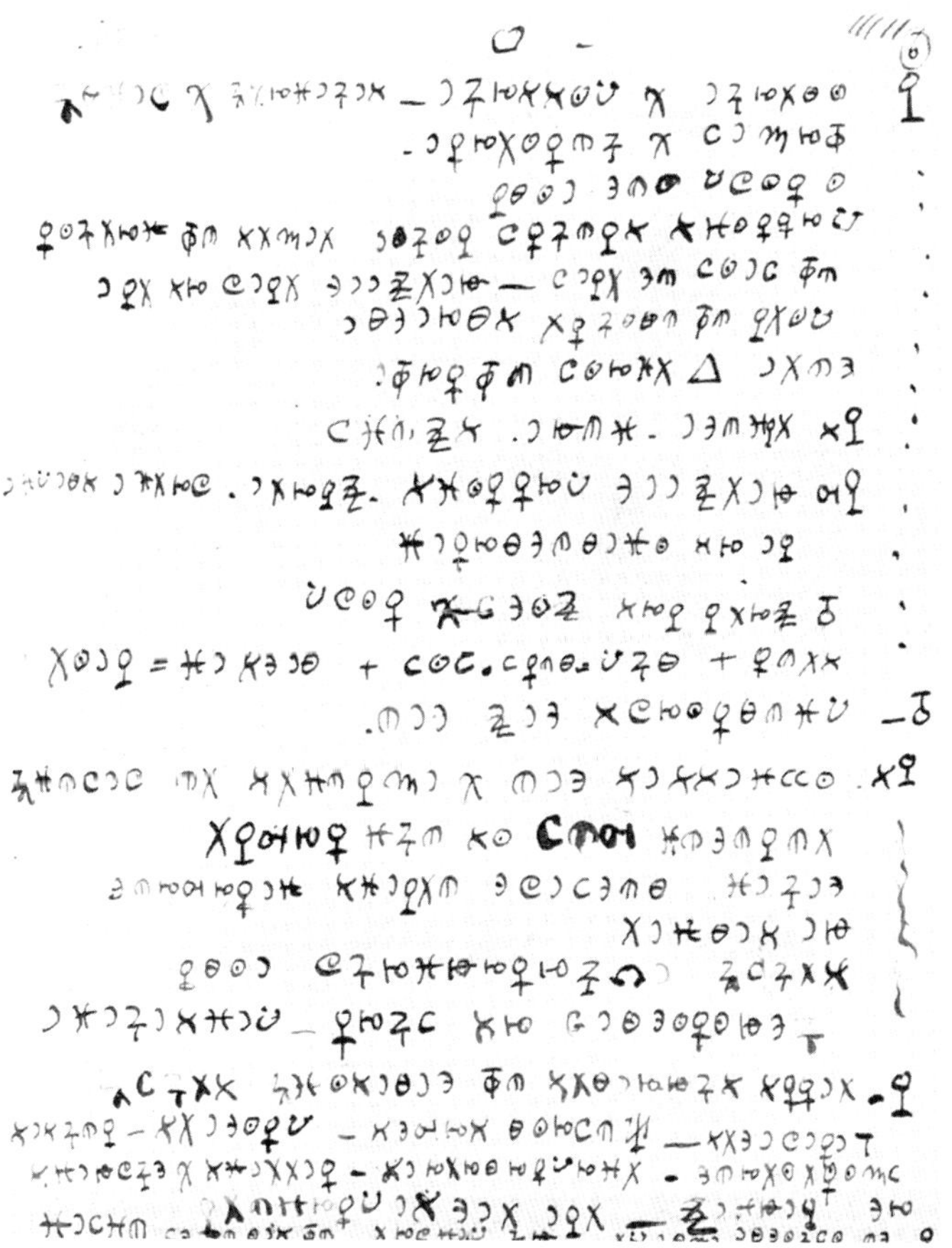

▲暗号文書の一部　暗号文書は、5位階のそれぞれについて「開会」「閉会」「参入」「知識」から成っている。本図は、「神をわれわれの光として敬うこと」や「均衡を学ぶこと」を含む初位階の「参入」に関する内容となっている。

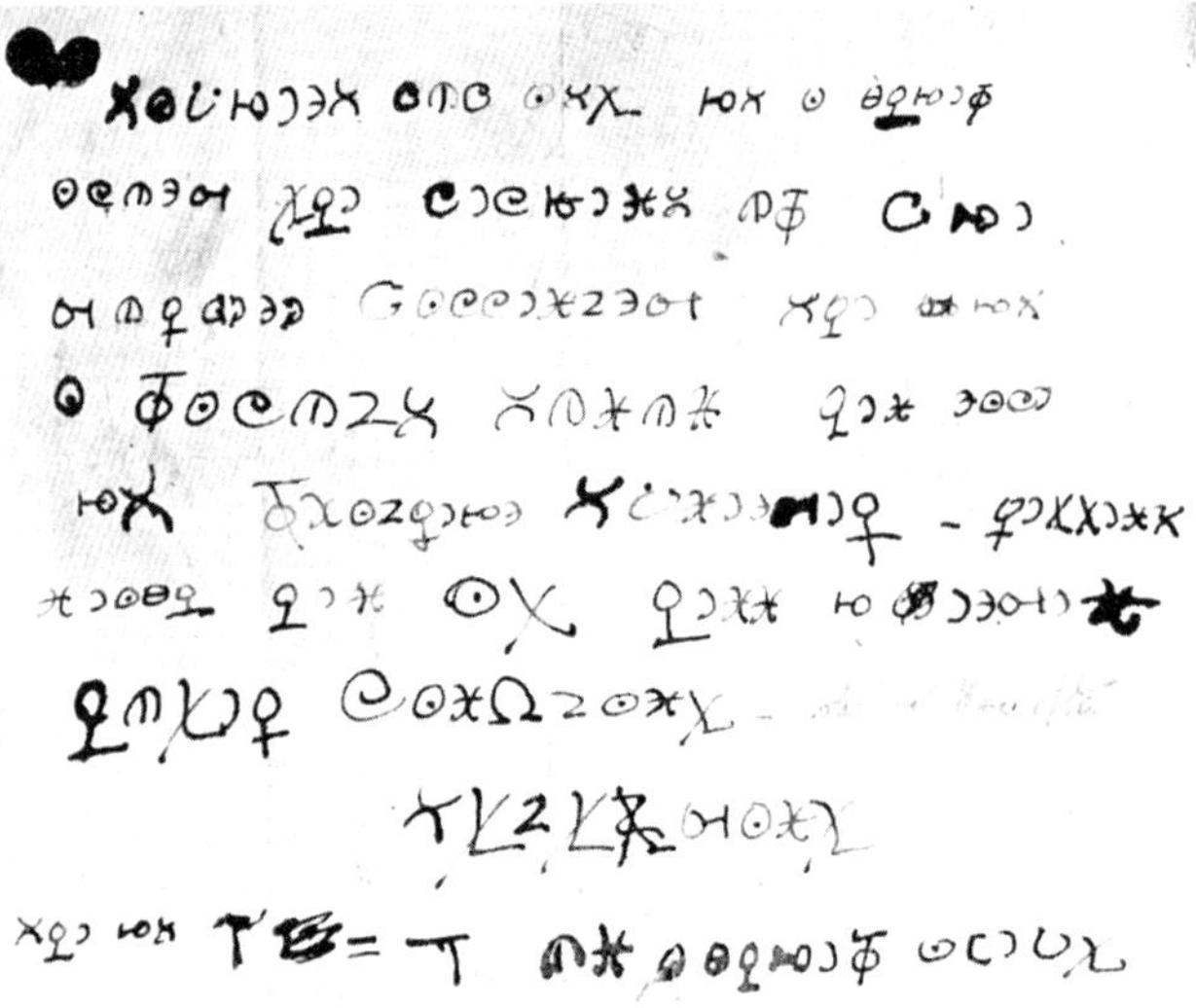

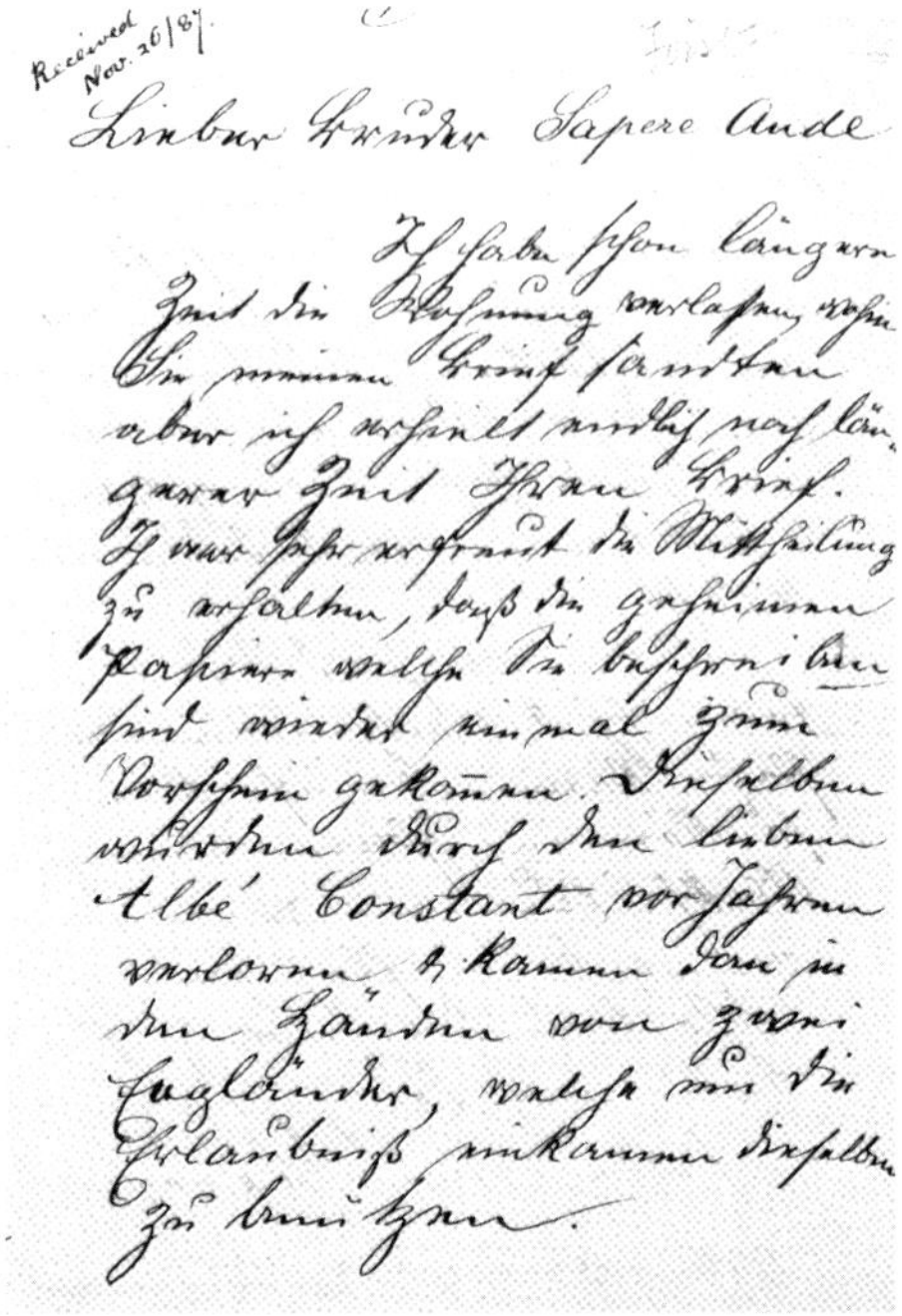

Received Nov. 26/87

Liebe Brüder Sapere Aude

Ich habe schon längere Zeit die Hoffnung verlassen, wo Sie meinen Brief sandten aber ich erhielt endlich nach längerer Zeit Ihren Brief. Ich war sehr erfreut die Mittheilung zu erhalten, dass die geheimen Papiere welche Sie beschreiben sind wieder einmal zum Vorschein gekommen. Dieselben wurden durch den lieben Abbé Constant vor Jahren verloren & kamen dann in den Händen von zwei Engländer, welche nie die Erlaubniss erhalten dieselben zu benützen.

▲シュプレンゲルの住所を記した暗号文書　シュプレンゲルの住所を記した暗号文書であり、7行目にウェストコットによる英語の書き込みがある。

▶シュプレンゲルからの返信　シュプレンゲルからウェストコットへの最初の手紙であり、左上に1887年11月26日の日付がある。ウェストコットによる英文の下書きを基にして、ドイツ系の人物によって翻訳されたと推定される。

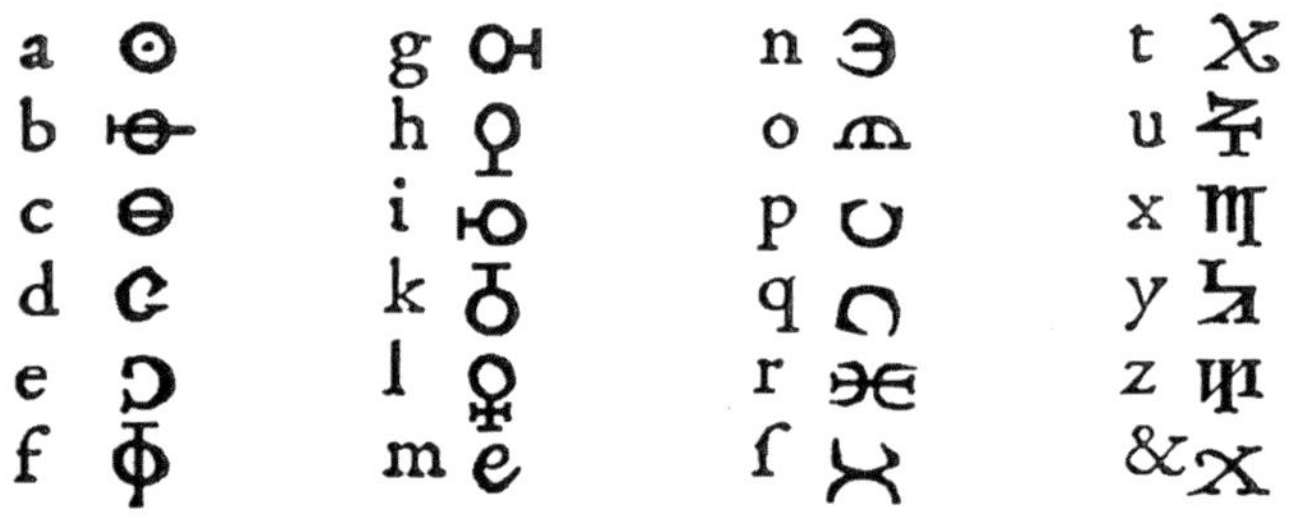

◀暗号文書の暗号とアルファベットの対照表　トリテミウスの『多元記法（ポリグラフィア）』（1561年、パリ版）に収録された暗号記法であり、黄金の夜明け教団の暗号文書においてそのまま使用された。

一八八七年であり、その文書に件の暗号文書が含まれていた。マッケンジー自身によってスウェーデンボリ儀礼か八人協会の儀礼用に書かれたもの、あるいは別の人物が書いた文書をマッケンジーが筆写したものかについては確定できないにしても、暗号文書に深く関与していることは間違いない。しかし、ウッドフォード自身もマッケンジーの友人であり、彼の『ロイヤル・フリーメイソン百科事典』の編纂協力者の一人であったことを考慮すると、ウェストコットの創作したエピソードもマッケンジーにつながることになる。

暗号文書そのものは、トリテミウスの『多元記法（ポリグラフィア）』（一五六一年）に収録された暗号記法を利用して書かれている。その内容は、フリーメイソン系結社のための五位階の参入儀礼と、各位階を構成する「知識」などから成る。

《3》首席導師シュプレンゲルとの交信

いずれにしても暗号文書はウェストコット以外の人物が作成したものであり、その信憑性に疑問の余地はない。問題は、ドイツのシュプレンゲルなる人物のシュトゥットガルトにある住所を記した文書が挿入されていたことである。この文書を解読すると、「Sapiens dom ast は、黄金の夜明け教団の首席導師。優れた女性会員であり、名前はシュプレンゲル嬢。彼女への手紙は、シュトゥットガルトのマークヴァート・ホテルのエンゲル氏宛で届く。彼女の位階は七＝四〔この数字はヘブライ語で表記されている〕であり、首席導師である」という意味となる。シュプレンゲルなる人物は、ドイツの「黄金の夜明け教団」の導師（第七位階）の一人であり、教団内ではSapiens Dominabitur Astris（「賢者は星を支配する」、以下ＳＤＡ）という標語を自分の名前にしているというのである。この段階ではシュプレンゲルの名前が「アンナ」であるとはされていない（この情報が明らかにされたのは一九一二年のことである）。

ウェストコットがシュトゥットガルトのシュプレンゲルに手紙を送ると、彼女から黄金の夜明け教団の創設を許可する返事が届く。暗号文書が信憑性をもっているのとは逆に、このシュプレンゲルに関する文書はウェストコットの創作という可能性が高い。ウェストコットが暗号文書を基にして、新しい魔術結社を創設するために工夫した自問自答劇と推測される。黄金の夜明け教団の設計は、このシュプレンゲルとの間で行われた手紙と並行して進められていく。同時にウェストコットは、六〇枚から成る暗号文書に含まれている五位階の参入儀礼の要約を基にして、これを実際に運用可能なシナリオに仕上げる作業をマグレガー・マザーズに依頼する。

シュプレンゲルはドイツ人という設定であるために、シュプレンゲルの手紙は、ウェストコットが自ら英語で書いたオリジナル原稿を、別の人がドイツ語に翻訳するという煩雑な操作が行われた。ウェストコットは、ブラヴァツキー夫人の神智学協会において、大いなる導師マハトマという象徴的な存在が信奉者たちの求心力になっていることを知っており、そのシステムを利用しようとした可能性がある。霊的な権威者としての「未知の上位者」をおくという発想は、一八世紀フリーメイソンの厳格戒律儀礼にも見られた。ウェストコットは新教団の設立にあたって、イギリス薔薇十字協会やヘルメス結社のように単なる研究グループではなく、神智学協会のように霊的な権威に根拠づけられた組織づくりを目指したのかもしれない。ちなみに、シュプレンゲルという女性のモデルは、一八八八年に亡くなったアンナ・キングズフォードと推定されるが、ウェストコットの分身そのものであった可能性もある。

ウェストコットは、一八八七年一一月二六日にシュプレンゲルからの次のような内容の返信を受け取る。件の暗号文書はコンスタン神父（レヴィ）が何年も前に失くしたものであり、その後二人のイギリス人が入手して第二神殿ヘルマヌビスの設立に使用されたものである。ウェストコットがすでに暗号文を解読する能力を備えていることを評価し、ウェストコットに第二教団の第七位階を授与する。さらにウェストコットには、二人の学識者を首席導師として選んだのち、イギリスで第三神殿を開設する許可を与える。教団が新規加入者の三人を第五位階に昇格させた時点において、神殿は独立して運営することができる。

シュプレンゲルの次の手紙（一八八八年一月二五日付け）は、黄金の夜明け教団の第三神殿を設立するために必要となる文書に、ウェストコットがＳＤＡの代理として署名することを許可するという内容である。したがってウェストコットは、これ以後、教団の運営を決定する文書を自分の署名によって出すことができることになる。さらに一八八八年二月七日の手紙では、フランスにおけるオカルティズムの立役者レヴィの直筆になる写本がウェストコットに送られるという内容になっている。

《4》黄金の夜明け教団の設立

このように周到な準備を経て、一八八八年三月一日に黄金の夜明け教団（正式名は、

「黄金の夜明け＝ヘルメス教団」）が設立される。黄金の夜明け教団のイシス＝ウラニア神殿の設立許可状が作成され、黄金の夜明け教団が公式に発足する。設立許可状に登場する四つの生き物は、レヴィの『高等魔術の教理と祭儀』からヒントを得たものであり、文書はウェストコットがマザーズに協力を求めて作成したものである。

設立許可状の内容は、マザーズ、ウェストコット、ウッドマンの三名をイシス＝ウラニア神殿の第二教団の第五位階とし、第一教団を統括する資格を認めるというものである。末尾に第七位階の三名の署名があるが、結局はマザーズ、ウェストコット、ウッドマンであることは伏せられていた。三名の教団名は、第五位階ではマザーズは'S Rioghail Mo Dhream（「わが部族は王族」、以下SRMD）、ウェストコットはSapere Aude（「あえて賢くあれ」）、ウッドマンはMagna est Veritas et Praelavebit（「真理は偉大であり、打ち勝つであろう」）である。ウェストコットの教団名はこの設立許可状を作成する段階では考案中であったために、イギリス薔薇十字教会の標語のままとなっ

ניחון
פישון
In the Name
of the
Lord of the Universe!
We the undersigned Chiefs of the Second Order hereby depute our V. H. Fratres:
"'S Rioghail Mo Dhream,"
as Praemonstrator;
"Quod Scis Nescis"
as Cancellarius;
"Magna Est Veritas Et Praevalebit"
as Imperator;
to constitute and to rule the Isis-Urania Temple, No. 3, of the Order of the G. D. in the Outer, and to Initiate and Perfect therein any person Male or Female who has been duly approved of and certified by us. For which purpose this shall be sufficient Warrant.
Deo Duce Comite Ferro
Sapiens Domo. Astris
Vincit omnia Veritas
חדקל
פרת

◀**黄金の夜明け教団「イシス＝ウラニア神殿」の設立許可状**　黄金の夜明け教団は、1888年3月1日に設立許可状をもって発足する。設立許可状に登場する4つの生き物は、レヴィの『高等魔術の教理と祭儀』からヒントを得たものである。上から人・牡牛・ライオン・鷲が描かれている。6行目からマザーズ、ウェストコット、ウッドマンの順で、第2教団の第5位階であることを明記している。末尾には、第2教団の第7位階の導師としてマザーズ、シュプレンゲル、ウッドマンの名前がある。

◀**4つの生き物**　レヴィの『高等魔術の教理と祭儀』（教理篇第18章）に収録された図版であり、六芒星を構成する上向きの三角形のなかに、人を中心にして、鷲・牡牛・ライオンが囲むように描かれている（「4つの首をもつスフィンクス」）。左下にはピュタゴラスの輪、右下にはエゼキエルの輪がある。

ている。マザーズの教団名もイギリス薔薇十字協会で使用していた標語であるが、彼の場合は変更することなく、第五位階の教団名としてこのまま使用し続ける。三名の第七位階の教団名は、マザーズはDeo Duce Comite Ferro（「神は我が導き手、剣は我が供」）ウェストコットはNon Omnis Moriar（「私は完全には死滅しない」）、ウッドマンはVincit Omnia Veritas（「真理はすべてを支配する」）である。ただし、この設立許可状では、ウェストコットがシュプレンゲルの代理として署名している。

　この段階で黄金の夜明け教団の組織の全容が明らかになる。教団は三つの独立した「教団」から構成されている。第一教団は、初位階＝ネオファイト（0°＝0°）、第一位階＝ゼラトル（1°＝10°）、第二位階＝テオリクス（2°＝9°）、第三位階＝プラクティクス（3°＝8°）、第四位階＝フィロソフス（4°＝7°）から成る。第二教団は、第五位階＝小アデプトゥス（5°＝6°）、第六位階＝大アデプトゥス（6°＝5°）、第七位階＝アデプトゥス・エクセンプトゥス（7°＝4°）から成る。第三教団は、第八位階＝マギステル・テンプリ（8°＝3°）、第九位階＝マグス（9°＝2°）、第一〇位階＝イプシシムス（10°＝1°）から成る。それぞれの位階の次に示した数字は、上側が霊的な位階であり、一から順に一〇へと上昇する。下側の数字は物質性を表わしており、一〇から一まで順に下降している。初位階を除いて、それぞれの位階は、ゼラトルとマルクト、イプシシムスとケテルというように、カバラーの「セフィロトの木」の一〇のセフィロトに対応している。

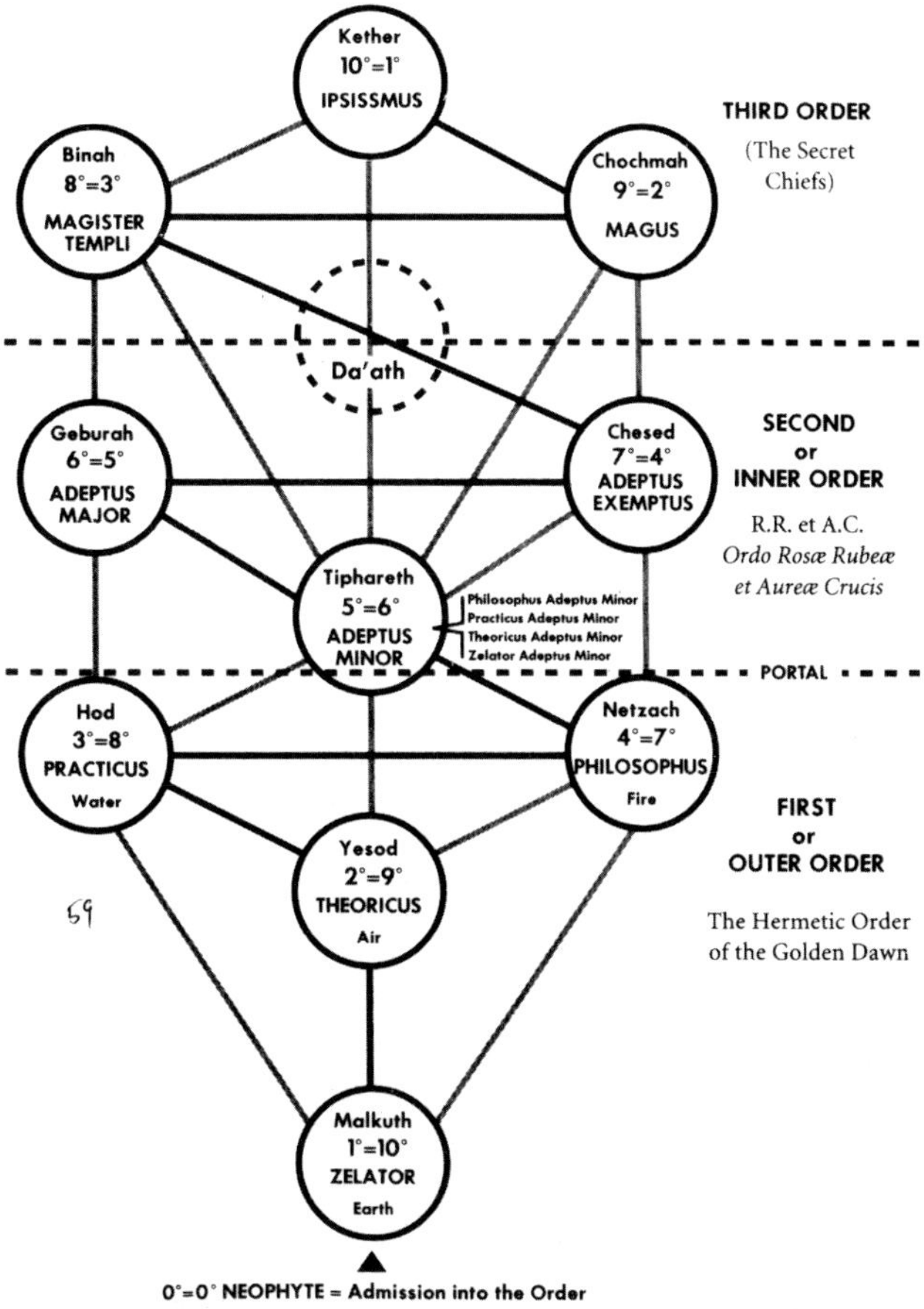

▲黄金の夜明け教団の位階とセフィロトの木　黄金の夜明け教団の位階は、セフィロトの木の構造に基づいて構成された。

　第一教団の初位階と四位階は、暗号文書にも記載されたものであり、黄金薔薇十字団の最初の四位階と一致している。第二教団と第三教団の位階についても、ウェストコットがイギリス薔薇十字協会の位階制度をそのまま利用したものである。ただし、第一〇位階のイプシシムス（「自らの真の自己」）は新たに造語されたものである。イギリス薔薇十字協会の会員がラテン語の協会名をもっていたように、黄金の夜明け教団の会員も例外なく独自の教団名をもっていた。第一教団から第二教団に昇格する場合には、さらに別の教団名が必要とされたが、多くの場合には同じ名前を使用した。

イギリス薔薇十字協会との相違は、第三教団の「秘密の首席導師」がアストラル界においてのみ存在するものとみなして、地上における最高位を第七位階としたことである。第七位階の首席導師はラテン語の標語だけでその存在が知られるとされたが、実際にはマザーズ、ウェストコット、ウッドマンであり、彼らは「秘密の首席導師」の指示を受けて（あるいは、受けたと主張することによって）教団の方針を決定するとともに、第五位階の導師として第一教団の統括にも関わることになる。さらに決定的な相違は、女性に門戸を開放した点である。イギリス薔薇十字協会が、フリーメイソンにならって女性の入会を許可していなかったのに対して、黄金の夜明け教団は神智学協会と同じように、女性を会員として受け入れたのである。

❸ 黄金の夜明け教団の発展

《I》教団組織の確立

ウェストコットは、黄金の夜明け教団の存在をそれとなく一般の人たちに示して、会員募集への布石を打っている。学術雑誌「ノーツ・アンド・クイアリーズ」（一八八八年一二月八日号）に次のような質問が掲載される。「一八一〇年にヨーハン・F・ファルクが継承したというロンドンのカバリスト協会（ヘブライ語では、Chabrah Zereh aur bokher〔夜明けの輝く光の協会〕）は現在も存続していますか。故エリファズ（Eliphaz）・レヴィも関与した協会です」。この記事に呼応するように、ウェストコットは同誌一八八九年二月九日号に「ヨーハン・ファルクがカバラー講師を務め、レヴィにオカルト学の叡知を授けた神秘家の教団は、今なおイギリスで活動中です。フリーメイソン的な教団ではなく、男女ともに会員資格をもちます。研究と実践の全課程は難解にして複雑であり、会員数も制限されています。その教団の真の名前は加入者にだけ伝えられており、実体を知る数少ない部外者もG・D・〔黄金の夜明け〕ヘルメス学協会と呼んでいるものです」という回答を自らの署名入りで寄せる。ウェストコットはエリファスをエリファズと書く癖があり、最初の投稿もウェストコットが名前を伏せて投稿したものである。シュプレンゲルとの手紙の場合と同じように、ここでも自問自答という形を採りながら、黄金の夜明け教団の存在を印象づけようとしているのである。

黄金の夜明け教団は、予想以上に順調な滑り出しを見せ、新規加入者も増加していく。シュプレンゲルの次の手紙は、一八八九年一〇月九日付けである。新たに四名が第二教団の第五位階に昇格したというウェストコットの連絡を受けて、イシス＝ウラニア神殿を独立した組織として認めることを伝えている。ウェストコット、マザーズ、ウッドマンの三名に独立した権威を与え、シュプレンゲルの指示を仰ぐことなく、イシス＝ウラニア神殿を運営していく許可を与えるという意味である。新たに第二教団に昇格した四名のうち三名は、ミナ・ベルクソン、ウィリアム・A・エイトンとその妻アン・エイトンである。

シュプレンゲルは一八八九年一二月一二日の手紙において、これまで会員には第五位階の導師としてのみ知られていたウェストコット、マザーズ、ウッドマンを第二教団の第七位階の首席導師に昇格させ、第一教団（「黄金の夜明け教団」）と第二教団（「紅薔薇＝黄金十字」と呼ばれる）の統括権を認めるとしている。第三教団は、秘密の首席導師のみで構成されており、依然として教団の名前もない。

こうして、黄金の夜明け教団のイシス＝ウラニア神殿は、独立して運営していくためのすべての準備が整う。シュプレンゲルに関する最後の手紙（一八九〇年八月二三日）は、彼女自身の逝去を伝える内容である。シュプレンゲルの秘書が書いたとされるこの手紙では、一八九〇年七月二〇日に死去したことになっており、黄金の夜明け教団の設立に必要であったシュプレンゲルの存在はこうして消去される。黄金の夜明け教団はウェストコットの設計どおりに、具体的な新教団として実現したのである。

《2》多彩な会員たち

一八八八年にロンドンにイシス＝ウラニア神殿が開設されたのち、同年に第四神殿オシリスがウェストン・スーパー・メアに、第五神殿ホルスがブラッドフォードに開設される。やや遅れて一八九三年に第六神殿アメン・ラーがエディンバラに開設され、一八九四年には第七神殿アハトルがパリで発足する。イシス、オシリス、アメン・ラー、ハトルはすべてエジプトの神名である。イシス＝ウラニア神殿の会員は一八八八年だけでも三二名、オシリス神殿は八名、ホルス神殿は一一名が登録しており、一八九六年までに三一五名になる。しかし、一八八八年に三〇名ほどで発足した労働者クラブ「マイルドメイ」が、一八九五年には会員数が一〇〇〇名以上に膨れ上がっていることと比較すると、黄金の夜明け教団は中規模のクラブであったといえる。

これほど短期間に新しい神殿が開設されていった背景には、イギリス各地に存在していたイギリス薔薇十字協会の支部を黄金の夜明け教団の神殿と読み替えることができたという事情がある。たとえば第四神殿オシリスの場合、わざわざサマーセットの海辺の保養地に開設した理由は、イギリス薔薇十字協会の支部がそこにあったからであり、ベンジャミン・コックスなどすべての会員がフリーメイソンでもあった。

黄金の夜明け教団の当初の会員は、そのほとんどがイギリス薔薇十字協会か神智学協会の会員資格を維持したまま教団に加入したのである。たとえば、牧師ウィリアム・A・エイトンは神智学協会の会員であり、牧師館の地下室に実験室を設置するほど錬金術に熱中していた。一八一六年生まれであり、彼の妻とともに黄金の夜明け教団に加入した時は七二歳の白髪の老人であった。教団名はVirtute Orta Occident Rarius（「徳にて立つ者は堕ちることなし」）である。

黄金の夜明け教団の会員には女性が多いことも特徴となっている。のちにマザーズ夫人となるミナ・ベルクソン、ホーニマン紅茶会社の創業者一族のアニー・ホーニマン、女優フロレンス・ファー、マッケンジー夫人、オスカー・ワイルド夫人、女優モード・ゴンなどのように、中産階級の女性会員が含まれている。神智学協会を支えた会員の多くも女性であり、さらに一九世紀のヨーロッパを席巻した心霊主義の霊媒の大部分は女性であったことも注目される。

一八九〇年にはパーシー・ブロック、アーサー・E・ウェイト、ジョン・W・ブロディ＝イネスなど、のちの黄金の夜明け教団を支える会員が加入する。物理学者ウィリアム・クルックスのような心霊研究協会の人々も交じっていた。アイルランドの劇作家・詩人ウィリアム・B・イェイツ、彼の叔父ジョージ・ポレックスフェンなども参加する。

女優モード・ゴンは一八九一年に加入するが、短い期間で退会する。退会の理由は、黄金の夜明け教団はあまりにフリーメイソン的（！）であり、「フリーメイソンは、アイルランド人が知るかぎり、イギリスの制度であり、政治的には大英帝国を支持するために利用されてきた」と判断したからという。彼女にとって、アイルランドの自由と独立は何ものにも優先する目標であり、イギリスの大義に重なるフリーメイソンと、その傍系である黄金の夜明け教団に身をおくことは、認められないことであった。

《3》「新参入者のための歴史講話」

黄金の夜明け教団は、一八八七年の暗号文書の発見から三年以内に、神智学協会と肩を並べるほどの結社に成長する。黄金の夜明け教団が発足して間もない頃に、すべての新参入者に配布された文書がある。ウェストコットによって執筆されたこの文書は、「新参入者のための歴史講話」と題されている。黄金の夜明け教団のいわば設立趣意書のような位置づけとなっていると同時に、教団の目的・組織・歴史に関するウェストコットのまとめでもある。オリジナル版は存在していないが、ウェストコットは機会のあるごとに内容を更新していったものと思われる。その内容は、次の三つに要約することができる。

（一）黄金の夜明け教団の目的は、会員にオカルト学の原理とヘルメス魔術の実践を教授することにある。黄金の夜明け教団が設立される前に活動した先駆者のなかに、フランスの魔術師エリファズ〔エリファス〕・レヴィ、フランスのフリーメイソン史家〔ジャン＝バティスト・〕ラゴン、『ロイヤル・フリーメイソン百科事典』の編纂者ケネス・マッケンジー、水晶凝視者フレデリック・ホックリーなどがいる。彼らは、前の世代の導師から神智学・ヘルメス学・錬金術の教義を受け取っており、その伝統は一三九八年にクリスチャン・ローゼンクロイツによって設立されたというドイツの薔薇十字団にまでさかのぼることができる。薔薇十字団の教義は、さらに古いユダヤ教神秘主義カバラーから展開したものであり、そこにはモーセも学んだエジプト魔術やバビロニアの占星術も入り込んでいる。ギリシアのエレウシス密儀はエジプトのイシス＝オシリス密儀を継承したものであるが、魔術的な要素については希薄である。

（二）黄金の夜明け教団の組織は、四位階から成る第一教団と三位階から成る第二教団から構成される。第一教団がヘブライ＝カバラー的であるとすれば、第二教団はキリスト教的である。第二教団の導師たちは、下位の位階の参入儀礼を統括する資格をもち、新たな神殿を設立する許可状を発行することができる。第二教団のさらに上に三位階から成る第三教団があり、至高の三セフィロト（ケテル、ホクマー、ビナー）と同じように、神聖な領域に属する。イシス＝ウラニア神殿は、第一教団の四位階を授与することが認められており、その儀礼は著名なカバリストＳＲＭＤ〔マザーズ〕が暗号文書に基づいて修正編纂したものである。暗号文書は、ＳＡ〔ウェストコット〕がＶＭＬ〔ウッドフォード〕から数年前に入手したものである。〔一八八七年に亡くなった〕ＶＭＬは、エリファズ・レヴィの著作に精通していた。

黄金の夜明け教団の第二教団を構成する三人の導師〔ウェストコット、マザーズ、ウッドマン〕はドイツのＳＤＡ〔シュプレンゲル〕からイギリスにおける神殿設立の許可を与えられ、第一神殿リヒト・リーベ・レーベン〔光・愛・生命〕、第二神殿ヘルマヌビスの後継として第三神殿イシス＝ウラニアが設立された。イシス＝ウラニア神殿に続いて、第四神殿オシリス、第五神殿ホルスが設立され、さらにアメリカ合衆国やデンマーク、インド、パレスチナなどにも会員がいる。

（三）黄金の夜明け教団の先駆的な組織であるイギリス薔薇十字協会は、著名なフリーメイソンにしてレヴィ信奉者ロバート・Ｗ・リトルがウィリアム・Ｒ・ウッドマン、フランシス・アーウィン、ケネス・マッケンジーの協力によって設立した協会である。〔著名な錬金術師・占星術師であった〕バシリウス・ヴァレンティヌス、ニコラ・フラメル、ピエトロ・ダバーノ、カルダーノ、ヤーコプ・ベーメ、ロバート・フラッドなどの業績は、彼らがフリーメイソンではなかったとしても、高く評価することができる。イギリス薔薇十字協会はフリーメイソ

イギリス薔薇十字協会と黄金薔薇十字団

COLUMN 6

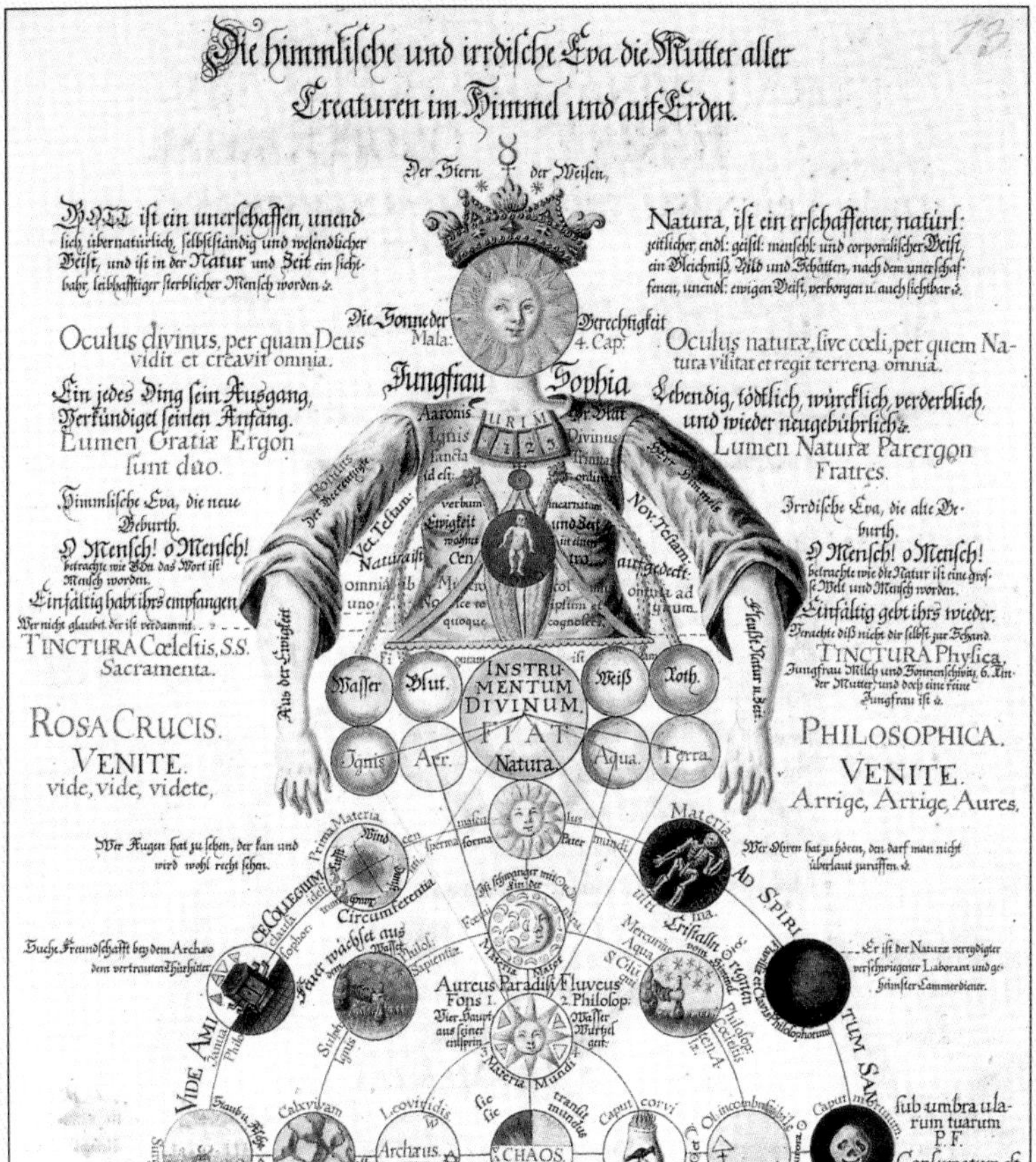

▲『**薔薇十字団の秘密象徴**』**(1)**　1785年から1788年にかけて出版された『薔薇十字団の秘密象徴』では、万物の母たるエバあるいは乙女ソフィアが、錬金術的な天地創造の神秘を開示している。王冠にはメルクリウス（水銀）の記号、腹部にはホムンクルスがあり、その顔には霊性の象徴としての太陽が輝いている。「光あれ」という言葉とともに創造が開始され、下部の中心にある渾沌（カオス）から宇宙の万物が生まれてくる。

ン系の組織であるために女性の加入を認めていなかったが、古代密儀宗教において女性が導師あるいは予言者として活躍していたように、黄金の夜明け教団には女性も加入することができる。近年の女性オカルト学者として、真の霊的照明を受けた〈ヘルメス協会の創設者〉アンナ・キングズフォードと神智学協会のブラヴァツキー夫人を忘れることはできない。

西洋エソテリズムを標榜するフリーメイソン結社として一八世紀ドイツに誕生した「黄金薔薇十字団」は、「厳格戒律儀礼」とともに、宗教改革以後の精神的な枯渇を憂える人々の支持を得ていた。二つの結社は、ともにフリーメイソンとエソテリシズムとの融合という点で一致しており、ヤーコプ・ベーメにさかのぼる神秘的錬金術を人間の霊性探求の重要な手段とみなしていた。この流れのなかで錬金術書の出版が相次ぎ、一七八五年には『薔薇十字団の秘密象徴』が出版される。イギリス薔薇十字協会を創設したロバート・W・リトルも、多くの図版によって神秘的錬金術を図解したこの書物に魅了されていた。マンリー・P・ホールの『薔薇十字写本』によると、エリファス・レヴィが所有していた『薔薇十字団の秘密象徴』（アルトナ版）は、その後ウィリアム・W・ウェストコットの手に渡り、彼の死後はイギリス薔薇十字協会の図書室に寄贈されたという。エリック・ハウも『黄金の夜明け教団の魔術師』において、一八八八年一〇月にウェストコットがイギリス薔薇十字協会で実際にこの本を会員の前において、その内容に関する研究発表をしたと述べており、協会内では重要な文書と位置づけられていたことは明らかである。

黄金薔薇十字団は、カバラーの数価値に基づいて、初位階（1°＝9°）、テオレティクス（2°＝8°）、プラクティクス（3°＝7°）、フィロソフス（4°＝6°）、小アデプトゥス（5°＝5°）、大アデプトゥス（6°＝4°）、アデプトゥス・エクセンプトゥス（7°＝3°）、マギステル（8°＝2°）、マグス（9°＝1°）という九位階から構成されている。この九位階については、一七八一年にピアンコ師の『暴露された薔薇十字団』、さらに一八七七年にマッケンジーの『ロイヤル・フリーメイソン百科事典』において紹介されており、一八八八年設立の黄金の夜明け教団の一〇位階にほぼそのままのかたちで踏襲されていく。

イギリス薔薇十字協会は、ウェイトが『薔薇十字団の真の歴史』（一八八七年）において検証しているように、その位階制度だけでなく運営の仕方についても、黄金の夜明け教団の先駆的な要素を備えていた。（一）イギリス薔薇十字協会は一月、四月、七月、一〇月の第二木曜日にロンドンで会合をもつこととし、年最初の会合は総会として、会員の出席を義務づける。また、年に一回、場所と日時を定めて食事会

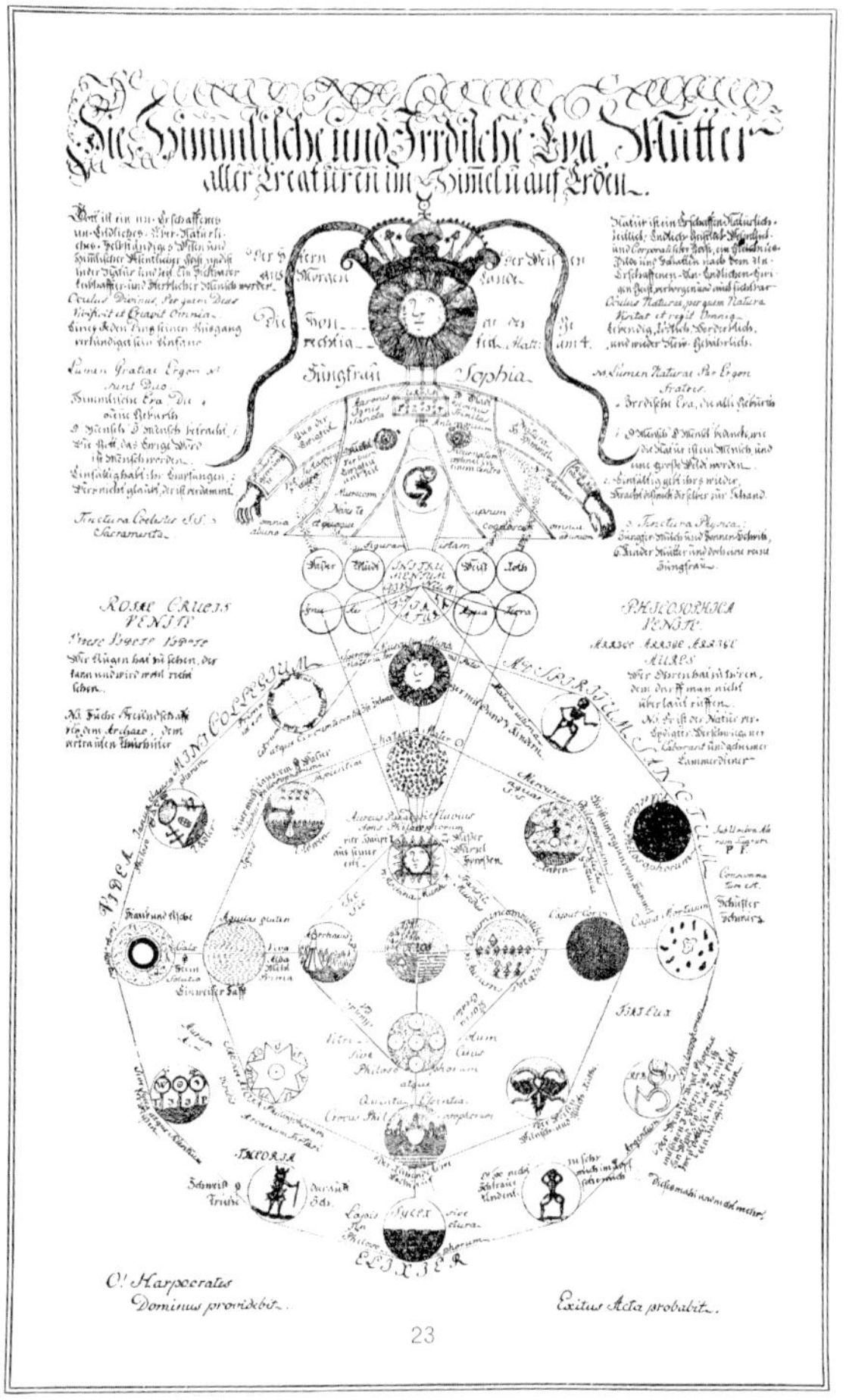

▲『薔薇十字団の秘密象徴』(2) マンリー・P・ホールによると、エリファス・レヴィが所有していた『薔薇十字団の秘密象徴』（アルトナ版）は、その後ウェストコットの手に渡り、イギリス薔薇十字協会に寄贈されたという。この図版は、『薔薇十字団の秘密象徴』の異本（DOMA写本）によるものであり、前図に近い構図になっている。

を開催する。(二)役員として、マグス(協会の精神的指導者であり、「魔術師」を意味する)三名、マスター(集会の統括者)、副マスター、書記、会計をおき、協会の評議会を構成するものとする。下位の役員として、前唱者、先導者、灯火持ち、伝令、神殿警護などをおく。(三)役員は総会で選出し、マスターは次に述べる第三教団に到達した者から選出する。(四)協会は、次のような三教団と九位階から成り、定員を定める(括弧内の人数は定員数)。第一教団は、第一位階＝ゼラトル(三三名)、第二位階＝テオリクス(二七名)、第三位階＝プラクティクス(二一名)、第四位階＝フィロソフス(一八名)から構成される。第二教団は、第五位階＝小アデプトゥス(一五名)、第六位階＝大アデプトゥス(一二名)、第七位階＝アデプトゥス・エクセンプトゥス(九名)から構成される。第三教団は、第八位階＝マギステル・テンプリ(六名)、第九位階＝マグス(三名)から構成される。マグス三名のうち、年長者が最高マグスとなる。正式な会員は以上の一四四名(一二の一二倍)である。これ以外に未参入者(志願者)のグループがある。定員は無制限であるが、儀式をともなう会合には出席できない。死亡・退会などの理由により正会員に欠員が生じた時に、手続きを経て未参入者が昇格する。(五)一六名(四の四倍)の「名誉会員」は全会員の一致によって選ばれ、貴族の称号をもっていなくてはならない。さらに「グランド・パトロン」も同じように選出される。(六)会員はフリーメイソンのマスター・メイソンであり、キリスト教の基本教理を信じ、真の博愛主義者でなければならない。(七)第一位階に昇格する未参入者は、ラテン語の標語を採用し、文書の署名に添えなければならない。(八)会員の年会費は五シリング、三教団のそれぞれに加入するたびに一〇シリング、未参入者の登録費は七シリング六ペンスである。(九)協会の会報誌「薔薇十字団」は年四回発行する。(一〇)役職はそれぞれ独自の宝章をもつ。

　イギリス薔薇十字協会の位階制度は、黄金薔薇十字団の九位階を利用しているだけでなく、「暗号文書」の五位階についても黄金薔薇十字団の位階を踏まえて構成されていることから、黄金の夜明け教団の源流がフリーメイソンと薔薇十字思想の融合した結社にあることは明らかである。神秘的錬金術とカバラーを中核としている点も、黄金薔薇十字団から黄金の夜明け教団に至る系譜が共有する特徴である。

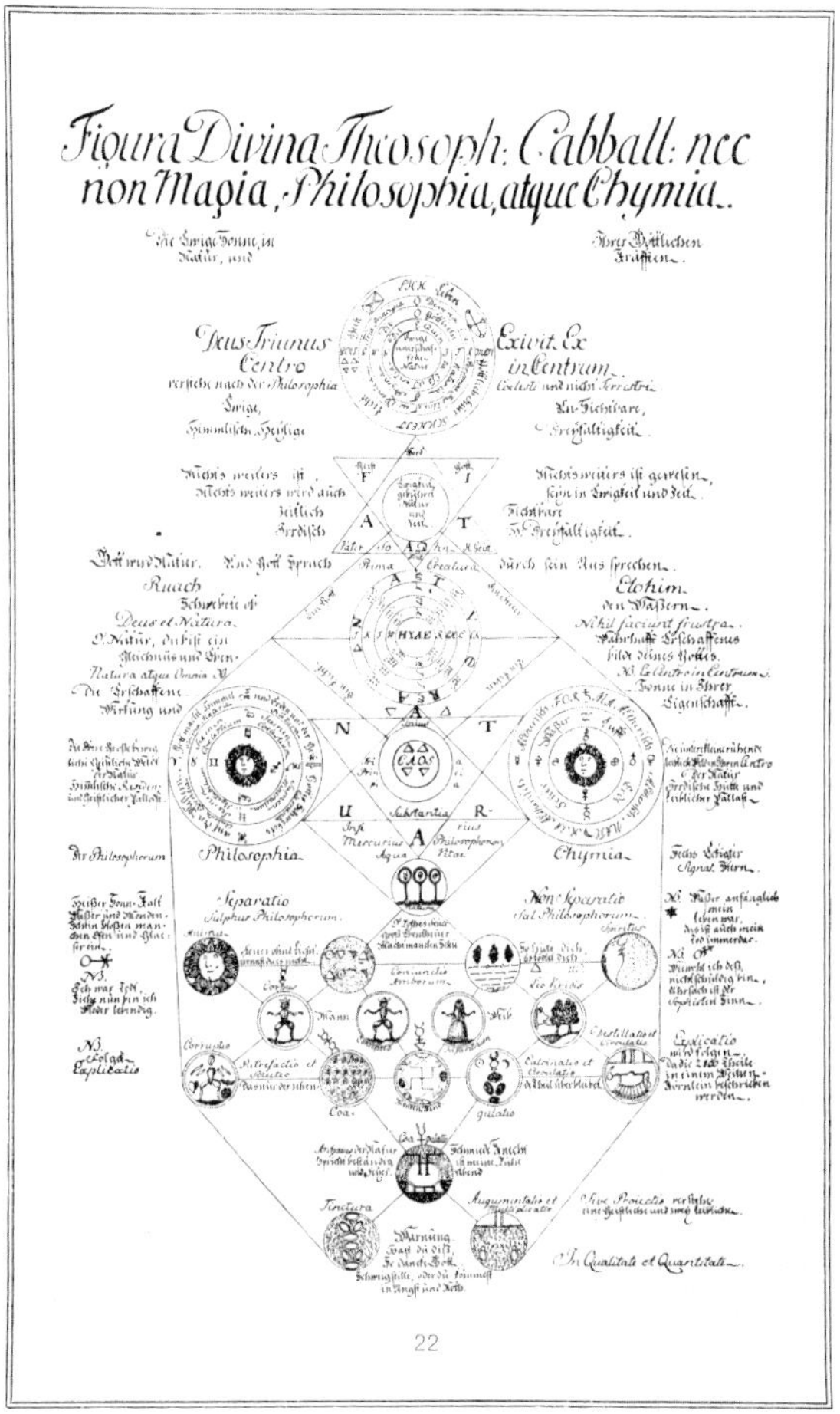

▲『薔薇十字団の秘密象徴』(0)　標題は「神智学・カバラー・魔術・哲学・錬金術の神的な象徴図」であり、創造以前の神性(上部の円＝永遠の太陽)から最初の創造(六芒星)を経て、第2の創造(下部＝「創世記」の天地創造)へと進む。下部は、錬金術における賢者の石の生成を図解している。

第四章 黄金の夜明け教団の儀礼と象徴

I 儀礼を創作するマグレガー・マザーズ

《I》魔術と戦争理論

黄金の夜明け教団の設計と設立において中心的な役割を果たしたのは、ウェストコットであった。設立にはウェストコット以外にウッドマンとマグレガー・マザーズの二人が加わっているが、そのうちウッドマンはほとんど関与する機会がなかっただけでなく、設立から三年後の一八九一年に亡くなっている。マザーズについては、すでに述べたように、暗号文書を基にして黄金の夜明け教団の参入儀礼のシナリオを作成するなど、ウェストコットの右腕的な役割を果たすことになる。

マグレガー・マザーズすなわちサミュエル・リデル・マザーズは、一八五四年にロンドン北部に生まれた。父親ウィリアム・マザーズは商店の事務員というごく平凡な職業であり、サミュエルが幼い頃に亡くなる。マザーズの学校教育については、ベッドフォード・グラマー・スクールに通ったということ以外には知られておらず、陸上競技などの体育科目を得意としていた。母と子（兄弟はいなかった）はロンドンを去ってボーンマスへと移り、不動産店の事務員などをして生計を立てる。不動産店の責任者がフリーメイソンであり、その紹介によってマザーズは、一八七七年に地元のロッジでフリーメイソンに加入する。このことが、マザーズの人生の方向を決めることになった。しかし社交クラブの色彩が強いフリーメイソンには満足することはできなかったと思われる。彼が個人的に関心を寄せていたのは、魔術と戦争理論であった。

マザーズは、一八八二年にウェストコットとウッドマンがボーンマスを訪問したさいに知り合いとなり、その紹介でイギリス薔薇十字協会に加入する。イギリス薔薇十字協会は、フリーメイソンのなかでもエソテリシズム研究を深化させるために組織された団体であり、マスター・メイソンであることが加入条件となっていた。マザーズは、すでにマスター・メイソンに昇格していたことになる。会員は協会内では、個人名のほかにラテン語の標語で相手を呼んでいたが、マザーズが使用したSRMDはゲール語に基づくものであった。ゲール語は、紀元前の頃からアイルランドやスコットランドで話されていたケルト語の一種であり、マザーズは自分の出自がスコットランドにあると信じていたのである。ボーンマス時代には、一八八四年にマザーズは『歩兵訓練のための実践的軍事教本』（フランス語からの翻訳）、一八八五年に『グラナダの陥落、その他の詩』を出版する。一八八五年に最愛の母が亡くなり、ウェストコット

◀二八歳頃のマグレガー・マザーズ　マザーズが生涯にわたって熱中していたのは、魔術と戦争理論であった。軍服姿のマザーズ。一八八二年頃。

を頼ってロンドンへと向かう。

《2》大英博物館におけるカバラー研究

　ロンドンに出たものの収入を得るすべもなく、マザーズは困窮をきわめた生活を余儀なくされた。幸い住居については、ウェストコットが検視官にあてがわれる新居に移ったこともあり、それまで使っていたキングズ・クロスの旧居を間借りすることができた。イギリス薔薇十字協会の主要な研究課題は魔術・錬金術・カバラーであり、ウェストコット自身も『セーフェル・イェツィラー』の英訳を出版している。カバラー文献の本格的な翻訳書が必要と感じていたウェストコットは、マザーズに若干の翻訳料を支払ったうえで、ラテン語版『カバラー・デヌダータ（解明されたカバラー）』の英訳作業を依頼する。この本は、アムステルダムで錬金術とカバラーを学んでいたクノール・フォン・ローゼンロートが一六七七年から一六八四年にかけて二巻本で出版したものである。マザーズは精力的にこの作業を進め、『隠された神秘の書（シフラー・ディツェニウータ）』、『大集会（イドラー・ラッバー）』、『小集会（イドラー・ズッター）』など『ゾーハル（光輝の書）』の一部文書のほかに、マザーズによる「序文」を付して一八八七年に『ヴェールを脱いだカバラー』というタイトルで出版された。マザーズは、この翻訳をアンナ・キングズフォードとマイトランドに献呈することにより、両者への敬意を示している。

　一八八七年にマザーズはウェストコットから、「暗号文書」に基づいて黄金の夜明け教団の参入儀礼を作成する仕事も依頼されている。ウェストコットから受け取る謝礼もとうてい十分な生活費といえる額ではなく、ボクシング選手の練習相手をしたり、自ら試合に出場して僅かな金を得ていたこともある。彼を知る人のなかには、マザーズの本業はボクサーと思う者もいたほどである。体調を維持するために、フェンシングの練習も欠かすことはなかった。ユーストン・ロードのイギリス薔薇十字協会、グレイト・クイーン通りのフリーメイソン・ホール、グレイト・ラッセル通りの大英博物館などは、キングズ・クロスから適度な距離にあり、マザーズは運動もかねて毎日のように歩いて通った。

　彼が後年オカルト学を治めるために必要となる素養は、大英博物館の閲覧室で続けられた研鑽《けんさん》によるものであった。マザーズがウィリアム・B・イェイツ、アーサー・E・ウェイトなどと出会うことになるのも、

▲41歳のマグレガー・マザーズ　魔術師の正装をしたマザーズであり、頭上にペンタグラムを飾り、両手を剣の上においている。彼は、スコットランド人の血統につながる者であると主張し、自らグレンストリー伯爵マグレガーを名乗った。モイナ・マザーズ作、1895年頃。

この大英博物館においてである。イェイツは、大英博物館でマザーズと会った時の印象を次のように述べている。「大英博物館の閲覧室でしばしば見かけたのは、年の頃は三六、七ぐらい、茶色い別珍の外衣を着ており、痩せて意志が堅固そうな顔をした運動選手のような男であった。名前や研究分野を聞く前に、彼には何かロマンスにでも登場しそうな雰囲気があった。しばらくして、どこでだれからであったかは思い出せないが、彼を紹介された。リデル・マザーズと呼ばれていたが、ケルト運動の影響のもとにマグレガー・マザーズを名乗り、その後たんにマグレガーとなった。彼は『ヴェールを脱いだカバラー』の著者であり、研究分野は魔術と戦争理論であった」（『自叙伝』）。マザーズはイェイツにとって、まず『ヴェールを脱いだカバラー』の著者であるとともに、生涯にわたる魔術研究の指導者であった。

　マザーズはまた、この時期に大英博物館において魔術書の写本を研究しており、その成果は一八八八年には魔術書『ソロモン王の鍵』（英訳）として出版された。一四〜一五世紀頃にラテン語・フランス語・イタリア語などで書かれた写本の英訳であり、土星、木星、火星、太陽、金星、水星、月の護符を中心にして魔術の所作などを紹介している。

《3》ミナ・ベルクソンとの結婚

　一八八七年にマザーズは、スレイド美術学校を卒業したのち、大英博物館でエジプト美術を学んでいたミナ・ベルクソンに出会う。マザーズの一目惚れであったが、婚約するまでにはしばらく時間がかかった。マザーズは一八九〇年にミナと結婚式を挙げる。マザーズは三六歳、ミナは二五歳であり、立ち会いは黄金の夜明け教団の会員でもあるエイトン牧師であった。ミナの兄は著名な哲学者アンリ・ベルクソンであり、のちに心霊研究協会の会長もしているように、心霊主義には理解を示しているが、さすがに「魔術」とは距離をおいていたようである。ロンドンにおいても、のちにミナがパリに住むようになってからも、義弟マザーズとの親しい関係は生まれなかった。

▶モイナ・マザーズ　ミナ・ベルクソンは、大英博物館でエジプト美術を学んでいた時にマザーズと知り合う。結婚してミナからモイナに改名し、モイナ・マザーズとなる。一八九五年。

　ミナは結婚後、モイナ・マザーズと改名した。モイナには当時からすでに霊的能力があり、マザーズは彼女の美形だけでなく、そうした能力にも惹《ひ》かれていたのかもしれない。モイナは黄金の夜明け教団の第一教団の最初の参入者となっただけでなく、第二教団の最初の会員として登録している。モイナはマザーズの分身として、教団の活動を支えていくことになる。彼女はのちに『ヴェールを脱いだカバラー』（第四版、一九二六年）に寄せた「序文」において、黄金の夜明け教団の設立当時の状況を振り返って、次のように述べている。「ウェストコットとウッドマンは教団の「運営面と、教義の一部」については中心的な役割を果たしたが、教団の教義に関する「文書は、ほとんど例外なく、私の夫が霊的な導師の指導のもとで」書いたものである。

　マザーズは一八九〇年、ロンドンのフォレスト・ヒルにあるホーニマン博物館の主事となる。創設者フレデリック・ホーニマンの長女アニー・ホーニマンが、親友のモイナのために生活支援として紹介したのである。イェイツやフロレンス・ファーがマザーズ宅を訪問し、精霊の召喚実験を行ったのもこの時期である。しかしマザーズは雇用主であるホーニマンの父とはうまくいかず、この職も辞して、再び困窮生活に戻る。マザーズは、これ以後（またこれ以前にもほとんど）定職らしい仕事に就くことはなかった。ホーニマンは、自ら資金を援助するとモイナに伝えて、パリに行くように勧めるが、結局一八九二年、マザーズも同行してパリに行くことになる。パリ時代以降のマザーズ夫妻の歩みについては、次章で述べることにして、ここではマザーズの作成した黄金の夜明け教団の参入儀礼とそのシンボリズムについて見ておこう。

2 黄金の夜明け教団の儀礼とシンボリズム

《I》黄金の夜明け教団のカバラー

　ユダヤ教神秘主義カバラーは、現在でこそゲルショム・ショーレムやモーシェ・イデルなどの学問的な研究も紹介されており、最新の成果に基づいてその実体を知ることができる。しかし一九世紀後半において、一般の人が利用できるカバラーの文献はきわめて限られたものであり、その情報の質についても、正確なものといえるものではなかった。正統カバラー派からすれば、必ずしも価値があるものではないとしても、それぞれの時代にカバラーとして理解された内容が、時代の文化形成に何らかの役割を果たしたとすれば、その概要を知っておくことは、文化史的には意味がないわけではないはずである。

　一九世紀後半の段階で利用できるカバラー文献としては、アドルフ・フランクの『カバラーとユダヤ宗教哲学』（一八四三年）やクリスチャン・ギンズバーグの『カバラー』（一八六三年）などが挙げられる。とくに後者は、マッケンジーやマザーズが敬意を込めて言及しているように、カバラーを学ぼうとする人にとっては古典的な位置を占めていた。黄金の夜明け教団の創設の過程において、『セーフェル・イェツィラー（形成の書）』（一八八七年）と『ヴェールを脱いだカバラー』（一八八七年）の二冊が登場する。前者はウェストコット、後者はマザーズによる英訳である。『セーフェル・イェツィラー』は、一八七七年にイシドール・カリシュ師による英訳など数種類の翻訳が出ており、ウェストコットの翻訳は初訳というわけではない。『ヴェールを脱いだカバラー』は、『ゾーハル』の一部文献を含んでおり、カバラーを知るための基本文献として流布することになった。

　マザーズが『ヴェールを脱いだカバラー』の「序論」としてつけたカバラー教義の要約は、黄金の夜明け教団の教義の中核となる知識を提供することになった。黄金の夜明け教団の初位階および第一位階から第四位階への参入者が学ぶべき五種類の「知識講義」があるが、そこに含まれるオカルト学は錬金術・占星術・タロットを除くとそのほとんどがカバラーに関わるものであり、その内容も多くの点でマザーズの「序論」の内容と重なっている。ここではマザーズの「序論」を中心にして、一九世紀後半から二〇世紀初頭にかけての時代にカバラーがどのように理解されていたかについて、その概要を見ておこう。

　カバラーという名称については、Cabala, Kabalah, Kabbalah, Qabalah などと表記され、日本語でもカバラ、カバラー、カッバラーなどと訳される。語源的には「受け取る」という意味があるように、口伝によって継承されてきた秘教的なユダヤ教の教義である。

カバラーの秘鍵

　カバラーの秘鍵は、堕罪後のアダムに天使によって授けられ、ノア、アブラハム、モーセ、ダビデ、ソロモンへと伝えられた。モーセは『旧約聖書』の律法すなわちトーラー（「創世記」から「申命記」にいたるモーセ五書）を記したが、その秘密の教義が初めて（『ゾーハル（光輝の書）』として）明らかにされるには紀元二世紀の伝説的なラビ・シメオン・ベン・ヨハイの登場を待たなくてはならなかった。伝説によれば、紀元一六一年にローマ皇帝に死刑を宣告されたシメオンは、息子エレアザルとともに逃亡して洞窟に隠れ、一二年の歳月をかけて『ゾーハル』の重要な部分を執筆したという。シメオンの写本を含めたさまざまな資料が一三〇五年頃に、スペインのラビ・モーセス・デ・レオンによって『ゾーハル』として公刊された。一六七七年から一六八四年にかけてクノール・フォン・ローゼンロートは、『ゾーハル』のラテン語訳（『カバラー・デヌダータ』）を刊行した。一八八七年の『ヴェールを脱いだカバラー』はその英訳であり、英語圏の読者は初めて本格的なカバラー文献を手にすることができた。

PLATE I.—TABLE OF HEBREW AND CHALDEE LETTERS.

Number	Sound or Power.	Hebrew and Chaldee Letters.	Numerical Value.	Roman character by which expressed in this work.	Name.	Signification of Name.
1.	*a* (soft breathing).	א	**1**. (Thousands are	**A**.	Aleph.	Ox.
2.	*b*, *bh* (*v*).	ב	**2**. denoted by a	**B**.	Beth.	House.
3.	*g* (hard), *gh*.	ג	**3**. larger letter ;	**G**.	Gimel.	Camel.
4.	*d*, *dh* (flat *th*).	ד	**4**. thus an Aleph	**D**.	Daleth.	Door.
5.	*h* (rough breathing).	ה	**5**. larger than the	**H**.	He.	Window.
6.	*v*, *u*, *o*.	ו	**6**. rest of the let-	**V**.	Vau.	Peg, nail.
7.	*z*, *dz*.	ז	**7**. ters among	**Z**.	Zayin.	Weapon, sword.
8.	*ch* (guttural).	ח	**8**. which it is,	**Ch**.	Cheth.	Enclosure, fence.
9.	*t* (strong).	ט	**9**. signifies not 1,	**T**.	Teth.	Serpent.
10.	*i*, *y* (as in *yes*).	י	**10**. but 1000.)	**I**.	Yod.	Hand.
11.	*k*, *kh*.	כ Final = ך	**20**. Final = **500**	**K**.	Caph.	Palm of the hand.
12.	*l*.	ל	**30**.	**L**.	Lamed.	Ox-goad.
13.	*m*.	מ Final = ם	**40**. Final = **600**	**M**.	Mem.	Water.
14.	*n*.	נ Final = ן	**50**. Final = **700**	**N**.	Nun.	Fish.
15.	*s*.	ס	**60**.	**S**.	Samekh.	Prop, support.
16.	*O*, *aa*, *ng* (gutt.).	ע	**70**.	**O**.	Ayin.	Eye.
17.	*p*, *ph*.	פ Final = ף	**80**. Final = **800**	**P**.	Pe.	Mouth.
18.	*ts*, *tz*, *j*.	צ Final = ץ	**90**. Final = **900**	**Tz**.	Tzaddi.	Fishing-hook.
19.	*q*, *qh* (guttur.).	ק	**100**. (The finals are not	**Q**.	Qoph.	Back of the head.
20.	*r*.	ר	**200**. always considered	**R**.	Resh.	Head.
21.	*sh*, *s*.	ש	**300**. as bearing an in-	**Sh**.	Shin.	Tooth.
22.	*th*, *t*.	ת	**400**. creased numeri- cal value.)	**Th**.	Tau.	Sign of the cross.

▲ヘブライ語のアルファベット　マザーズの『ヴェールを脱いだカバラー』の「序論」に収録された、ヘブライ語のアルファベット、数価値、名称、象徴の対応表

　カバラーには、実践的なカバラー、文字のカバラー、文字化されないカバラー、教義のカバラーがある。「実践的なカバラー」は、護符魔術と儀式魔術に関わるものである。マザーズは、「『ヴェールを脱いだカバラー』ではこの主題は扱わない」としており、黄金の夜明け教団でも実際に護符魔術が中心的な課題となることはなかった。「文字のカバラー」には、ゲマトリア、ノタリコン、テムラーなどさまざまなテクスト解釈の技術がある（二九、三〇ページを参照）。「文字化されないカバラー」については、マザーズは多くを語ろうとしていない。

教義のカバラー

「教義のカバラー」は、『セーフェル・イエツィラー』『ゾーハル』『セーフェル・セフィロト』『エシュ・メツァレフ』の四書を基本とする。そのうち『セーフェル・イエツィラー』は、一〇個のセフィロトとヘブライ語の二二文字が万物の基盤であり、天地創造は「数」「文字」「音」によってなされたことを明らかにする。一〇と二二を合わせると三二となり、セフィロトを結ぶ「三二の小径」と呼ばれる。二二文字は、三つの母文字（アレフ、メム、シン）、七つの複音文字（ベト、ギメル、ダレト、カフ、ペー、レシュ、タウ。気音と無気音をもつ）、一二の単音文字（ヘー、ヴァウ、ザイン、ヘト、テト、ヨド、ラメド、ヌン、サメフ、アイン、ツァディ、コフ）から成る。三つの母文字は、四大元素のうちの空気・水・火である。火から天、水から海と陸、空気からその中間の大気が生みだされた。七つの複音文字から、七惑星、創造の七日、人間の七つの感覚器官などが創造された。一二の単音文字から黄道一二宮、一二カ月、人間の一二の主要器官などが創造された。黄金の夜明け教団では、このヘブライ語のアルファベットの構成は二二枚の薔薇の花弁で表現される。

　カバラーでは、神による天地創造を神的原理の流出過程と解釈する。創造以前には、超自然たる神の本質が存在するが、それを理性的に理解することは不可能である。定義することも本来は不可能ではあるが、カ

バラーではアイン（無性）、アイン・ソフ（無限なるもの）、アイン・ソフ・アウル（無限の光）として象徴的に表現する。アインはヘブライ語で三文字から成り、最初の三セフィロトの輪郭を示している。アイン・ソフはヘブライ語で六文字から成り、次の六セフィロトを示している。アイン・ソフ・アウルはヘブライ語で九文字から成り、最初の九セフィロトを示している。九まで展開したのち一〇に移行するが、実際には新たな一として流出を再開する。マザーズはその過程について、一〇というアラビア数字が一と〇から成っており、〇は無であるために一〇は一に等しいと解釈している。アインからアイン・ソフ・アウルまでは無限定の状態にあるが、最初に無限の光が集中するかたちで最初のセフィロトたるケテルが中心に生まれる。

セフィロトの木

無限の光が一つの点に集中することにより、最初のセフィロトたるケテル（王冠）が生まれる。ケテルに対応する神名は、エヘイエー（「有る者」）である。「出エジプト記」においてモーセに現われた神は、自らを「エヘイエー・アシェル・エヘイエー（有って有る者）」と名乗っている。ケテルは、エヘイエー以外にも、「老いたる者」「アリク・アンピン（大いなる顔）」「マクロプロソプス」とも呼ばれる。

第二のセフィロトは、ホクマー（叡知）であり、対応する神名はイァーあるいはイェホヴァである。第三のセフィロトは、ビナー（理解）であり、対応する神名はイェホヴァ・エロヒムである。ホクマーはアッバ（永遠の父）、ビナーはアイマ（永遠なる母）であり、両者は永遠に結びつけられている。アイマは、「ヨハネの黙示録」第一二章に登場する女性である。ケテル、ホクマー、ビナーは第一の三つ組を形成する。

第四のセフィロトは、ヘセド（慈悲）であり、対応する神名はエルである。第五のセフィロトは、ゲブラー（厳格）あるいはディン（正義）であり、対応する神名はエロヒム・ギボルである。第六のセフィロトは、ティフェレト（美）であり、対応する神名はエロアー・ヴァダートである。ヘセド、ゲブラー、ティフェレトは第二の三つ組を形成する。

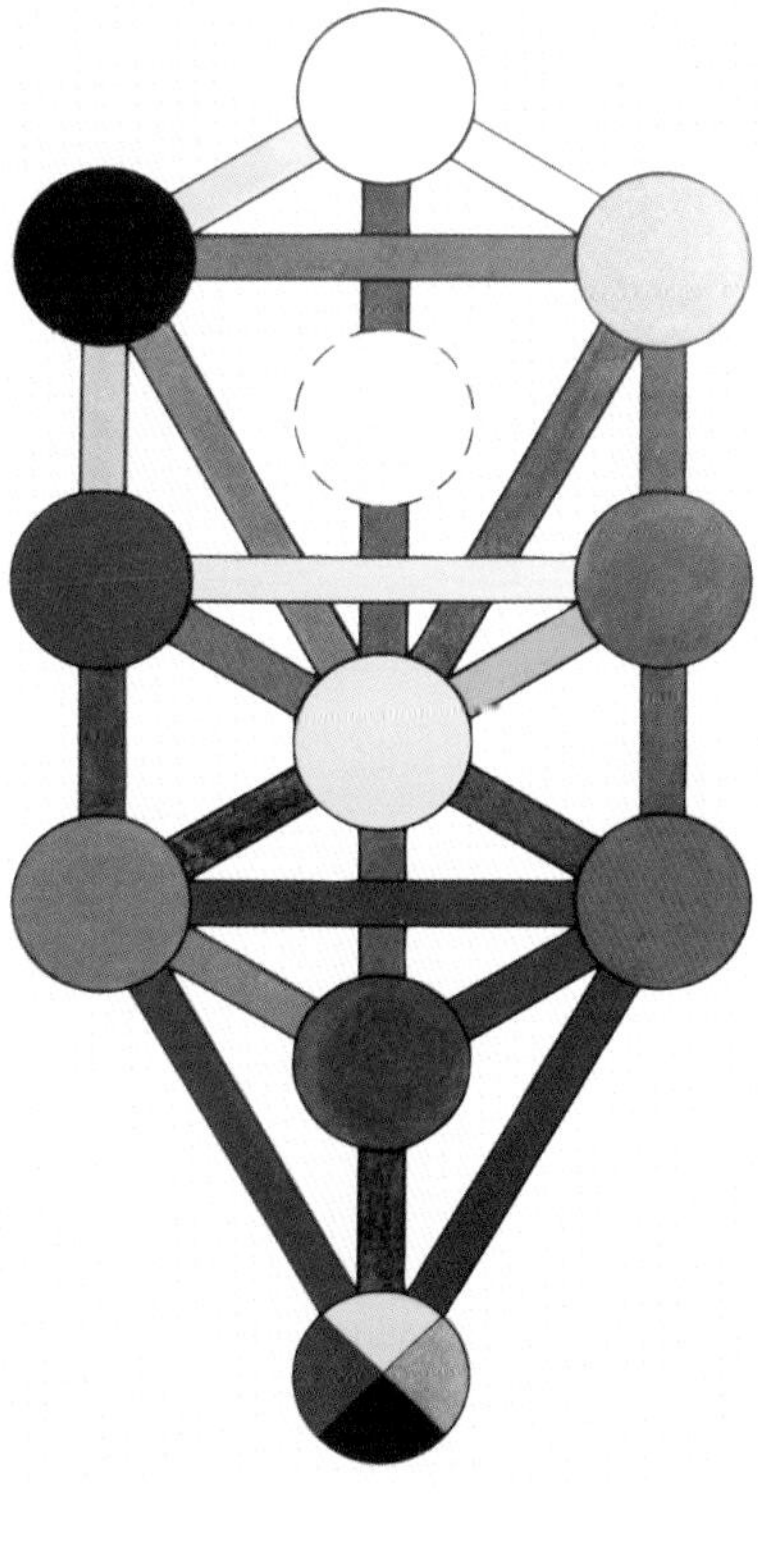

◀セフィロトの木と色彩シンボリズム　それぞれのセフィロトと色彩との関係は、ケテル＝白色（光を想起させる）、ホクマー＝灰色、ビナー＝黒色、ヘセド＝青色、ゲブラー＝赤色、ティフェレト＝黄色、ネツァハ＝緑色、ホド＝橙色、イェソド＝紫色、マルクト＝混色である。

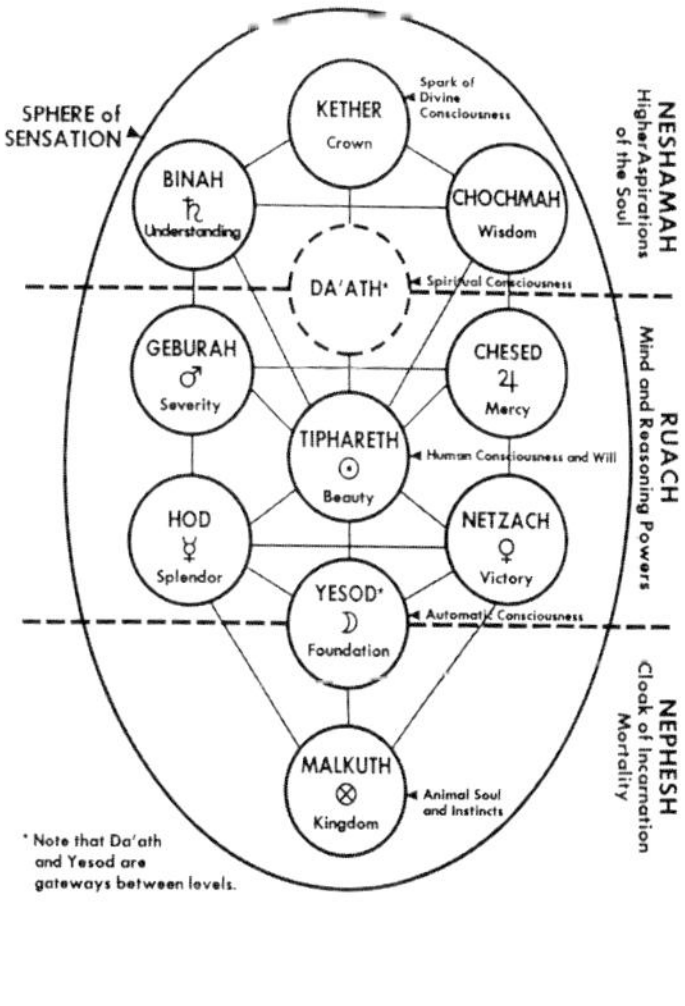

▶セフィロトの木　セフィロトの木は、ここでは黄金の夜明け教団の第1、2、3教団と対応するかたちで描かれている。テトラグラマトンが人間の身体と重なるように、人間の内的構造もまたセフィロトの木と一致する。最初の3セフィロト（ケテルが中心となる）は神的領域としての霊的なネシャマー、次の3セフィロト（ティフェレトが中心となる）は道徳的な善悪を判断する意識ルアハ、次の3セフィロト（イェソドが中心となる）は感覚的な欲望ネフェシュに相当する。マルクトは外界と接する肉体そのものである。

第七のセフィロトは、ネツァハ（勝利）であり、対応する神名はイェホヴァ・ツァバオトである。第八のセフィロトは、ホド（栄光）であり、対応する神名はエロヒム・ツァバオトである。第九のセフィロトは、イェソド（基礎）であり、対応する神名はシャダイ、エル・ハイである。ネツァハ、ホド、イェソドは、第三の三つ組を形成する。

ヘセド、ゲブラー、ティフェレトそしてネツァハ、ホド、イェソドは合わせて、「ザウイル・アンピン（小さな顔）」、「ミクロプロソプス」と呼ばれる。

第一〇のセフィロトは、マルクト（王国）であり、対応する神名はアドナイである。マルクトはまた、ミクロプロソプスの花嫁とも呼ばれる。

原型的人間アダム・カドモン

一〇個のセフィロトは全体で、原型的人間アダム・カドモン（プロトゴノス）を表わす。このアダム・カドモンは宇宙的な人間であり、「創世記」のエデンの園におかれたアダムとは異なる存在である。アダム・カドモンを構成するセフィロトのうち、ケテルは頭の頂、ホクマーとビナーは頭の右側と左側、ヘセドとゲブラーは右手と左手、ティフェレトは心臓、ネツァハとホドは右脚と左脚、イェソドは生殖器、マルクトは両足である。さらに一〇個のセフィロトは、左側、中央、右側の三本の柱に分けられており、それぞれ峻厳の柱、柔和の柱、慈悲の柱と呼ばれる。右上の図版は、ウェイトの『神聖カバラー』の口絵であり、上部にアイン・ソフがあり、その展開としてケテル（マクロプロソプス）がその下にある。ホクマーとビナーは、アッバとアイマとして永遠の父母を象徴する。最初の三セフィロトは叡知的な領域を示している。王冠を戴く王と王妃でもあり、キリスト教の父・子・聖霊の三位一体に相当する。この三セフィロトは、創造する側のセフィロトであり、アダムの堕罪による影響は受けないと考えられる。中間の六セフィロトは、ミクロプロソプスであり、アダムの姿で描かれている。そのなかで三セフィロト（ヘセド、ゲブラー、ティフェレト）は道徳的な領域、次の三セフィロト（ネツァハ、ホド、イェソド）は物質的な領域に相当する。最後の

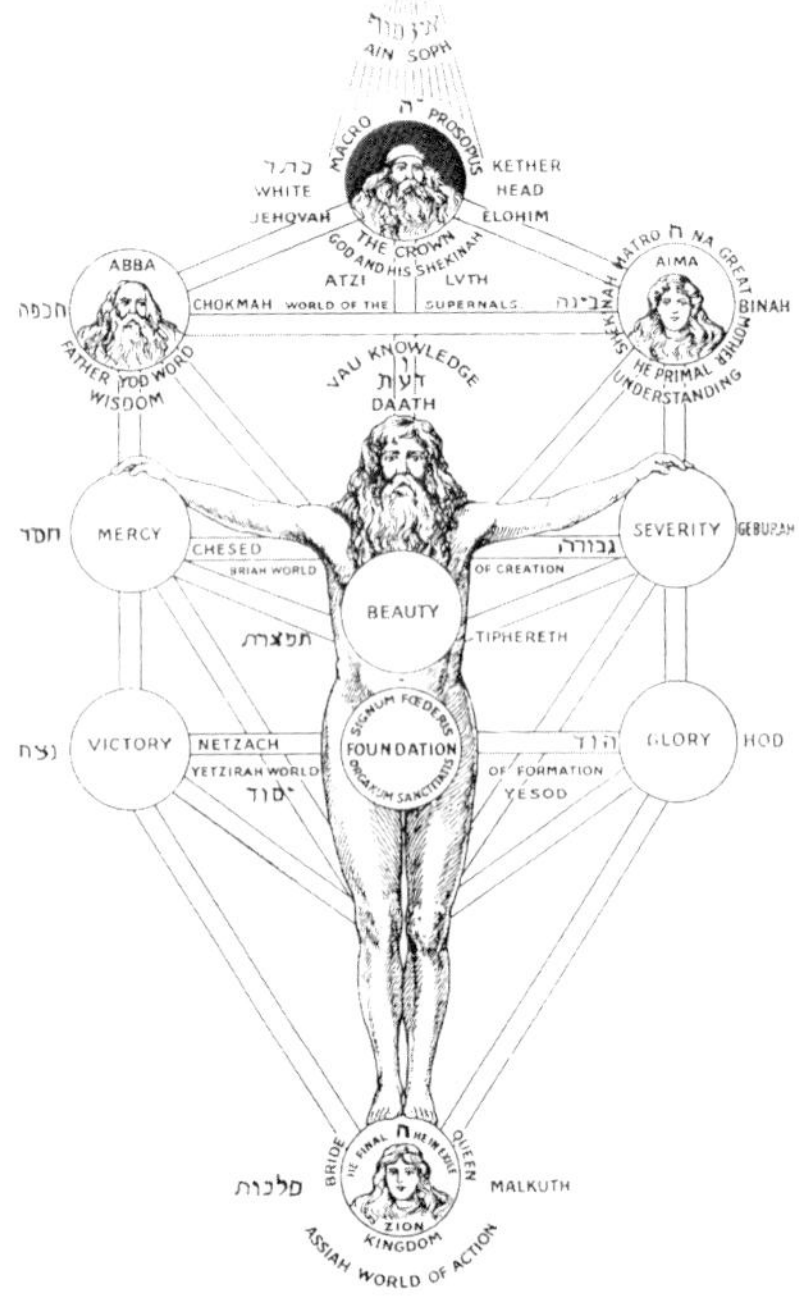

▲アダム・カドモン　アーサー・E・ウェイトの『神聖カバラー』の口絵に描かれた原型的人間アダム・カドモン。

▼アイン・ソフから展開する4世界　アイン・ソフから内に向かって40の天球が生まれるかたちで描かれている。アツィルト界はA1からA10で示され、最高の神聖世界を表わす。生命の木あるいはアダム・カドモンがこの世界に重なる。とくにA1は、そこにあらゆる被造物の原型を含んでいる。ブリアー界はB1からB10で示され、10人の大天使が対応する。イェツィラー界はC1からC10で示され、10人の天使の領域である。アッシャー界はD1からD10で示され、最下位の物質的な世界である。D1は原動天であり、以下恒星天、7惑星が続き、D10は四大元素となる。

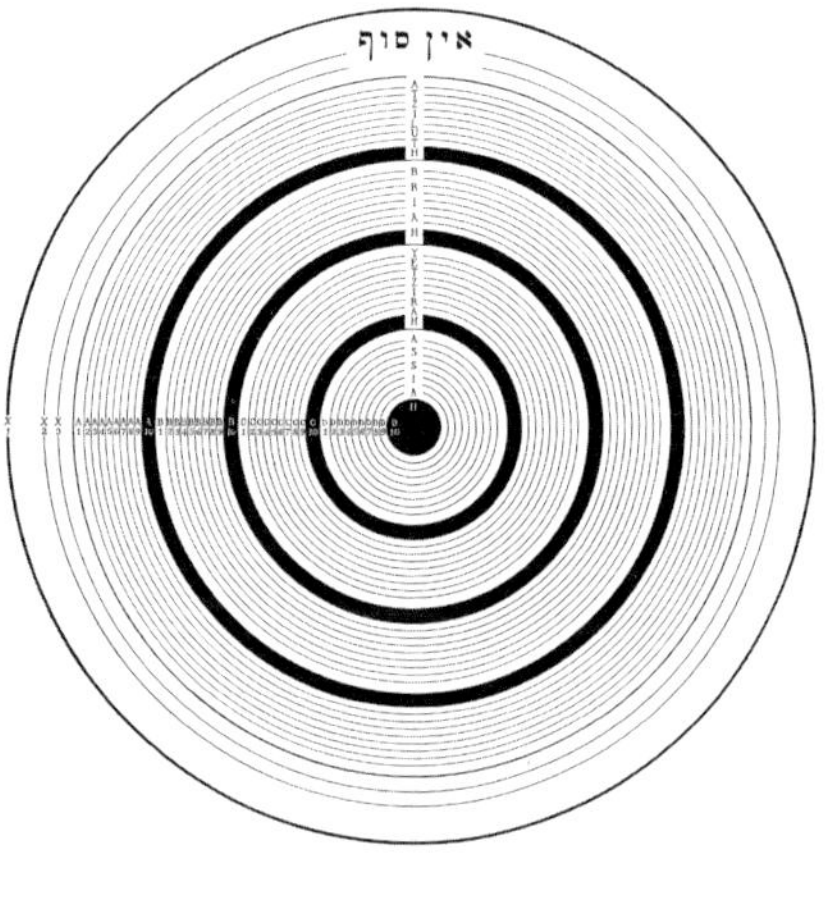

セフィロト（マルクト）は、ミクロプロソプスの花嫁である。

アイン・ソフからケテルを経てマルクトに至るまで流出していく過程は、アツィルト（流出）界、ブリアー（創造）界、イェツィラー（形成）界、アッシャー（活動）界という四段階を経るとされる。一〇セフィロトを四つに分割する場合では、ケテル、ホクマー、ビナーの三つ組がアツィルト界であり、神の光が陰ることなく輝く最高の神聖世界を表わす。ヘセド、ゲブラー、ティフェレトの三つ組がブリアー界であり、アツィルト界に比べると光は輝きをやや失ってはいるが、それでも神聖世界であることには変わりがない。ネツァハ、ホド、イエソドの三つ組がイェツィラー界であり、ブリアー界が大天使の領域であるとすれば、イェツィラー界は天使の領域である。マルクトがアッシャー界であり、最下位の物質的な世界である。ここには悪霊も存在しており、カバラーでは「殻（ケリポト）」という用語が使用される。

アツィルト界、ブリアー界、イェツィラー界、アッシャー界の四世界がそれぞれ一〇セフィロトで構成される場合には、セフィロトの木が連鎖的に配置される。全体を同心円状に四〇の天球として図解する場合もある。

テトラグラマトン（ＩＨＶＨ）は、それぞれの文字がセフィロトを表現している。ヨドの上部はケテル（王冠）、本体部分はホクマー（ミクロプロソプスの父アッバ）、ヘー（Ｈ）はビナー（ミクロプロソプスの母アイマ）、ヴァウ（Ｖ）はヘセドからイエソドまでの六セフィロト（ミクロプロソプス）、第二のヘーはミクロプロソプスの花嫁である。これを人間の姿と重ねると、上から頭、肩・腕、胴、足となる。

人間の内的構造

テトラグラマトンが人間の身体と重なるように、人間の内的構造もまたセフィロトの木と一致するかたちで構成されている。最初の三セフィロト（ケテルが中心となる）は神的領域につながる霊的なネシャマー、次の三セフィロト（ティフェレトが中心となる）は道徳的な善悪を判断する意識ルアハ、次の三セフィロト（イェソドが中心となる）は感覚的な欲望ネフェシュに相当する。マルクトは外界と接する肉体そのものである。

ネシャマー・ルアハ・ネフェシュの上位に超越的な霊性ヒアーを想定することもあり、その場合には、ヒアーはマクロプロソプス、ネシャマーはミクロプロソプスの父母に相当し、それぞれアツィルト界とブリアー界を表わす。ルアハはミクロプロソプスに相当し、イェツィラー界を表わす。ネフェシュはミクロプロソプスの花嫁に相当し、アッシャー界を表わす。最後のアッシャー界の内部にはさらに一〇個のセフィロトが存在している。地上の人間の内的構造には、アダム・カドモンや堕罪前のアダムが反映しており、そこでも宇宙的な堕罪と救済が繰り返されるのである。マザーズはヒアーをネシャマーの上位に想定しているが、さらにネシャマーをイェヒダー、ヒアー、ネシャマーの三つに分けて、それぞれケテル、ホクマー、ビナーに割り当てる場合もある。その場合には、イェヒダーはケテル（マクロプロソプス）、ヒアーはホクマー、ネシャマーはビナー、ルアハはミクロプロソプスの六セフィロト、ネフェシュはマルクト（ミクロプロソプスの花嫁）を表わす。大天使ミカエルは、ネシャマーの影響を強く受けた意識の状態、悪霊サマエル（サタン）は、ネフェシュがルアハを支配する意識の状態を意味していると解釈される。

《2》第一教団の参入儀礼

黄金の夜明け教団の参入儀礼に登場する役職は、すべて暗号文書の内容に基づいて命名されている。主要な役職と補佐的な役職がそれぞれ三つある。主要な役職は、ヒエロファント、ヒエレウス、ヘゲモンであり、補佐的な役職は、ケルクス、ストリステス、ダドゥコスである。この特殊な名前はギリシアのエレウシス密儀において使用された用語に由来している。

儀礼全体を統括するのはヒエロファントであり、エレウシス密儀の大祭司（Hierophantes）に相当する役である。ヒエレウスは、祭司（Hiereus）を意味しており、儀礼では密儀の意味を解説する役である。ヘゲモン（Hegemon）は、指導者あるいは将軍を意味しており、儀礼では志願者を案内し、神殿内での行進の先導役である。ケルクスは、伝令者（Kerux）を意味しており、儀礼では報告や伝令を行う役である。ストリステスは、服装を扱う祭司（Stolistes）を意味しており、儀礼では衣服や宝章を管理する。ダドゥコスは、エレウシス密儀において灯明を扱う役（Dadouchos）であり、灯明と香炉を管理する。

イシス＝ウラニア神殿、オシリス神殿、ホルス神殿、アメン・ラー神殿のように神殿名はエジプト神の名前が使用され、儀式の役職名はギリシア語、会員の教団名はラテン語、位階制度の背後にあるセフィロト名はヘブライ語というように、さまざまな言語と文化が混在している点にも黄金の夜明け教団の特徴がある。

マッケンジーは『ロイヤル・フリーメイソン百科事典』において、エレウシス密儀がフリーメイソンのマスター・メイソンの参入儀礼に似ていると指摘し、ヒエロファント以下の役職を紹介している。ウェストコットとマザーズはともにフリーメイソンとしてその参入儀礼に精通しており、黄金の夜明け教団の六つの役職はそれぞれマスター、ウォーデン、副ウォーデン、ディーコン、副ディーコン、タイラーなどを念頭においていたと考えられる。初位階の参入儀礼において志願者は、フリーメイソンの参入儀礼（徒弟・職人位階）の場合のように、手を縄で縛られ、首に縄を巻かれて儀礼を受ける。儀礼の基調となっているのは、暗闇から「光」への展開であり、志願者が無知・無明の闇から叡知の世界に導かれる過程である。最初の儀礼においてヒエロファントは、志願者に次のように勧める。「大地の子よ、お前は暗闇のなかに長くとどまりすぎた。夜を離れ、昼を求めよ」。

第一教団の教育課程は五段階に分かれており、黄道一二宮と七惑星、ヘブライ語のアルファベット、錬金術、セフィロトと「三二の小径」、神名・大天使名・天使名、タロット・カード、ネシャマー・ルアハ・ネフェシュなど、カバラー・占星術・錬金術などの基礎知識を修得する。その教育課程には、儀式魔術の要素はほとんど含まれてはいない。第一教団において教授される儀式魔術らしい技法は、四大元素の精霊を呼び出すペンタグラム儀礼である。この儀礼は、神名を唱えながら聖別された剣を使って四方位にペンタグラムの形を描くことにより行われ、同様の儀礼が精霊を封印するために実施された。この儀礼は、レヴィの『高等魔術の教理と祭儀』において詳述されていたほか、神智学者フランツ・ハルトマンの『白魔術と黒魔術』（一八八六年）においてもその重要性が指摘されていた。

第一教団の教育課程には図解による教義の説明も含まれていた。暗号文書の簡単なスケッチに基づいて制作された図版（八四ページ右図）は、第三位階の参入儀礼で示される図であり、堕罪前のエデンの園の様子を示している。図版（八五ページ左図）は、第四位階の参入儀礼で示される図であり、堕罪後のエデンの園の様子を示している。

《3》第二教団の参入儀礼

一八八八年から数年の間は、第一教団の（初位階を含め）五位階のための参入儀礼のみが用意されていた。マザーズが基にした暗号文書には、この第四位階の参入儀礼までの要約しか含まれていなかったのである。当初は第五位階に進む場合も儀礼ではなく、試験を通過することによって昇格していた。教団の進展にともなって、一八九一年に第二教団の第五位階の参入儀礼が求められるようになり、マザーズは暗号文書とは無関係にこれを作成する。ウェストコットは一九一二年のある手紙において、「マザーズがパリから第五位階の儀礼をもち帰った。彼によると、この儀礼こそが初位階から第四位階までの到達点である。私〔ウェストコット〕は、第五位階の儀礼にはまったく関与していないが、初位階から第四位階までについては優先権がある」と回想している。ウェストコットが関与したのは暗号文書（に記載された五位階の要約）の英訳までであり、それを基にして五位階の儀礼を運用可能なものに編集したのはマザーズの力業である。

▲**セフィロトの木を昇る「蛇」と「燃える剣」（1）**　この図版では、マルクトからケテルまでセフィロトの木の小径を昇る「蛇」と、ケテルからマルクトまでの10のセフィロトを下降する「燃える剣」がともに描かれている。

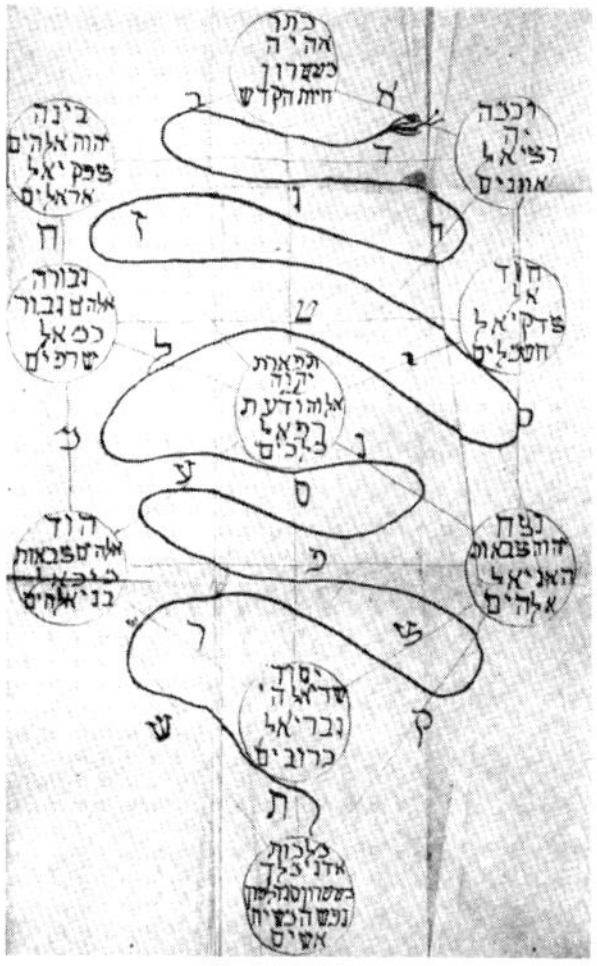

▲**セフィロトの木を昇る蛇（2）**　マグレガー・マザーズ自筆の「蛇の道」。二二枚のタロット・カードは、ヘブライ語のアルファベット二二文字に対応し、さらにセフィロトの木の二二の小径にも一致している。

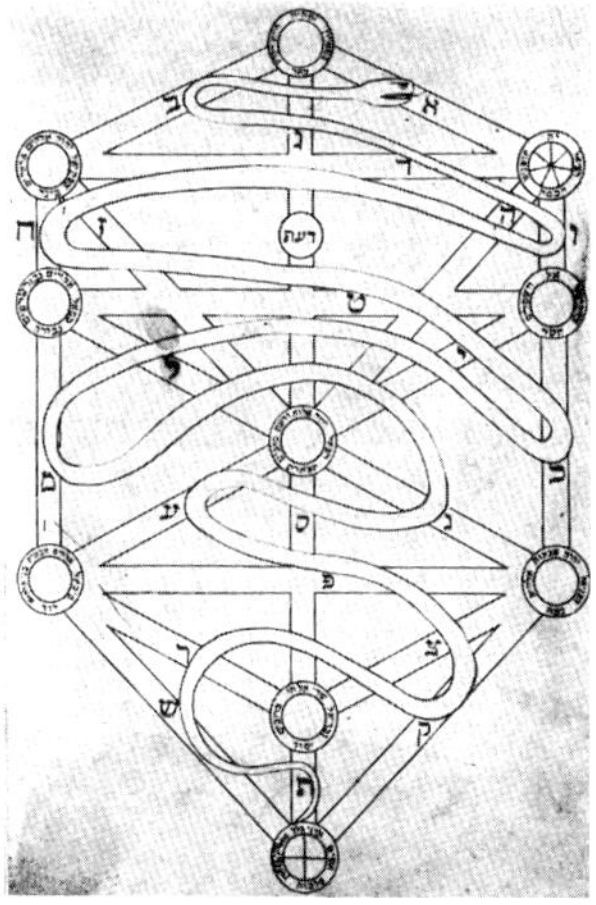

▲**セフィロトの木を昇る蛇（3）**　W・B・イエイツの「ノートブック」（一八九三年）に収録された「蛇の道」。

　マザーズは、第一教団はフリーメイソンの徒弟・職人位階の参入儀礼、第二教団は親方位階の参入儀礼を念頭において参入儀礼を構想したと考えることができる。親方位階の参入儀礼が「死の試練」をテーマとしていたように、第二教団の参入儀礼はクリスチャン・ローゼンクロイツの地下霊廟を舞台にしているからである。

　志願者は、第一教団を修了すると、第二教団に進む前の中間的な儀礼として「アデプトのヴォールト〔クリスチャン・ローゼンクロイツの霊廟〕の入口（Portal）における径の主」の儀礼を受ける。この儀礼には、パロケスすなわちユダヤ教の神殿において聖櫃の前におかれた幕が登場する。第二教団が神殿の至聖所に相当するとすれば、至聖所と聖所との間におかれた垂れ幕の役割を果たすのが「霊廟の入口」の儀礼である。この儀礼は、黄金の夜明け教団の一〇

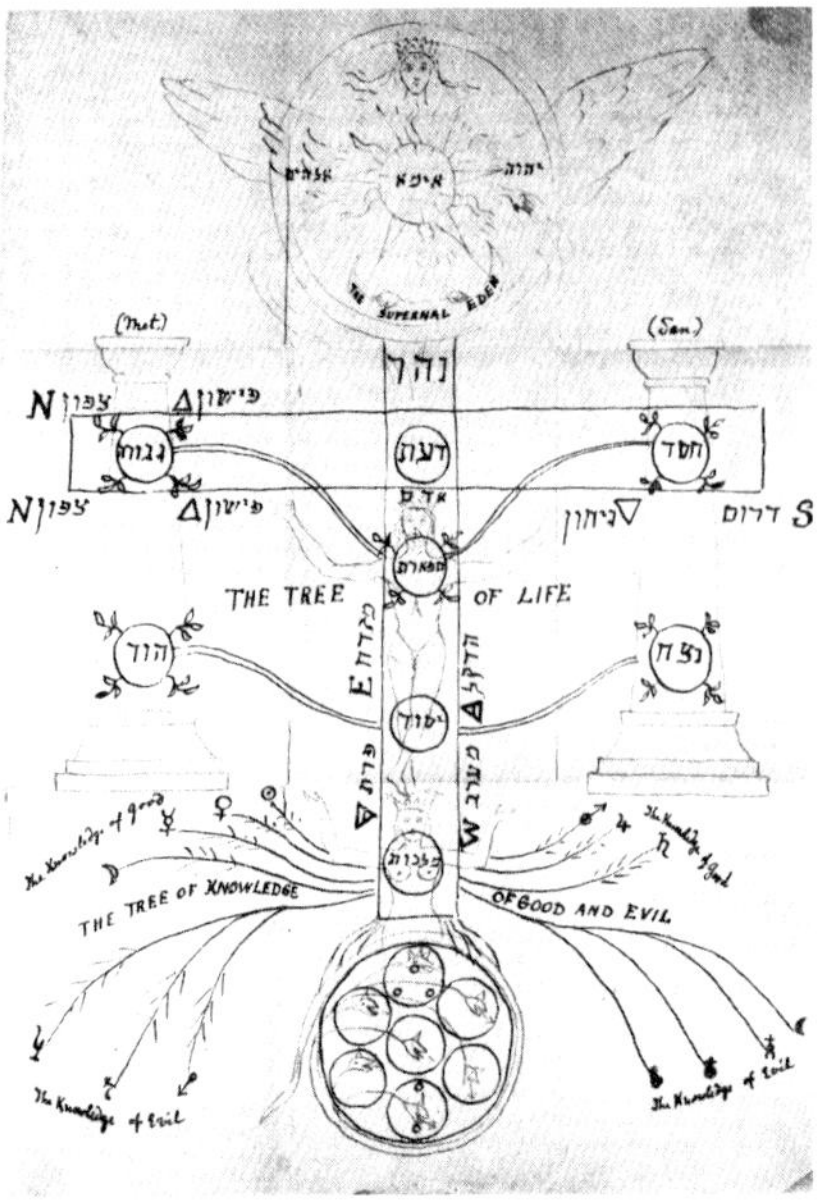

▲堕罪前のエデンの園（2） マグレガー・マザーズの描いた「堕罪前のエデンの園」であり、彼は「暗号文書」（第4位階）の素描に基づいてこの図を構成している。

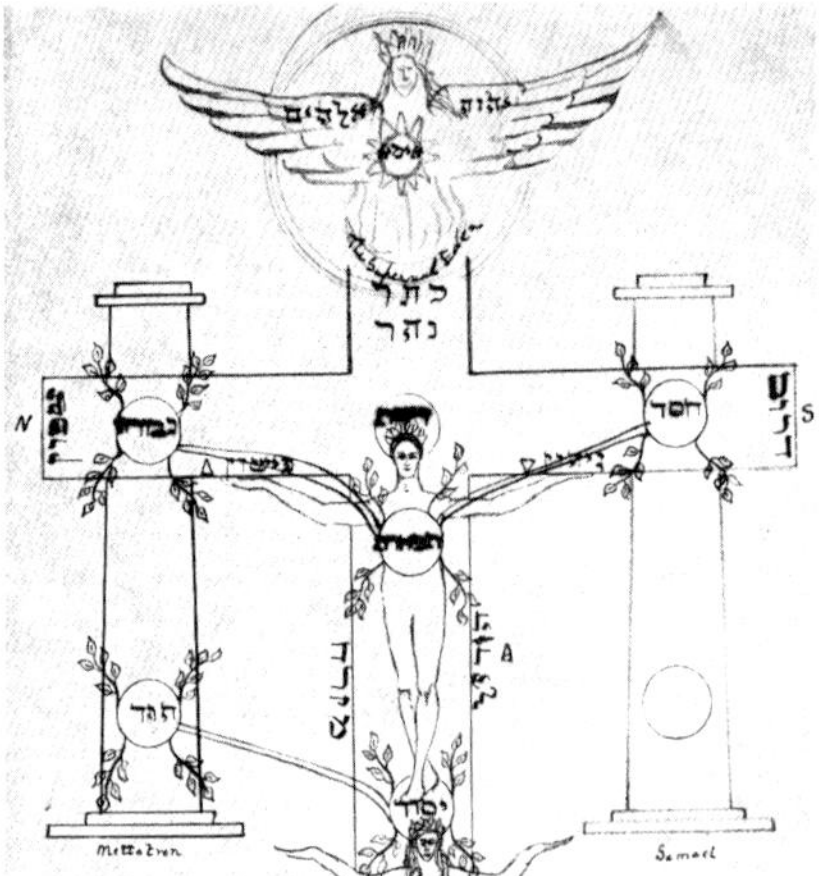

▲堕罪前のエデンの園（3） ジョージー・ハイド・リーズ（のちのW・B・イェイツ夫人）の描いた「堕罪前のエデンの園の木」。

▲堕罪前のエデンの園（1） 上部には、「身に太陽をまとい、月を足の下にし、頭に12の星の冠をかぶっ」た女性が描かれている（「ヨハネの黙示録」第12章）。セフィロトの木に関する上位の3セフィロトが相当する。中央部にアダムとエバが位置しており、アダムの周囲には生命の木、エバの足元からは善悪を知る木が成長する。アダムはヘセド、ゲブラー、ティフェレト、ネツァハ、ホド、イェソドから成り、エバはマルクトから成る。エバの足の下には、7つの頭と10本の角をもつ「火のように赤い大きな竜」（「ヨハネの黙示録」同）が描かれている。リガルディー『黄金の夜明け教団』。

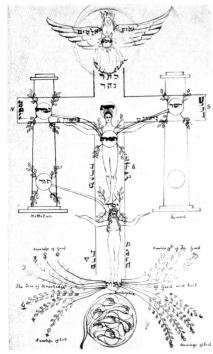

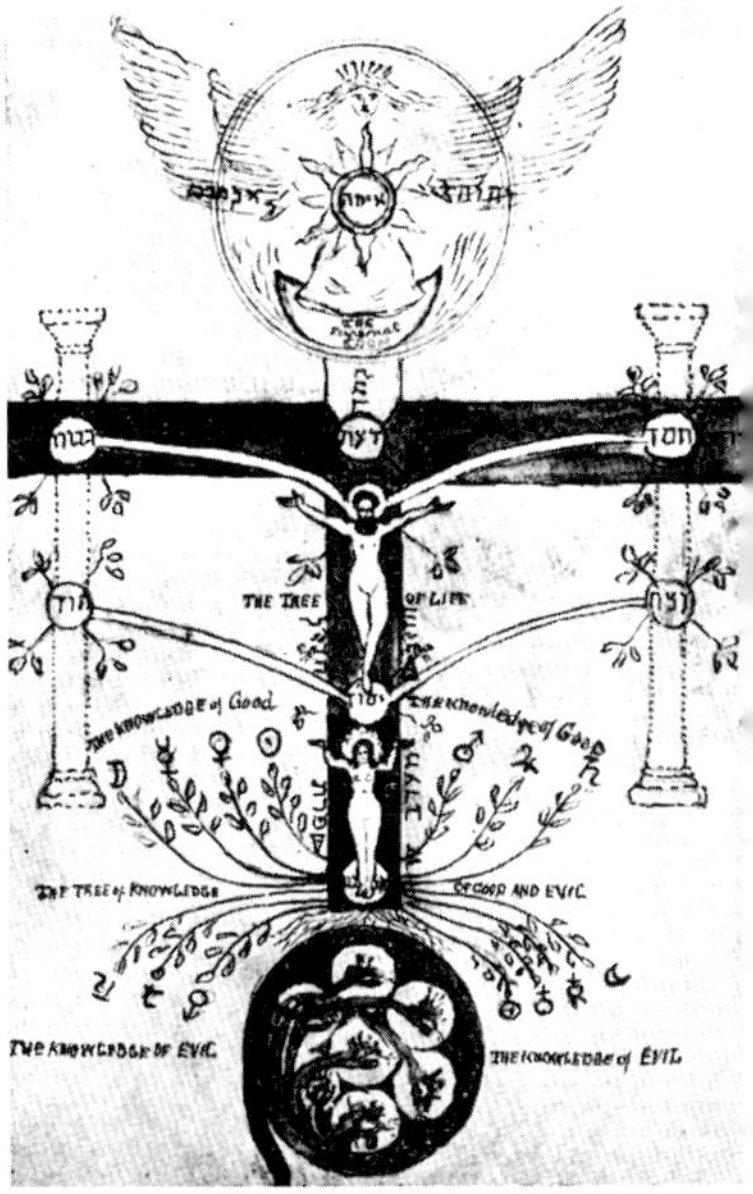

▶**堕罪前のエデンの園（4）** ジョージ・ポレックスフェン（W·B·イェイツの叔父）の「ノートブック」による。

◀**堕罪後のエデンの園（1）** 上部では、堕罪前の一人の女性のイメージは「父」と「母」に分離し、両者の上の小円に「冠」が描かれている。この領域とそれより下の領域の間には、雷光のかたちの剣が示され、下位世界の混乱が上位世界に及ばないことを示している。聖四文字が、エゼキエルの4つの生き物とともに描かれている。堕罪前には最下部に位置していた「赤い大きな竜」がアダムとエバの世界に侵入し、混乱の状態を示している。リガルディー『黄金の夜明け教団』。

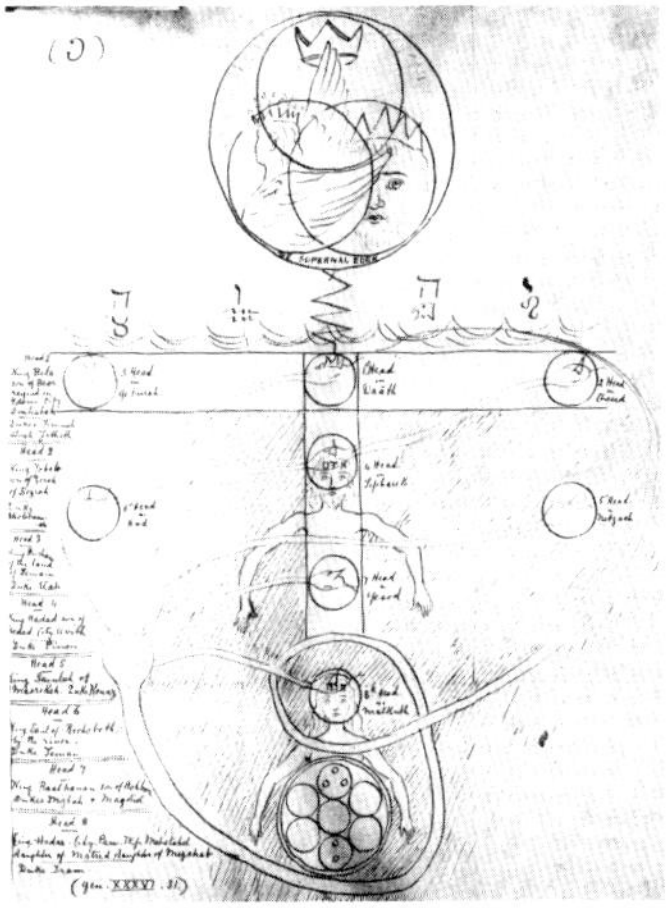

▼**堕罪後のエデンの園（2）** マグレガー・マザーズの描いた「堕罪後のエデンの園」であり、「暗号文書」（第4位階）の素描に基づいて構成されている。

位階には入っていない。第二教団の第五位階への参入儀礼は、薔薇十字団の『友愛団の名声』に基づくクリスチャン・ローゼンクロイツの霊廟における儀礼であり、エジプトの神オシリスの死と復活の神話にも対応している。

第五位階の参入儀礼では、三人の導師が志願者の参入儀礼を担当する。参入儀礼は、二幕劇のように三部から構成され、三つの段階（ポイント）を順に進んでいく。

第一ポイント

志願者は、黒い服を着て、首に鎖を巻き、両手を縛られて登場する。志願者はまず、何よりも思い上がりの心を慎み、謙虚な気持ちで儀礼を受けるように諭される。志願者は、木製の十字架にかけられる。続いて志願者は、第一教団で教えられる護符・透視・占い・アストラル投射・ペンタグラムなど内容を外部に漏らさないことなど、小アデプトゥス（第五位階）が守るべき責務が列挙される。錬金術の大作業とは卑金属を金に変成することを意味しているが、黄金の夜明け教団における「大いなる作業」とは、「霊的な本性を浄化し高揚し、神のご加護を得て人間以上の境域に達し、段階的に自らを高めていき、高次の神的ゲニウスと一体化する」ことであると教えられる。志願者は、十字架から降ろされ、黒い喪服を脱ぎ、鎖と縄が解かれる。この段階で、クリスチャン・ローゼンクロイツの遍歴と薔薇十字団の創設の物語が繰り返される。

『友愛団の名声』（一六一四年）によると、ローゼンクロイツは一三七八年にドイツ貴族の家に生まれ、幼くして修道院に入る。聖地イェルサレムへの巡礼に出て、イスラム世界の数学・医学・天文学・錬金術・魔術を修得してドイツに帰る。彼は三人の同志とともに新しい結社の設立を決意し、さらに四人の同志の協力を得て薔薇十字団を結成する。本部の建物は「聖霊の家」と呼ばれ、無報酬で病人を治療するなどの使命をもって会員が全世界に派遣される。ローゼンクロイツは一四八四年に亡くなるが、一二〇年後に偶然その地下霊廟（ヴォールト）が発見される。ローゼンクロイツの霊廟の扉にはラテン語で「私は一二〇年後に現われるであろう」と書かれていた。霊廟そのものは七側壁と七角をもつ七角形の空間から成り、それぞれの側壁は幅五フィート、高さ八フィートであった。中央に円形の祭壇があり、この祭壇を動かしてみると、その下にクリスチャン・ローゼンクロイツの棺がおかれていた。

　物語が開祖ローゼンクロイツの墓が再び発見されるところまでくると、志願者は退出する。第五位階の参入儀礼は、このクリスチャン・ローゼンクロイツの物語を追体験するかたちで進行していくのである。

第二ポイント

　志願者が再び入室する前に、クリスチャン・ローゼンクロイツの役割を演じる首席導師はパストス（棺）の中に横たわる。黄金の夜明け教団の発足当初は、マザーズがこの役割を引き受けていた。パストスには、上部にある四九枚の花弁の薔薇十字のほか、内側も外側も色彩豊かなさまざまなシンボルが描かれていた。

　パストスの上には円形祭壇があり、牡牛・ライオン・鷲・人の顔という四つのシンボルが四つの円盤の上に描かれた。赤い円盤には緑のライオン、黄色の円盤には紫の人の顔、青い円盤にはオレンジの鷲、黒い円盤には白い牡牛というように、色彩豊かなデザインとなっており、マザーズ夫人モイナの手によるものと推定される。神智学においても色彩は独自の解釈がなされていたが、黄金の夜明け教団でも同じように色彩の象徴主義が展開された。祭壇にはさらに、二五枚の花弁の薔薇をつけた黒い十字架、杖、皮ひも、杯、短剣などがおかれている。

　第三導師は、「一二〇年後に十字架の光たる私は現われるであろう」というローゼンクロイツの言葉を志願者に伝える。第二導師は、祭壇の牡牛・獅子・鷲・人の象徴を説明し、パストスの上の祭壇を動かす（祭壇にはキャスターがついており、必要に応じて簡単に移動できるようになっていた）。首席導師は、横たわったまま、ローゼンクロイツの死と復活の意味について語る。

　ローゼンクロイツと同じように、すべての時代の導師たちは苦難を克服してきたのである。過去の導師たちは「貧困、苦悩、死を経験したが、それは金の浄化の過程にほかならなかった。あなた［志願者］の心

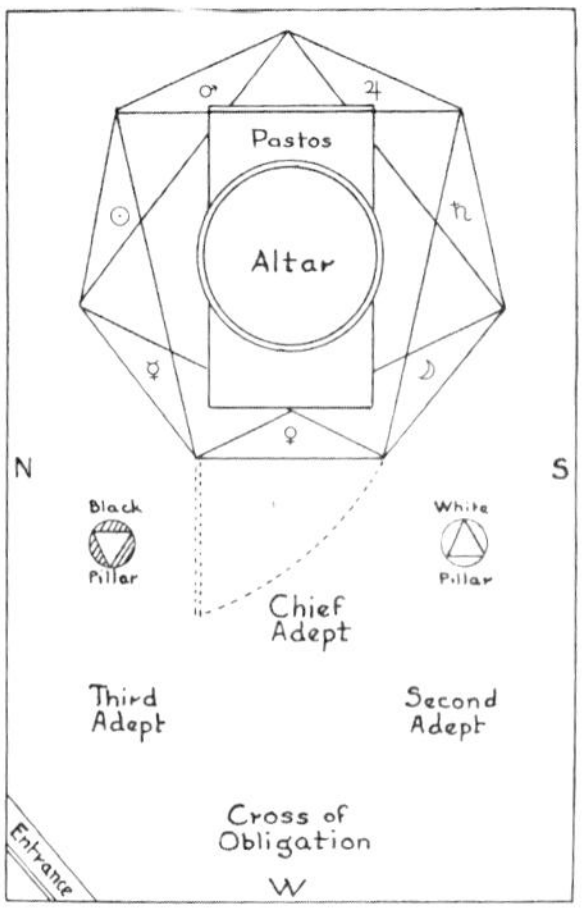

▶第二教団の参入儀礼（第一ポイント）　第二教団の参入儀礼はクリスチャン・ローゼンクロイツの地下霊廟を舞台にして行われる。『友愛団の名声』では、地下霊廟の中央に円形祭壇があり、この祭壇を動かしてみると、その下にクリスチャン・ローゼンクロイツの棺がおかれていた。第五位階の参入儀礼は、この物語を追体験するかたちで進行していく。

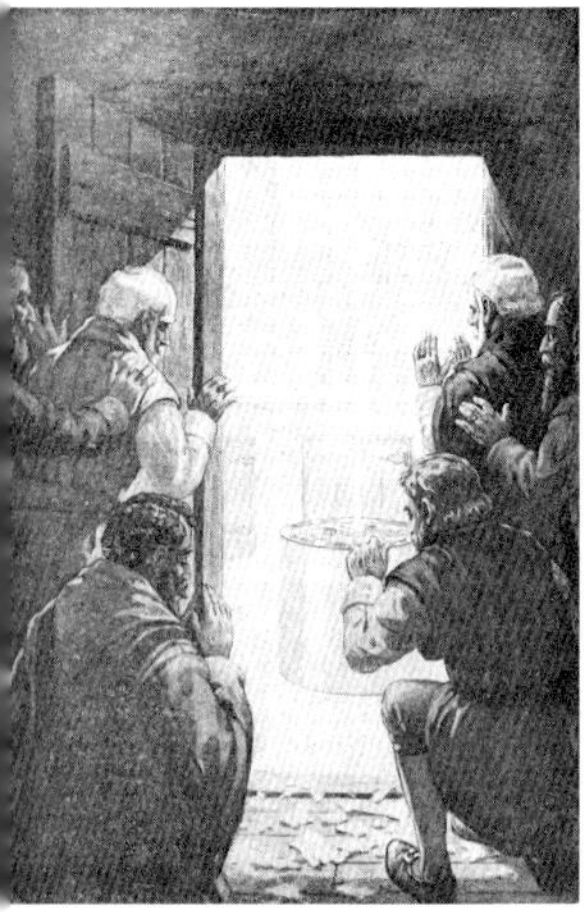

◀クリスチャン・ローゼンクロイツの地下霊廟の発見　マンリー・P・ホール『カバラと薔薇十字団』（『象徴哲学大系』第三巻）に描かれたクリスチャン・ローゼンクロイツの地下霊廟の発見の場面。

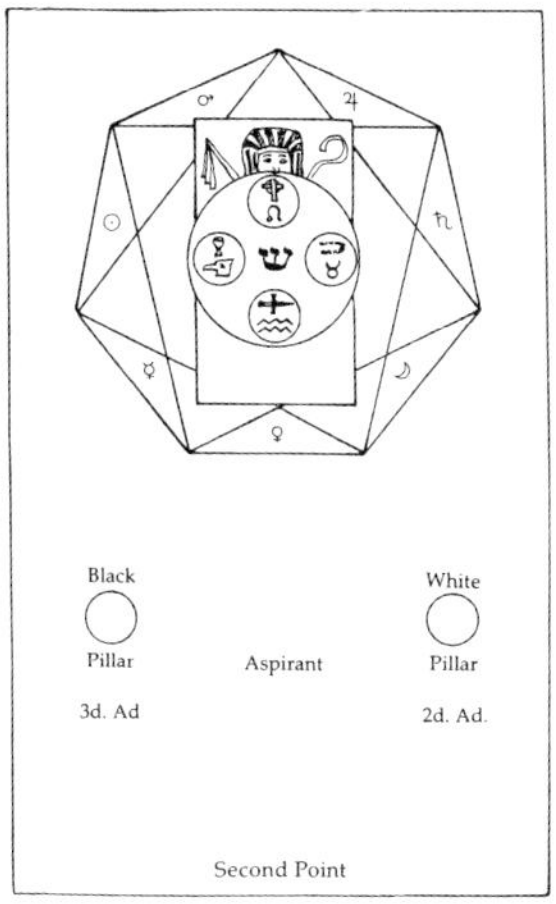

◀第2教団の参入儀礼（第2ポイント）
パストス（棺）の上には円形祭壇があり、牡牛・ライオン・鷲・人の顔という4つのシンボルが4つの円盤の上に描かれた。

▶地下霊廟の天井・床・円形祭壇　左上は天井の意匠であり、7惑星の取り巻く中心の三角形には22弁の薔薇の花が描かれている。三角形は至高の3セフィロト、22の花弁は「蛇の道」の22の小径を表わす。右上は床の意匠であり、7つの頭をもつ赤い竜が取り巻いており、中心の三角形（逆向き）には黄金の十字架と赤い薔薇（第2教団名としての紅薔薇＝黄金十字を象徴する）が描かれている。左下は祭壇の意匠であり、牡牛・ライオン・鷲・人の顔という4つのシンボルが4つの円盤に描かれている。中心の文字はヘブライ語のシンであり、全体でイェホシュア（すなわちイエス）を表わす。右下は49弁の薔薇と十字架である。

The Ceiling of the Vault

The Floor of the Vault

The Circular Altar

The Rose and Cross at the Head of Pastos (49 Petals)

の蒸留器のなかで、悲嘆のアタノール（錬金炉）を通して、賢者の石を探求せよ」。

このように志願者の精神的な上昇の最終過程が錬金術の金属変成の比喩で語られていることは、黄金の夜明け教団が薔薇十字団、黄金薔薇十字団、イギリス薔薇十字協会を通して神秘主義的錬金術を継承していることを物語っている。

その後再びパストスが閉じられ、志願者はヴォールトを退出する。ローゼンクロイツを演じる首席導師は、黄金の夜明け教団の目標としての「高次のゲニウス」を象徴する存在である。志願者は、ローゼンクロイツの死と復活を追体験することにより、自身の高次のゲニウスとの一体化を実現しようとするのである。

第三ポイント

志願者が再び神殿に導かれると、首席導師はすでにパストスから外に出ている。首席導師は、ローゼンクロイツの死からの復活は、オシリスの復活であると同時にキリストの復活も含意していることを告げ、光すなわち高次のゲニウスと志願者が一体化する儀式を行う。さらに志願者は、INRI（「ユダヤの王ナザレのイエス」）、イェホシュア（聖四文字IHVHの中間にS［シン］を加えて、イェホヴァをイェホシュアIHSVHすなわちイエスに変換する）、セフィロトと色彩との関係（白・灰・黒、青・赤・黄、緑・橙・紫、混色）、天井の薔薇（二二花弁）と床の「赤い竜」と紅薔薇＝黄金十字、七側壁の記号表などの意味についての説明を受ける。七つの側壁には、縦八列、横五列のマス目から成る表があり、それぞれのマス目にヘブライ語のアルファベット（二〇文字はセフィロトの木のかたちに配置）、上部に牡牛・人・鷲・ライオンと車輪（霊気の象徴）、錬金術の記号、七惑星の記号、黄道一二宮の記号が描かれている。

高次のゲニウスとの一体化という黄金の夜明け教団の最終過程は、セフィロトの木と人間の内的構造との関係という視点から次のような図解が可能となる。この図版（八九ページ右下図）はフロレンス・ファーの『象徴の魔術』に登場するものであり、ネシャマーをイェヒダー、ヒアー、ネシャマーの三つに分けて、それぞれケテル、ホクマー、ビナーに割り当てている。第三ポイントに到達した志願者は、その意識をルアハからネシャマーにまで上昇させることになるが、儀式はこの段階で終了する。理論的には、さらにネシャマーに精神を集中させることにより、ヒアーとイェヒダーへ接近していくことが想定されており、このことが最終的に「高次のゲニウス」と一体化の意味であると解釈される。しかし、それはまさに人知を超えた世界に入ることを意味する。儀式が終了すると、志願者は第五位階（小アデプトゥス）の参入者となり、黄金の夜明け教団の導師の資格を獲得する。

《4》黄金の夜明け教団の目標

黄金の夜明け教団の第四位階を修了した者は第二教団の第五位階へと進んでいくが、この段階において参入者は「魔術師」としての資格を獲得する。神智学協会やイギリス薔薇十字協会などと比べて黄金の夜明け教団を際立たせているのは、儀式魔術の要素を教義に織り込んでいる点にある。儀式魔術とはいえ、中世までに流布したような悪霊を召喚する儀式ではなく、杖・杯・剣・ペンタクルなどのような魔術道具の制作、ペンタグラムやヘクサグラムを描く所作、タットヴァ・ヴィジョンやアストラル旅のようなヴィジョン体験を中心する魔術に限られていた。

中世・ルネサンスの魔術と異なるとすれば、黄金の夜明け教団の魔術は何を目標としていたと考えるべきであろうか。参入者は、第一教団においてカバラーを中心とするオカルト学の知識を修得したのちに、第二教団において「魔術師」の技法を学ぶことになる。黄金の夜明け教団の参入者が目標としたのは、「高次のゲニウス」と一体化することにある。ゲニウスとは、繰り返し言及しているように、古くはギリシアの

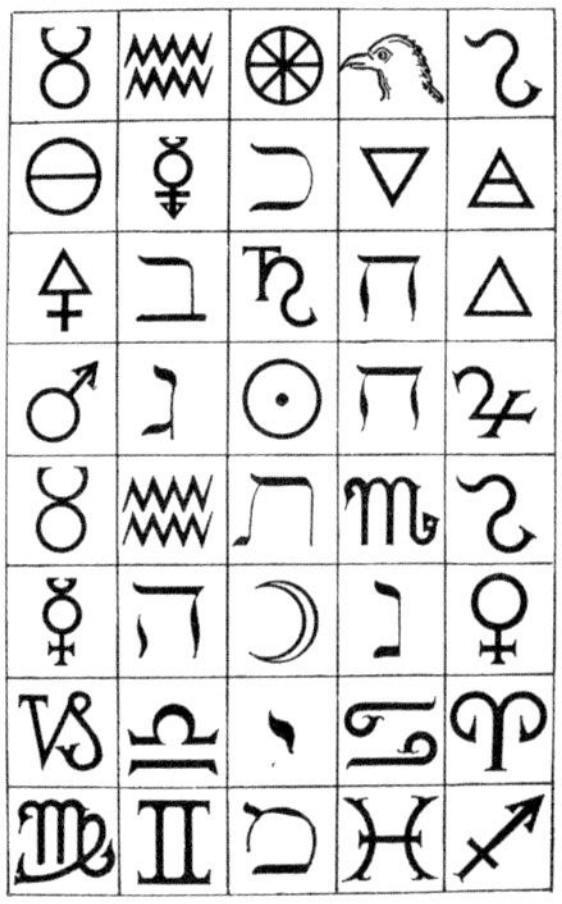

▶地下霊廟の側面を飾る記号表　地下霊廟（ヴォールト）の七つの側壁には、縦八列、横五列のマス目から成る表があり、それぞれのマスにヘブライ語のアルファベット（一〇文字はセフィロトの木のかたちに配置）、上部に牡牛・人・鷲・ライオン・車輪（霊気の象徴）、錬金術の記号、七惑星の記号、黄道一二宮の記号が描かれている。

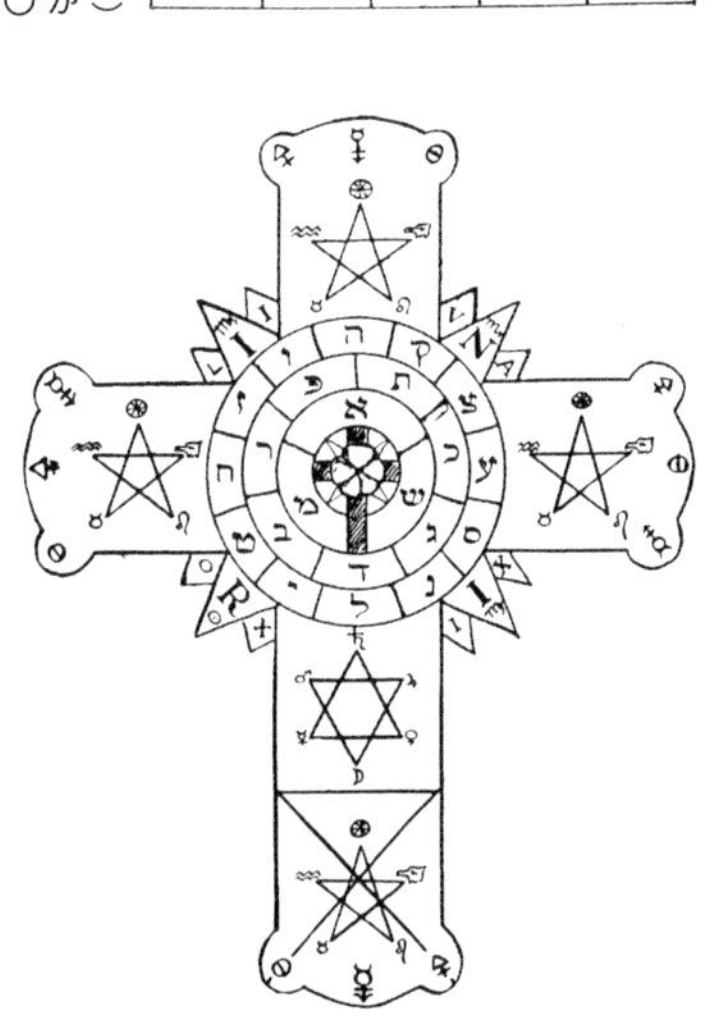

▶薔薇十字の宝章（1）

◀薔薇十字の宝章（2）

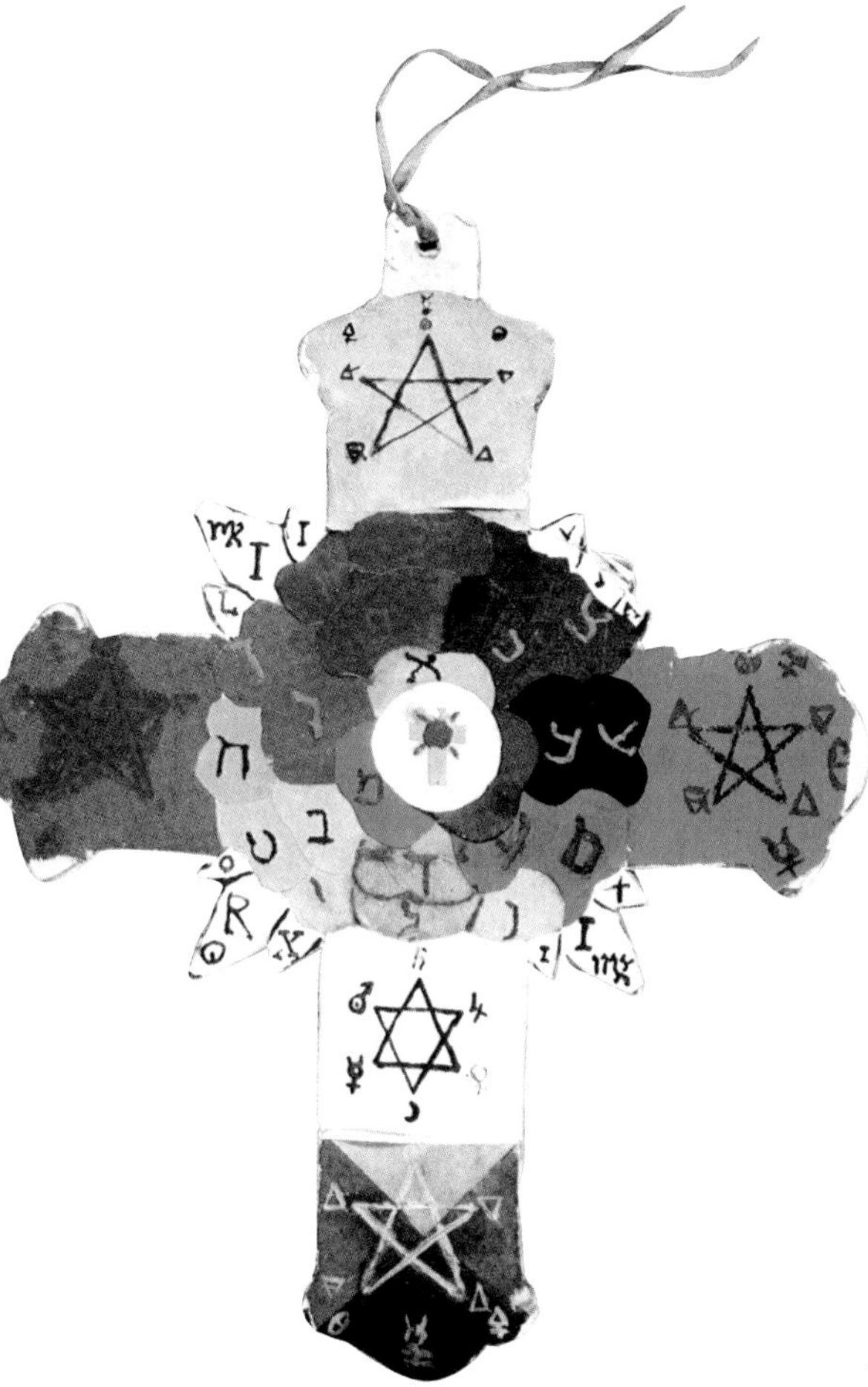

▲薔薇十字の宝章(3)　黄金の夜明け教団の宝章であり、暗号文書(「導師の宝章」)に基づいて制作された。全体は、四大元素を象徴する十字架の中心に薔薇を配置する構成となっている。カラー版を見ると明らかなように、十字架の上部は空気(黄)、左側は火(赤)、右側は水(青)、下部は地(白)である。十字架の先端には硫黄《いおう》・水銀・塩の記号がある。五芒星(ペンタグラム)が続き、5つの先端には空気・地・火・水・霊気を象徴する記号がある。十字架の最下部は月下界(地上)であり、中心に五芒星がもう一つ描かれている。十字架の中心にある薔薇は、外側から12、7、3枚の花弁から成り、それぞれヘブライ語の単音文字、複音文字、母文字を示している。さらにその中心に薔薇十字が描かれている。中心から白い神的な光が四方に放射している。宝章(3)は、W・B・イェイツが自ら制作したものである。

▶「高次のゲニウス」との一体化　フロレンス・ファーの『象徴の魔術』に登場する図版であり、カバラーの内的構造とセフィロトの木との関係を示している。1、2、3、6、9は、イェヒダー、ヒアー、ネシャマー、ルアハ、ネフェシュに相当する。第3ポイントにおいて志願者は、ネシャマーに精神を集中させることにより、さらにヒアーとイェヒダーへ接近していく。1～6は六芒星を形成し、中央に「魂あるいは生命の木」とある。10は「肉体あるいは園」とある。なお、ネシャマーをイェヒダー、ヒアー、ネシャマーの3つに分ける発想はイサーク・マイアー『カバラー』(1888年)に基づいている。神智学の用語ではイェヒダー＝アートマン、ヒアー＝ブッディ、ネシャマー＝マナスと同定されるように、黄金の夜明け教団は神智学の体系と重なる点も少なくない。

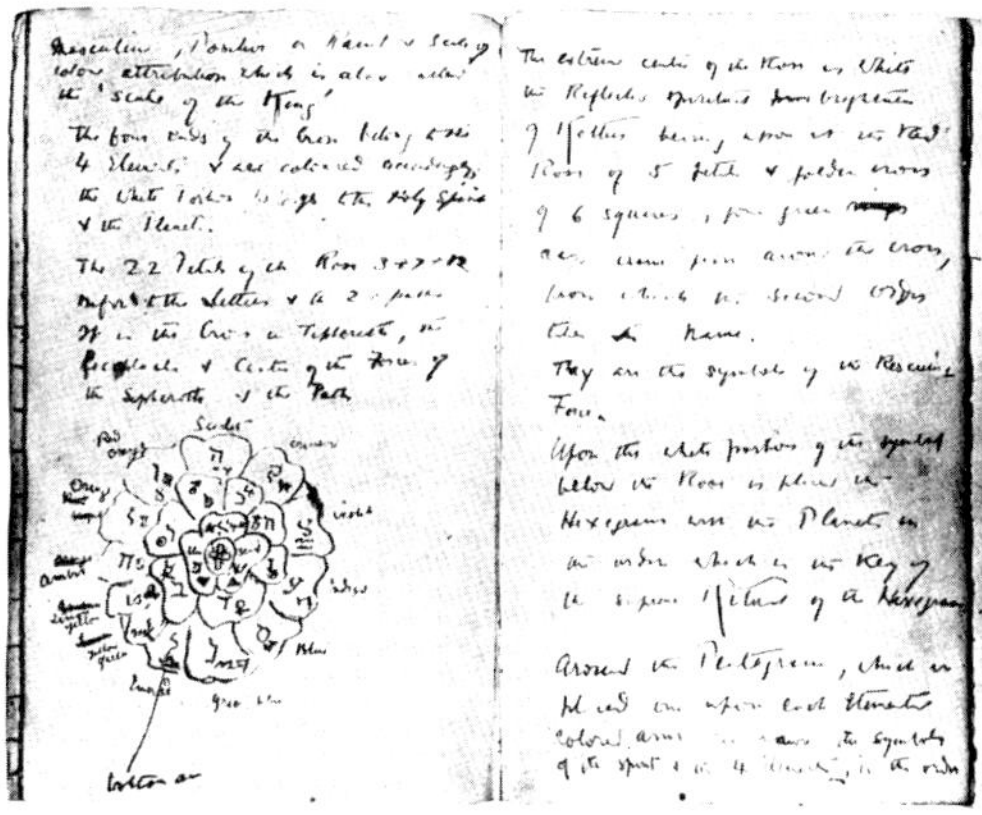

▲22弁の薔薇(1)　第5位階のための薔薇十字の宝章であり、W・B・イェイツが「ノートブック」(1893年)に記したものである。

▼22弁の薔薇(2)　W・B・イェイツの叔父ジョージ・ポレックスフェンの「ノートブック」より。

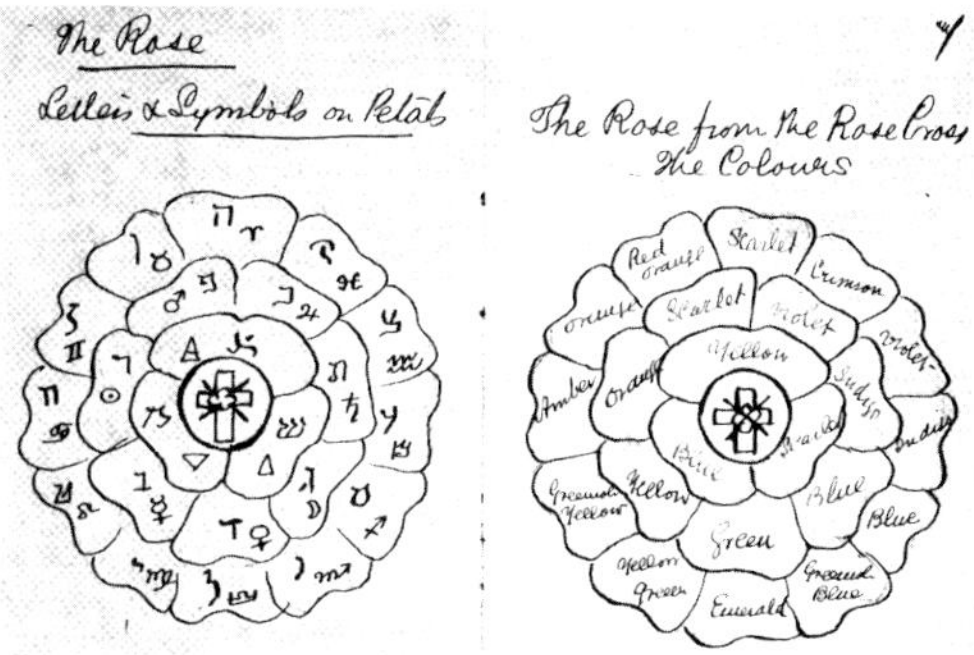

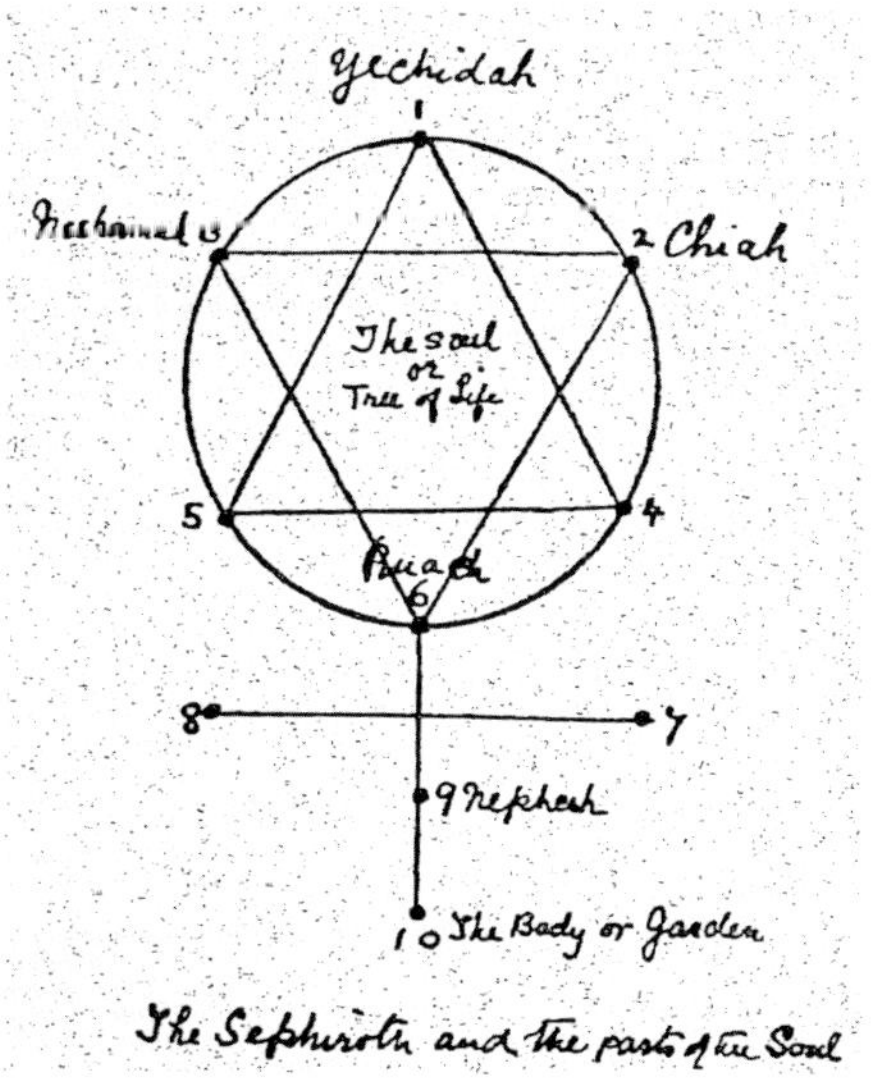

ダイモンにまでさかのぼる用語であり、人間のもっとも奥部に配置された「魂」あるいは精霊を指し示す言葉である。西洋エソテリシズムの伝統における基本概念として近代に復活し、神智学協会では「高次の自己」として位置づけられたものである。この意味においても黄金の夜明け教団と神智学とは、精神的には同じ方向を向いている結社と見ることができる。ちなみにブルワー＝リットンの『ザノーニ』（第二巻第四章）では、精神の最奥部に輝く霊性すなわちアウゴエイデスとして登場している。黄金の夜明け教団の目標とされているのは、生命あるいは光などさまざまな言葉で象徴的に表現されるこの「高次のゲニウス」との一体化にある。中世・ルネサンスの魔術において精霊・悪霊など、外部の実体と信じられていたものは、一九世紀末には人間の内部に取り込まれて心理学的な要素とみなされるようになる。魔術実践の目標は、自己完成という課題へと変容したのである。

　マザーズ夫人モイナは、一九二六年版の『ヴェールを脱いだカバラー』に寄せた「序文」において次のように述べている。黄金の夜明け教団の教義は主として儀礼・儀式と講義によって教授される。「教育課程は自然の背後にある叡知的な力、人間の構成、人間と神の関係の研究から成る。教義の全体の目標と目的は、人間が自らの高次の自己に関する知識を得ること、自己を浄化すること、自己を強くすること、すべての性質と力を発達させることにあり、その結果、自己自身のなかにある神的な人間と再び一体化することにある。神的な人間とは、神が自らの似姿として造ったアダム・カドモンである」。

　第一教団の教育課程は「知識講義」から成っていたが、第二教団では会員の体験レポートを回覧するかたちが採られた。このレポートは「飛翔する巻物」と呼ばれ、全体で三六号まで刊行された。マザーズは「飛翔する巻物」第一〇号において、黄金の夜明け教団の第二教団が目指す「高等魔術」の目的は、霊的な本性を浄化し高揚させて、「高次の神的ゲニウスと自身とを一体化すること」にあると述べている。ウェストコットも「飛翔する巻物」第一九号において、教団の「主たる目的はいわゆる高等魔術、すなわちわれわれの本性の霊的な側面を発達させる」ことにあり、「ヘルメス主義者のいう高次のゲニウスと自分自身を一体化することができるようにする」と、同じ内容を繰り返している。

　「飛翔する巻物」第五号に掲載された「想像力に関する考察」では、魔術において想像力と意志がいかに重要な役割を果たすかについて、次のように述べている。「いまだ秘儀に参入していない者は、想像力（心像）というと、とりとめもなく想い浮かべられたもの、すなわち現実にはあり得ないものという一般的な意味で理解する。しかし、想像力（心像）は現実に存在しているものである。人が想像するときには、アストラル界あるいはそれより高次の境域において、ある形体を実際に創造しているのである。叡知的な生命体にとってこの形体は、私たちを取り巻く世界が私にとってそうであるように、現実的で客観的なものである。魔術を実践するためには、想像力と意志がともに、同格の立場で起動されなければならない。両者は同格であるとしても、最大の効果を生むためには、想像力が意志に先行する必要がある。両者が結びつくとき——想像力が心像を創造し、意志がその心像を支配して利用するとき——、驚くべき魔術的な効果が生まれるのである」。執筆者は医師エドワード・ベリッジであり、教団名は、Resurgam（「私は再び立ち上がる」）であった。魔術の実践において想像力と意志力が基礎となる能力であることは、ウェストコットからマザーズ、イェイツ、クロウリーにいたるまで黄金の夜明け教団のすべての会員が共有していた信念である。

第五章 市民の魔術

I 女性の魔術師たち

黄金の夜明け教団の特徴の一つは、これまでも指摘してきたように、多くの女性会員がいたことにある。黄金の夜明け教団だけでなく盟友関係にあった神智学協会においても、生みの親であるブラヴァツキー夫人をはじめ、後継者のアニー・ベサント、アメリカ神智学協会の代表者キャサリン・ティングリーなど多くの女性が指導的な立場で参加していた。女性とオカルトとの関係は、神智学の源流である心霊主義の霊媒の大半が女性であったところにも見られる。代表的な霊媒に、フォックス姉妹のケイトとマーガレット、エマ・ハーディング・ブリテン、フロレンス・クック、ヘイデン夫人、エウサピア・パラディーノ、コーラ・リッチモンドなどがいる。黄金の夜明け教団においては、架空の存在であるとはいえ、ウェストコットがドイツの教団の首席導師としたアンナ・シュプレンゲル、当のシュプレンゲルのモデルともいわれるヘルメス協会のアンナ・キングズフォードも女性である。会員としては、モイナ・マザーズ、アニー・ホーニマン、フロレンス・ファー、モード・ゴン、さらにダイアン・フォーチュンなどが活躍した。ここでは、モイナ・マザーズ、アニー・ホーニマン、フロレンス・ファーの三人について、黄金の夜明け教団の発展にとっていかに重要な役割を果たしたかを見てみる。

《I》モイナ・マザーズ

生い立ち

ミナ・ベルクソンは、一八六五年にスイスのジュネーヴで生まれた。父はポーランド系ユダヤ人であり、母はアイルランド系ユダヤ人であった。父は優れたピアノ教師として生計を立てており、作曲も手がけていた。七人の兄弟姉妹がおり、ミナは四番目であった。五歳年上の長兄アンリは、直観主義に基づく時間の純粋持続を説いて、フランスを代表する哲学者となる。ユダヤ人の家庭では長男は特別な扱いを受けて育つが、一八七三年にベルクソンの家族がロンドンに移るときも、利発なアンリはひとりパリに残って教育を受ける。一八八〇年にミナは、ロンドンのスレイド美術学校に入学する。彼女は絵画の分野でも頭角を現わすが、家庭環境から英語とフランス語を母語のように使うことができ、ドイツ語も流暢に話すという才女であった。一八八二年にスレイド美術学校においてアニー・ホーニマンと出会い、生涯の友となる。一八

◀**「イシス儀礼」のマグレガー・マザーズ** 「イシス儀礼」の大祭司ラムセスの衣装をつけたマザーズ。左手にシストラム、右手に蓮＝薔薇をもっている。

▶「イシス儀礼」のモイナ・マザーズ　「イシス儀礼」の女性大祭司アナリの衣装をつけたモイナ（右）とマザーズ（左）。パリの自宅兼神殿の前室にも、モイナの描いたエジプトの神々（ネプテュス、オシリスなど）の画像が飾られていた。

八六年に学校を修了したのちも、大英博物館に通い、とくにエジプト美術の研究を続ける。そして一八八七年に大英博物館においてマザーズとの運命的な出会いとなるのである。

　一八八八年三月にイシス＝ウラニア神殿が発足すると、創設者たちを除けば、ミナは最初の参入者となる。教団名は、Vestigia Nulla Retrorsum（「あとに何の痕跡も残さない」）である。一八九〇年六月一六日にミナは、マグレガー・マザーズと結婚する。結婚後ミナは、その名前をケルト風に変化させてモイナと改名し、黄金の夜明け教団の女性祭司として新しい一歩を歩むことになる。モイナは、画家としての才能だけでなく透視能力も備えていたと思われ、マザーズの有能な助手として活動を始める。

▶スタニスラス・ド・ガイタ侯爵　スタニスラス・ド・ガイタ侯爵は、黄金の夜明け教団設立と同じ年、すなわち一八八八年にパリで薔薇十字＝カバラー教団を設立する。最高導師として、レヴィ以降のフランス・エソテリシズムを牽引した。

パリ移住の理由

　一八九二年にマザーズがパリに行くことを決めた背景には、黄金の夜明け教団の「秘密の首席導師」によって指示されたからという表向きの理由以外に、フランスはレヴィに代表されるように一九世紀の近代魔術の発祥地であること、パリ国立図書館やアルスナル図書館などには未発掘の魔術書が眠っていること、それにマザーズにとって重要な条件として、ロンドンに比べてパリの生活費が安価であることなどが挙げられる。フランスではレヴィの『高等魔術の教理と祭儀』が出版されて以降、スタニスラス・ド・ガイタ侯爵やフランスの小説家ジョゼファン・ペラダンなどにより高等魔術の伝統が形成されており、黄金の夜明け教団の設立と同年の一八八八年には、薔薇十字＝カバラー教団が発足している。教団の目的は、エソテリシズムの古典の研究のほか、瞑想によって神的なものと交流することにあった。会員は、学士・准博士・博士の三位階を試験を通して上昇していくことになっており、試験の内容には西洋エソテリシズムの歴史、ヘブライ語のアルファベットなど黄金の夜明け教団と重なる点も多い。この教団は一二人から成る最高参事会によって運営されているが、そのうち六人については誰も知ることはなく、この点でも黄金の夜明け教団の「秘密の首席導師」と同じような位置づけがなされていた。教団には、パピュス（ジェラール・アンコース）やフランソワ・シャルル・バルレなどが参加した。

パリのマザーズ夫妻

　マザーズ夫妻のパリでの生活は、ロンドン時代と同じように貧しく、当初は儀礼を行うための部屋さえなかった。やがてシャン・ド・マルス近くに相応の住居も見つかり、一八九四年には黄金の夜明け教団のパリにおける本拠地アハトル神殿が開設される。献堂式にはアニー・ホーニマンを招いているが、パリ時代のすべての生活費はホーニマンが提供しており、謝意を表するという意味もあった。イシス＝ウラニア神殿のウラニアがギリシア女神アプロディテの別称であるのに対して、ハトルはこの女神のエジプト名である（ローマ神話ではウエヌス）。参入儀礼が行われる神殿の前室には、モイナの描いたエジプトの神々（ネプテュス、オシリス、ホルス）が飾られ、あたかも古代イシス儀礼の場と錯覚させる雰囲気であったという。パリに来てからもマザーズは、ロンドンのイシス＝ウラニア神殿の首席導師を務めていたが、頻繁に開かれる参入儀礼にパリから出向くこともできないために、実際にはフロレンス・ファーを自らの代理として立てていた。

▲『賢者アブラメリンの聖なる魔術書』の口絵　マザーズ夫人モイナのデザインによる。中央右の髭を伸ばした人物は、マザーズを想わせる賢者アブラメリンであり、上部では5人の天使が見守る。中央から下部にかけて7人の悪霊が、写本（知識）・宝石（富）・小箱（神秘）によって彼を誘惑している。

　マザーズとモイナは、イェイツやモード・ゴンなどロンドンからたえず訪れる客の世話（食事とベッド）をするために、相当の時間を割かなければならなかった。この頃のマザーズは、モイナからザンという愛称で呼ばれていた（「ザン」とはブルワー＝リットンの小説『ザノーニ』の主人公の略称であり、カルデア語で「太陽」を意味するという）。また、パリで都会生活を満喫するために部屋代と引き換えに、食事や洗濯などの家事をする住み込みの女性は少なからずおり、マザーズ夫妻もロンドンからの客をもてなすためにそうした女性を雇っていた。主要な交通機関は列車だけであり、パリ見物は費用のかかる馬車を除けば、歩く以外には自転車を利用するほかはなかった。

　マザーズは、自分がスコットランド人の血筋をひいていると主張し、グレンストリー伯爵マグレガーを名乗っていた。スコットランド高地人の服装と剣を身に着け、自転車に乗ってパリの街を疾走するマザーズの姿が見られた。イェイツは『自叙伝』において、シャン・ド・マルス近くの家やモーツァルト街にあったマザーズの家で歓待されたことを振り返りながら、この頃のパリにおけるマザーズの生活ぶりを回想している。朝食になるとマザーズは、ホラティウスのほかにマクファーソンの『オシアン』を朗読することがあった。夜になるとスコットランド高地人の服装をして剣舞を舞ったりした。日曜日ごとに降霊会を開催していた。ある夕方、マザーズ夫妻とイェイツが四人で遊ぶチェスをすることになった。イェイツはモイナと組むことになったが、マザーズは自分と組む相手として「精霊」を呼び出したという。

『賢者アブラメリンの聖なる魔術書』

　一八九六年にマザーズ夫妻は、アニーからの支援を打ち切られる。経済的な困窮状態のなかでマザーズは、『賢者アブラメリンの聖なる魔術書』を英訳する。この書は、魔術師を目指す者が数カ月の間、祈りの生活を送ったのちに自ら「聖守護天使」と接触することができると主張しており、精霊など中間的な媒介者を必要としないという点において、魔術の新しい可能性を示す内容となっていた。『賢者アブラメリンの聖なる魔術書』の口絵はモイナのデザインによるものであり、中央右に髭を伸ばした賢者アブラメリンすなわちマザーズが右手に笏、左手を剣の柄においた姿で描かれている。上部では五人の天使が見守り、中央から下部にかけて七人の悪霊がマザーズを誘惑している。しかしこの本は予想したようには売れず、その印税だけではとうてい元のような生活を維持することはできなかった。

　マザーズ夫妻が次に着手したのはエジプト密儀の復活である。パリのボディニエール劇場では一八九九年三月にイシス儀礼が有料で公開された。大祭司ラムセスを演じたマザーズは、白い外衣を着て、両手にシストラム（イシスの楽器）と蓮の花をもち、黄道一二宮を象ったベルトを締めていた。女性大祭司アナリの役割を演じたモイナは、やはり白い外衣を着て、頭上に蓮の花を飾っていた。公演は、祭壇の前でのマザーズの祈りとモイナのイシス召喚の呪文に始まり、若いパリの女性の「四大元素の舞踊」が続く。この舞台を観た者は、マザーズの

▲1912年のホーニマン博物館　ロンドン南の閑静な住宅地フォレスト・ヒルに位置するホーニマン博物館。外観は現在とほとんど変わりがない。

▲ホーニマンの家族　ホーニマン紅茶会社を経営するフレデリック・ホーニマンの家族写真。アニー（左端）は彼の長女として生まれた。ホーニマン紅茶会社を継いだのは、弟エムズリー（右端）である。

◀2012年のホーニマン博物館　ホーニマン博物館は現在も、ロンドン・ブリッジ駅から鉄道で15分ほどの場所にある。数百種類に及ぶ古楽器のコレクションだけでなく、博物館に付属する広大なイギリス式庭園も見事な設計と管理がなされており、遠くにロンドンの高層建築を眺めることができる。

外国訛りのフランス語を揶揄《やゆ》する一方において、モイナの美しさを讃えた。公演は成功裡に終わり、一九〇〇年のパリ万博においてマザーズはイシス神殿を設計し構築する仕事を依頼されている。マザーズは、パリという都市の創設者はイシス崇拝者であったと信じており、万博で展示されたイシス神殿はパリへのオマージュとして好意的に受け入れられたのである。

《2》アニー・ホーニマン

ホーニマン博物館

　アニー・ホーニマンは、一八六〇年にロンドンのフォレスト・ヒルで生まれた。祖父のジョン・ホーニマンは、クエーカー教徒であり、家庭用の紅茶を販売するホーニマン紅茶会社を設立して財を成した。父のフレデリックは、先代の残した財産を自由に使える立場にあり、世界に広がる大英帝国の海外植民地や諸外国を商用で頻繁に旅行し、そのたびに現地の珍しい品物を紅茶とともに持ちかえった。この品物がのちに、ホーニマン博物館となる。この博物館は現在も健在であり、ふつうのガイド・ブックでは紹介されることは多くないが、そのイギリス式庭園と併せて一見の価値がある（とくに古楽器のコレクションは豊富である）。アニーの少女時代の教育は家庭教師によって行われ、ドイツ語やフランス語は流暢に話すことができただけでなく、イタリア語も習得した。一七歳になると喫煙を覚え、生涯にわたる習慣となる。

　一八七九年にコメディー・フランセーズ（フランス国立劇団）のロンドン公演を観たことが、演劇に関心を抱く契機となる。一八八一年にはヨーロッパへのグランド・ツアーに出るが、そのときパリで印象派の絵画に魅せられ、自らも芸術を志すことになる。一八八二年にロンドンのスレイド美術学校に入学し、ミナ・ベルクソンのちのモイナに出会う。ミナはアニーより五歳年下ではあったが、その優れた才能と資質にアニーは魅了された。

　アニーは、一八八四年に初めてバイロイトのワーグナー音楽祭に出かけている。バ

▲若きアニー・ホーニマン　アニーは、1890年から96年まで長期にわたり、モイナ・マザーズとマグレガー・マザーズ夫妻への経済的援助を惜しまなかった。ブラヴァツキー夫人は愛煙家として有名であるが、アニーも若い頃から煙草を好んでおり、喫煙はヴィクトリア時代の一部の女性の間で流行となっていた。

▼壮年のアニー・ホーニマン　1904年にアニーは、ダブリンのアベー劇場の立ち上げなどイェイツの演劇活動に資金面で援助した。

イロイトは、リヒャルト・ワーグナーの晩年の居住地であり、一八七六年に『ニーベルンゲンの指輪』が上演されて以降、ワーグナー音楽祭として現在まで続いている。アニーは、毎年欠かさずこの音楽祭に出かけ、同時にヨーロッパの前衛劇も鑑賞している。パリ、フィレンツェ、ローマ、ミュンヘンも頻繁に訪れているが、なかでも気に入っていたのはミュンヘンであり、とくにドイツ・ビールは彼女のお気に入りであったという。

アニーは一八九〇年一月に黄金の夜明け教団に加入し、教団名Fortiter et Recte(「勇敢に、そして公正に」)を名乗る。モイナとの友情から、フォレスト・ヒルのホーニマン博物館の主事としてマザーズを紹介するなど、夫妻に生活支援を行う。マザーズが定職といえる職業に就いたのは、ボーンマス時代の一時期を除けば、後にも先にもこのときだけである。フォレスト・ヒルでの生活は、長くは続かなかった。一八九一年になるとマザーズは、アニーの父との口論の末に解任されてロンドンに戻る。再び困窮をきわめる生活ぶりを見たアニーは、モイナの絵画の才能がこのまま埋もれてしまうことを心配して、パリに行くように勧める。いうまでもなく、渡航費や滞在費などの費用の全額を、アニーが負担するという前提である。

マザーズ夫妻への支援

一八九二年五月にマザーズ夫妻は、ロンドンを引き払ってパリに移る。パリでの費用を負担したのはアニーであり、年額二〇〇ポンドを支給していた。アニーの絵画修業と教団の運営費という名目ではあったが、実際にはそのほとんどが夫妻の生活費に充てられたはずである。自宅で参入儀礼をするだけのスペースが必要ということもあり、マザーズ夫妻はかなり広い部屋を借りていた。この頃、パリの普通の家庭の収入が六〇ポンドほどという時代において、これは相当な金額である。夏目漱石が文部省から受け取った留学費が年一八〇ポンドであったことを考えても、アニーの援助額の大きさが想像できる。

一八九三年八月に祖父ジョン・ホーニマンが亡くなると、アニーは少なくとも四万ポンドという巨額の遺産を相続する。この頃までにホーニマン紅茶会社は、業界では世界最大規模の企業に成長していた。アニーのマザーズ夫妻への援助は、九四年には年二八〇ポンド、九五年には年四二〇ポンドまで膨れ上がる。アニー自身にとって気掛かりになったのは、金額の多さよりもむしろ、マザーズがケルト復興運動など政治的活動にも力を注ぎ始めたということである。ホーニマン一族の資産は大英帝国の世界支配を前提にして蓄積されたものであり、反英運動にもつながりかねない活動への協力には、いささか気が引けるものがあった。アニーの父は英国議会の議員として、大英帝国を支える活動をしていた。

さらに違和感が生じる契機となったのは、教団の古参会員である医師エドワード・ベリッジが性的魔術を提唱したことである。トマス・L・ハリスがニューヨークで結成した新生兄弟会の思想に含まれるものであり、ヨガに見られるような内的呼吸法が基本になっている。ヴィクトリア時代の女性にとって、とくにアニーのような感受性の鋭い女性にとっては受け入れがたいものであった。一八九六年七月、アニーはマザーズ夫妻への経済的な支援を打ち切ることを通告する。これに対して、マザーズは一二月、アニー・ホーニマンを教団から除名する。

その後も教団内部の対立が続き、その結果、一九〇〇年にマザーズが教団から追放される。アニーは、復帰してからも、フロレンス・ファーのスフィア・グループと対立し、一九〇三年に黄金の夜明け教団を退団する。

アニーは一八九四年頃から、演劇活動の

経済的な支援を続けていた。イェイツの『心願の国』が上演されるさいにその資金援助をしただけでなく、ロンドンのアヴェニュー劇場の公演、一九〇四年にはダブリンのアベー劇場の立ち上げと運営、さらにマンチェスターのゲイエティ劇場の刷新などに参画するなど、近代劇運動の進展に重要な役割を果たした。

《3》フロレンス・ファー

女優から教団へ

モイナ・マザーズ、アニー・ホーニマンに並んで、黄金の夜明け教団の異彩を放つ女性魔術師は、フロレンス・ファーである。フロレンス・ファーは、一八六〇年にケント州に生まれる。父ウィリアム・ファーは、農場労働者の子であったが、苦学してロンドンやパリで医学を学び、疫学者となる。ヴィクトリア時代に近代看護学を確立したフロレンス・ナイティンゲールとの交流があり、彼女にちなんで娘をフロレンスと名付けた。そのことからも、フロレンスが将来医療の道に進むことを期待されていたことが窺われる。彼は一八八三年に亡くなり、フロレンスは遺産として年五〇ポンドを受け取るようになる。アニー・ホーニマンとは比較にならないほどの額であるが、女性一人がなんとか生きていくことはできた。

フロレンスは医療の道に進むことはなく、

◀**フロレンス・ファー**　父ウィリアム・ファーは、苦学してロンドンやパリで医学を学び、疫学者となる。ヴィクトリア時代のもっとも有名な看護師として知られるフロレンス・ナイティンゲールとも交流があり、彼女にちなんで娘をフロレンスと名付けた。

▼**フロレンス・ファー**　フロレンスは、父のように医療の道に進むことはなく、女優として独立した人生を歩む。

▶古楽器を演奏するフロレンス・ファー　プサルテリウム（古代の弦楽器）を演奏するフロレンス。一九〇一年。

しばらく教師として生活したのち、女優として独立した人生を歩むことになる。女優業は、ヴィクトリア時代の女性が知的能力を発揮することのできる数少ない職業の一つであった。一八八四年に舞台俳優エドワード・エマリーと結婚し、フロレンス・ファー・エマリーとなる。結婚生活は独立心の強いフロレンスが夢見ていたようなものではなく、その現実の姿すなわち退屈な生活に幻滅する。一八八八年に夫エドワードはアメリカに渡ったまま帰らず、事実上の別居となる。正式に離婚が認められたのは一八九五年のことである。一八九〇年以降、劇作家G・B・ショーと恋愛関係にあった時期もある。

　フロレンスは、一八九〇年五月にジョン・トッドハンターの劇「シチリアの牧歌」で舞台に立つ。同年七月に黄金の夜明け教団に加入し、教団名をSapientia Sapienti Dono Data（「知恵は賢き者に贈り物として与えられる」）を名乗る。魔術研究に寄せる関心の強さでは、会員のなかでも際立っていた。一八九一年一二月に、アニー・ホーニマンに一カ月ほど遅れて、第二教団に参入する。マザーズはフロレンスを信頼しており、九二年五月にフランスに渡る前に自分の知る魔術の技法をすべて彼女に伝えたといわれる。

エジプト魔術の実践

　一八九三年にウェストコットが教団の教義担当の役職を辞すると、フロレンスは彼に代わって、イシス＝ウラニア神殿の実質的な指導者となる。大英博物館などでエジプト魔術の研究に熱中し、一八九六年には『エジプト魔術』を出版する。この本は、ウェストコットの編集による叢書「ヘルメス・コレクション」の第八巻として刊行されており、しかも出版社は神智学出版協会である。フロレンスやウェストコットと神智学との深い関係を見ることができる。彼女の著作としてはほかに、自叙伝『踊るファウヌス』（一八九四年）がある。

　一八九六年五月一三日にフロレンスは、タフタルタラトの霊を召喚する儀式魔術を行っている。タフタルタラトとは、メルクリウスの精霊であり、エジプトの知恵と魔術を支配するトート神につながる精霊でもある。この実験に参加したのは、アラン・ベネット、フレデリック・L・ガードナー、チャールズ・ロッシャーであった。

　儀式のシナリオは、儀式魔術の所作に通じていたベネットの協力により、『ソロモン王の鍵』と『死者の書』に基づいて構成された。まずベネットが、床にメルクリウスの記号と円、円内の三角形を黄色いチョークで描き、魔術剣によって忠実にそれをなぞった。フロレンスがトート神の衣装をつけて登場すると、呪文を唱えてタフタルタラトの霊を呼び出す。タフタルタラトの霊は円内の三角形に現われたとされるが、この実験において参加者がどのような心理的な体験をしたかの詳細は伝わってはいない。フロレンスは『エジプト魔術』において、魔術師は「すべての肉体を超え、時間を超越し、永遠となった。いかなる高みよりも高く上り、いかなる深さより深く降りた。彼は自分が、生まれざる者、若き者、老いた者、死せる者という状態にあって、創造の大いなる連鎖の一部であることを知る」と述べている。フロレンスは自らトート神となり、タフタルタラトの霊を自らの内部に登場させたと考えられる。

スフィア・グループの結成

フロレンスは、一八九六年頃に第二教団の内部にスフィア・グループという組織を結成する。このグループの目的は、すでにかなりの数の会員を擁するようになった教団において、少人数の会員が結束して魔術を実践することにあった。アストラル界に存在する（と想定されたエジプト魔術の）導師を中心とするグループであったが、のちにこの導師がさらに高次の次元へと帰ってしまった（！）ために、新たに霊性を象徴するものとして聖杯が選ばれるようになった。

スフィアの魔術活動には男女それぞれ六人ずつで計一二人の会員が参加した。当初は、ブライズ・ロードにあった教団本部で実験を行っていたが、その後会員は自宅にいる状態で実験に参加する。毎日曜日の午後、一二人の会員が時間を合わせてそれぞれの自宅で聖杯をイメージする。図版（一〇一ページ下図）では、中央に聖杯が描かれている。その中心に心臓とティフェレトがあり、セフィロトの木の中央の柱とみなされる。杯から上方に伸びているのは愛の炎であり、頂点にあるケテルから光すなわち生命霊気が呼び込まれる。左側にはビナー、ゲブラー、ホドが弓形に描かれているが、実際にはこの弓形は四方向に一つずつあり、ティフェレトを中心にして全体で「球（スフィア）」を形成することになる。一二人の参加者は、それぞれ一つのスフィアに相当する位置を占めると同時に、その内部にもセフィロトの木をもつことになる。それぞれのセフィロトに該当する色彩の衣服を身に着け、同じ色彩の光線を中央の柱のセフィロトや近いセフィロトに投射する。一二人の意識を、日曜日の午後一二時から一時までの間、別々の場所から「球」あるいは聖杯という一つのイメージに集中する実験である。「球」の大きさは直径一〇フィートから始まり、次にこの大きさをロンドン全体の大きさに拡大する。その場合、それぞれのセフィロトは直径一マイルの大きさと

▲フロレンス・ファー『エジプト魔術』（1896年）口絵　人間の構成に関する象形文字とその意味は、左上から順に次の通りである。（1）魚＝肉体、（2）ミイラ＝アストラル体、（3）蛇＝霊的な体すなわち魂、（4）扇形＝オーラ、（5）ライオンの前部＝本能、（6）把手付き容器＝原初的な意志、（7）拡げた両手＝個我・自我、（8）人面鳥・鷹・鷺・牡羊＝神性と結びつく精神・精霊、（9）ベヌー鳥＝魔術的な力、（10）輝く太陽＝生まれざる魂。魔術師は、「生まれざる魂」の状態にあって、自らが「創造の大いなる連鎖の一部」であることを悟る。

なる。これをヨーロッパ全土、地球全体（ケテルが北極、マルクトが南極）、そして宇宙全体（太陽系が中央の柱のティフェレトの位置におかれる）へと拡大させていく。

フロレンスは、一九〇〇年の黄金の夜明け教団の内部分裂のさいには、イェイツとともに中心的な役割を果たすが、〇二年には退団している。同年に神智学協会に加入する。一九一二年にはロンドンを去ってセイロンに渡り、女学校教師となるが、一七年に乳癌で亡くなる。フロレンスは、ヴィクトリア時代後期の「新しい女」を地で行くような生涯を生きた女性といえる。

タットヴァ・カードによるアストラル・ヴィジョン

黄金の夜明け教団の会員たちが実践した魔術の一つに「タットヴァ・ヴィジョン」といわれるものがある。もともとはラーマ・プラサドの『自然の微細なる諸力』という神智学の書に記された技法であり、操作者は色彩と幾何学的な図形を組み合わせたタットヴァ・カードを利用して幻視体験をする。タットヴァとは、サンスクリット語で「自然界に存在している精妙な原理」を意味している。ヴァユ（空気、青色の円）、アパス（水、銀色の三日月）、プリティヴィ（地、黄色の四角形）、テジャス（火、赤色の三角形）、アカシャ（エーテル、紺色の楕円）の五種類が存在しており、これを組み合わせて描かれた二五枚のカードから成る。操作者は、このカードから一枚をゲートウェイ（通り口）として選び出して、その図形と色彩に意識を集中する。その結果、幻視の世界が意識の底から浮かび上がってくるという。

タットヴァ・ヴィジョンは、アストラル・ヴィジョンあるいはスクライングとも呼ばれており、どちらかというと黄金の夜明け教団の女性会員によって好まれた技法である。タットヴァ・ヴィジョンは異界への旅であり、モイナ、フロレンス・ファー、アニー・ホーニマンなどによる実験報告が残っている。

モイナ・マザーズによる実験では、テジャス＝アカシャ（赤色の三角形のなかに紺色の楕円）が使用された。彼女は儀式用の衣服を着て、香と聖水とペンタグラムの儀式で実験の場となるヴォールトを浄める。モイナはまず視覚を外界から内界へと集中させ、火に関するヴィジョンを強めるために、火を象徴する杖によって火のペンタグラムを描いた。テジャス＝アカシャに意識をさらに集中させると、赤色の三角形のなかに紺色の楕円のイメージが部屋全体に広がる。モイナは、この拡大した三角形のなかに身を投じる。すると、閉じられていた「通り口」が開き、その向こうに別世界が展開する。

モイナが導かれた世界は、熱く乾いた砂漠である。彼女が「エロヒム」という神名を一文字ずつ振動する声で六度唱えると、セフィロトの木の頂点にあるケテルから白く輝く光が放射され、ティフェレトたる彼女の心臓に入る。モイナが精神を集中してエロヒムそのものの姿を想像しながら神名を繰り返すと、全身にその力がみなぎってくる。遠くにピラミッドが見えたので、彼女は空中を飛行してそこに着く。火とエーテルに関係する名前を唱えると、ピラミッドの入口に兵士のような人物が現われ、これから参入儀礼が行われると告げる。ピラミッドの内部に入り、モイナは火の精霊と会話を交わす。モイナは再びアストラル界から意識を下降させてヴォールトに戻り、アストラル・ヴィジョンが終わる。

アストラル・ヴィジョンには、かならずしもタットヴァ・カードだけが使用されたのではない。タットヴァ・ヴィジョンに慣れてくると、さらにタロット・カードの大アルカナのような複雑なシンボルを使用する技法も取り入れられた。フロレンス・ファーは、タロット・カードの「女帝」を使ってヴィジョン体験を試みている（一一三ページを参照）。異界への旅の実験は一人ではなく、つねに複数の人によって行われる。この場合フロレンスは、別の会員エレイン・シンプソンと二人でヴィジョン体験をしている。実験の場はやはりヴォールトである。ヴィジョンは、中世の綴《つづ》れ織のような風景から始まる。雲を抜けると、光に包まれたゴシック聖堂が見える。聖堂から庭園に移動すると、そこには緑の衣服を着て頭に星の王冠をかぶったイシスがいる。彼女は、右手には先端に白い蓮の花をつけた黄金の笏、左手に十字架をつけた球をもっていた。イシスは彼女たちを塔の上に導く。そこには、「愛」を象徴する杯が太陽の光に輝いていた。その杯には、心臓の模様が描かれ、赤い液体が入っていた。イシスは、自らの心臓を世界の人々に与えたのである。イシスは聖杯と同一視され、人類の希望はイシスのこの自己犠牲の例に倣うことにある。二人は自らの心臓を与え、イシスから力と勇気を受け取る。

▲タットヴァ・ヴィジョン　タットヴァには、ヴァユ（空気、青色の円）、アパス（水、銀色の三日月）、プリティヴィ（地、黄色の四角形）、テジャス（火、赤色の三角形）、アカシャ（エーテル、紺色の楕円）の5種類が存在しており、これを組み合わせて描かれた25枚のカードが幻視の世界へのゲートウェイ（通り口）となる。

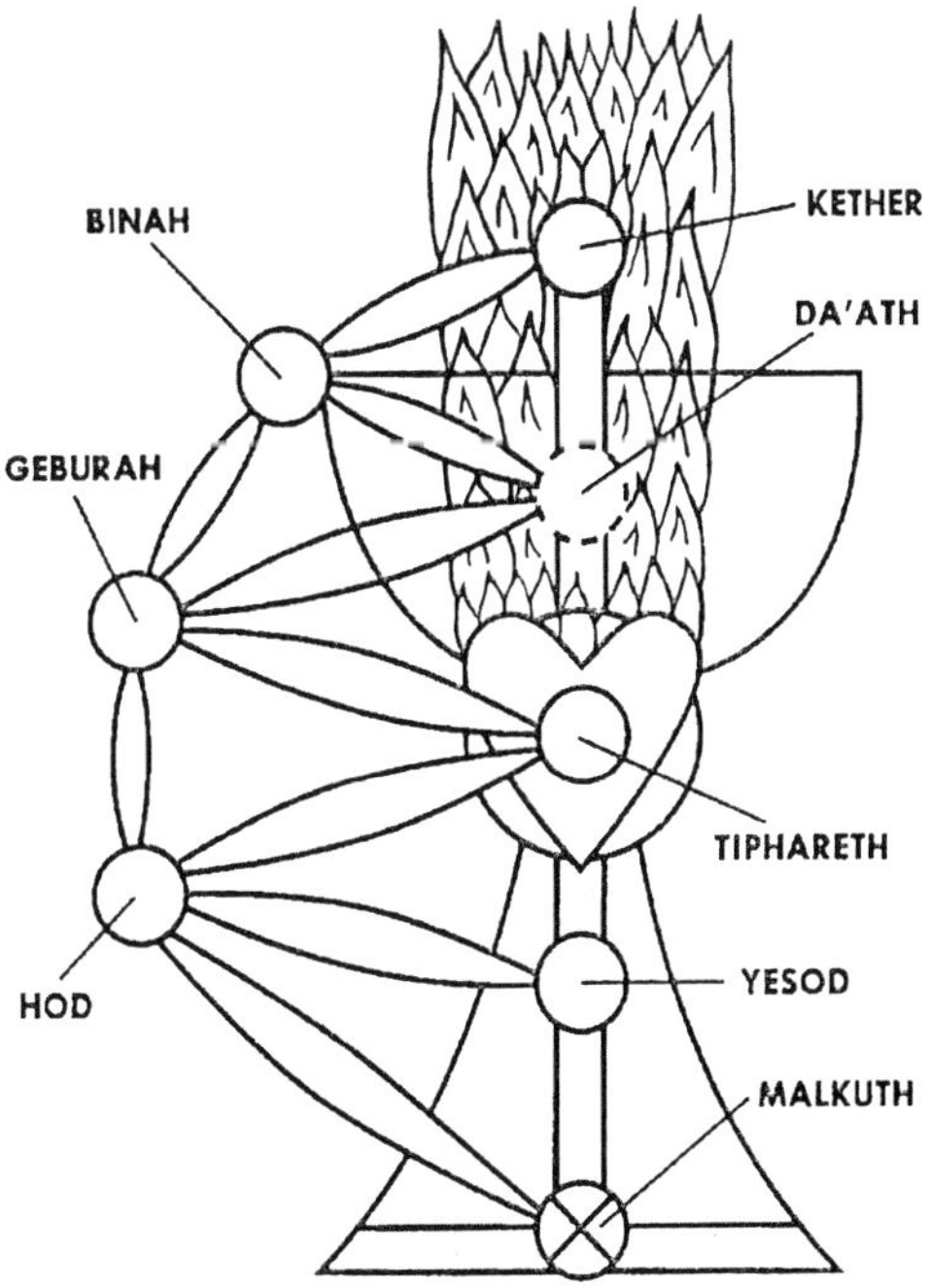

▶球状に配置されるセフィロト
フロレンスは、1896年頃に第2教団の内部にスフィア・グループという組織を結成する。このグループの行った聖杯の実験は、少数の会員たちが集まって意識を集中することによって、ある種の共同幻想を生み出す試みである。

漱石と熊楠のロンドン

大英帝国は政治・経済・軍事だけでなく文化・芸術の局面においても先端を行く国であり、明治維新を経たばかりの日本にとって第一に学ぶべき模範とみなされていた。一九〇〇年に文部省からロンドンに派遣された夏目漱石を始めとして、明治政府が派遣した留学生の多くがイギリスそしてドイツを目指した。二年余にわたる漱石の留学費用は年一八〇〇円であり、潤沢な資金が用意されたとはいえなかった。当時の為替レートを一〇円＝一ポンドとすると年一八〇ポンドとなるが、少ないとはいえこれは公費である。これと比べると、アニー・ホーニマンが一八九一年から九六年までの間にマザーズ夫妻に送った支援金（九六ページを参照）が私財であったことを考えると、その額の多さは印象的である。漱石はロンドンに向かう途中にパリに寄り、そこで開催されていた万国博覧会を見物しているが、マザーズが主宰した「イシス神殿」を見る機会があったのだろうか。漱石のロンドン留学の目的は「英語研究」であり、いうまでもなくその眼中に近代魔術という課題はなかった。

漱石と同じような時期にイギリスを目指した南方熊楠《みなかたくまぐす》は、まず一八八六年に横浜からアメリカに向かい、粘菌をはじめとする植物学標本を採集する活動を続ける。一八九二年九月にロンドンに向かい、一九〇〇年一〇月に故郷の和歌山に帰国するまでの八年間、大英博物館を中心にして継続して植物学研究を行う。南方熊楠がロンドンにいた時期は、まさに黄金の夜明け教団の最盛期にぴたりと重なる。彼は専門の植物学の研究に忙しく、ロンドンにおいて流行していたエソテリシズムに費やす時間はなかったはずであり、黄金の夜明け教団が秘密裡に活動していたことを考えれば、なおさら直接見聞きする機会は少なかったかもしれない。

それでも、活動を公開していた神智学協会や心霊研究協会については、相当の関心を寄せていたと思われる。一八九三年一二月にロンドンから土宜法龍《どきほうりゅう》に宛てた手紙では、「オッカルチズムのことたる、別に立派なものにあらず」「日本にも巫覡《ふげき》などいうは、士君子たるものの正しきことととせぬなり」と述べている。さらに「小生は多少これらの人に摂せしことあり。またその業をちょっと受けたこともあり。しかるに多くは（小生の知るところでは十の九）、愚夫愚婦を欺くの術にて、すなわちこれを行なうものもまたみずから良心を欺きおるなり。いろいろのしかけなどもありて、手品のようなこともあり、他はいわゆるまぐれ当りなり」と、冷静に批判している。この場合、「言を仏教などに託するを聞いて」とあるので、批判の対象となっているのは「神智学」信奉者と推定される。

明治時代にイギリスに向かった多くの日本人留学生は、大英帝国の政治・経済・軍事についてはほぼそのまま受け取り、文化・芸術については評価の高いものを選んで受容していたと思われるが、南方熊楠はロンドンで流行していたオカルティズムの限界を的確に見抜いている。それでも心霊主義への関心は持続しており、帰国後の一九〇三年に心霊研究協会の指導者フレデリック・マイヤーズの『人格とその死後生存』が二冊本で出版されると、二一円という高価な本であるにもかかわらず早速注文している。

芥川龍之介はロンドンに向かうことはなかったが、魔術の原理を想起させる短編「龍」（一九一九年）を発表している（この短編は、コリン・ウィルソンが『オカルト』で紹介している）。『宇治拾遺物語』所収の「蔵人得業《くろうどとくごう》猿沢の池の龍の事」に素材を求めた短編小説であり、魔術が実際にはどのような現象であるかを理解するうえでのヒントを提供している。奈良の蔵人得業恵印《えいん》という法師は、人々から大きな鼻を笑いものにされていた仕返しに、猿沢の池のほとりに「三月三日この池より龍昇らんずるなり」と書いた建札を立てる。龍という生き物が想像の世界にしか存在していないことは恵印にも分かっていた。建札が契機となり噂は噂を呼んで、当の三月三日には奈良の町はいうまでもなく近隣の国々から大勢の見物人が押し寄せてくる。人々が固唾を飲んで龍神の出現を待ちかまえているが、何ごとも起こる気配がない。ところが、しばらくすると、一陣の風が吹いたかと思う間もなく、それまで晴れわたっていた天が暗くなり、にわかに稲妻が光り、大雨が滝のように降り始める。恵印の眼には「その刹那、その水煙と雲との間に、金色の爪を閃《ひらめ》かせて一文字に空へ昇って行く十丈あまりの黒龍が朦朧《もうろう》として」見えたのである。あとで多くの人々もまた「雲の中に黒龍の天に昇る姿を見た」と証言したという。恵印はのちに、あの建札は自分の悪戯であったと白状するが、誰ひとりとしてそれを信じる者はいない。恵印は別に魔術を仕掛けたわけではない（また作者芥川もことさら魔術を意識していたわけではない）が、この話は、魔術による現象が、人々の心が一致して何かを期待するという状況のなかに生まれる共同幻想にあることをよく示している。客観的には春の嵐（あるいは竜巻）という自然現象にすぎないにしても、それを体験する人々の心理のなかでは確かに「黒龍が天に昇った」という事象が「事実」として確認されるのである。

② ウィリアム・B・イェイツの魔術

《I》魔術師マザーズとの出会い

黄金の夜明け教団に参加した者のなかでひときわ異彩を放つ人物は、アイルランドの詩人・劇作家ウィリアム・B・イェイツである。一九二二年にアイルランド自由国が成立すると上院議員としても活躍し、二三年にはノーベル文学賞に輝いたイェイツが、黄金の夜明け教団の魔術をどのように理解していたかは興味深い問題である。

詩と魔術は、若い頃からイェイツの主要な関心事であった。アイルランドは、大英帝国の世俗化した文明に対して、今なお霊性を保持している「聖なる島」であり、魔術は堕落したアングロ・サクソン文化を根底から塗り替える新しい力とみなされたの

◀**W・B・イェイツの肖像画（一八八九年）** イェイツは、若い頃から詩と魔術に関心を寄せており、一八八五年には友人チャールズ・ジョンストンやジョージ・ラッセル（AE）とともに、ダブリン・ヘルメス協会を結成し、一八八七年にはブラヴァツキー夫人の神智学協会、一八九〇年には黄金の夜明け教団に相次いで加入した。

である。イェイツの魔術への関心は、一八八五年に友人チャールズ・ジョンストンやジョージ・ラッセル（ＡＥ）とともに、ダブリン・ヘルメス協会を結成したときから本格的になる。この頃には、魔術とともに神秘主義やインドの宗教にも興味の範囲が広がっていた。

　一八八七年にイェイツの一家は、ダブリンからロンドンに移る。イェイツは、ジョンストンの紹介によりブラヴァツキー夫人と会い、一八八八年には神智学協会の「秘教部門」に参加する。詩人としてヴィジョンを必要としていたイェイツは魔術の実験も試みていたが、儀式魔術には距離をおいていたブラヴァツキー夫人から注意を受け、一八九〇年には協会から退会することになる。神智学協会から退会する時期と前後して、イェイツは黄金の夜明け教団に加入するのである。イェイツにとって「運命の女性」ともいえるモード・ゴンと知り合うのもこの頃である。

　一八九〇年三月七日、イェイツは黄金の夜明け教団に加入する。教団名は、Demon est Deus Inversus（「悪魔は裏返された神」）である。この標語がブラヴァツキー夫人の『秘密教義』第一巻第二部第一一章のタイトルから採られたことから見ても、神智学協会の退会後も夫人への敬意をもち続けていたことを窺わせる。イェイツは一八九三年一月二〇日にポータル位階と第五位階（第一ポイント）、続いて翌二一日に第五位階（第二、三ポイント）の参入儀礼を受ける。儀式の場となる地下霊廟（ヴォールト）の設置された部屋は、グレイト・ポートランド通りの東側にあるクリプストーン通りの住宅にあり、イェイツはこの年の六月から九月にかけて、毎月一〇回ほどの頻度でこの場所を訪問している。

　イェイツが黄金の夜明け教団において学んだのは、魔術における象徴の果たす役割とカバラーの重要性であった。とくにマザーズの『ヴェールを脱いだカバラー』は、イェイツにカバラーのシステムを理解させるための必読書となり、マザーズ自身はイェイツにとって理想的な魔術師のイメージとなる。イェイツは、「魔術的心像が意識

▲モード・ゴン　当代の美女と謳われた女優モード・ゴンは、黄金の夜明け教団に1891年に加入するが、短い期間で退団する。

▲1902年のモード・ゴン　モード・ゴンはW・B・イェイツの理想の女性であり、出会ったときから恋愛感情が芽生え、結婚を申し込んだが受け入れられることはなかった。それでもアイルランド演劇運動を通して、両者の友情は途切れることはなく続いた。写真は、イェイツの『キャスリーン・ニ・フーリハン』でキャスリーンを演じた頃のものである。

や下意識の記憶より深い源泉から心の眼前に湧き出ることを確信させてくれた」のはマザーズであると証言している（『自叙伝』）。イェイツは、「色彩豊かな幾何学的なシンボル」すなわちタットヴァ・カードを額に当てて、アストラル・ヴィジョンを体験している。イェイツの見たヴィジョンは、「砂漠と黒いタイタン」であり、マザーズの説明によると、それは火（テジャス）のシンボル・カードに基づいて生じたサラマンダー（火のなかでも生きるという架空の動物）であるという。イェイツの「再来」という有名な詩には「砂漠のどこかで、胴体は獅子、顔は人間の怪物が、太陽のごとく虚ろで非情な凝視」をむけるという魔術心像が現われる。この心像の源泉となったのは、三〇年以上も前にタットヴァ・ヴィジョンとして現われた「砂漠」と「巨大なタイタン」であったという見方もある。

　イェイツにとって、魔術は詩作と並行する行為であり、ともに想像力の展開したものとみなされた。一八九一年にイェイツは、新しい文学の創出のために、若い詩人たちとともに「ライマーズ（詩人）・クラブ」を結成する。場所はロンドンのフリート街の有名な居酒屋「オールド・チェシャー・チーズ」であり、ライオネル・ジョンソン、アーネスト・ダウソン、アーサー・シモンズなどが集まり、ワインを飲みながら詩の朗読や談論をしていた。一八九二年にイェイツはある友人に宛てた手紙において、魔術との関係を次のように述べている。「私が魔術をつねに研究することがなかったとすれば、私のブレイク研究の一つの言葉さえ書くことはできなかったし、『キャスリーン伯爵夫人』は存在してはいなかったでしょう。神秘家の生活は、私の行うこと、考えること、書くことすべての中心にあります」。イェイツは、神智学協会や黄金の夜明け教団に積極的に参加していた頃、ロマン主義詩人ウィリアム・ブレイクの著作を編纂する作業に没頭していた。共編者は父の友人の画家エドウィン・エリスであり、一八九三年に『ウィリアム・ブレイク著作集』（全三巻）として出版された。マザーズが理想の魔術師像であったように、幻視の世界をそのまま詩と絵画によって表現するブレイクは、若きイェイツにとって最高の詩人・芸術家に思われたのである。

《2》錬金術薔薇団

イェイツの魔術に関する考え方をよく示

す短編に「錬金術の薔薇」がある。「錬金術の薔薇」は、一八九六年から九七年にかけて執筆されており、『神秘の薔薇』の一編として一八九七年に刊行された。物語は、イェイツが黄金の夜明け教団で経験したことを基にして構成されている。

「錬金術の薔薇」は、語り手である「私」が魔術師マイケル・ロバーツとともに「錬金術薔薇団」という教団に加入するかどうかをめぐる葛藤を主題としている。「私」は作者イェイツを思わせる芸術家、マイケル・ロバーツはマザーズを思わせる魔術師であり、両者の葛藤はイェイツ自身の両面を象徴している。「錬金術薔薇団」は、黄金の夜明け教団を想定していると考えられる。

「私」はダブリンの旧い街の家に籠って、錬金術の装置（蒸留器やアタノールなど）を前にして、「倦み疲れた心を衰えを知らぬ霊に変成させるという」錬金術の夢想に浸っている。しかし、「奇蹟的な忘我」の境域には、まだ到達してはいない。そこに、一〇年前に出会って以来音信の途絶えていた錬金術薔薇団の導師マイケル・ロバーツが不意に訪ねてくる。「私」が錬金術薔薇団に入会する意思があるかどうかを尋ねるためである。マイケルはパリでも同じ問いかけをしているが、そのさいには「私」に断られたという経緯がある。二人は連れ立って、錬金術薔薇団の聖堂のある場所へと赴く。聖堂の図書室に案内された「私」は、モリエヌス、アヴィセンナ、ラモン・ルル、ニコラ・フラメルなど一揃いの錬金術書、さらにウィリアム・ブレイクの「預言書」の復刻本があることに気がつく。そこに、一人の女性が一冊の本が入ったブロンズの

▲1900年頃のロンドン、フリート通り　1891年にイェイツによって結成された「ライマーズ（詩人）・クラブ」の集会は、フリート街の有名な居酒屋「オールド・チェシャー・チーズ」で開かれた（左側に看板が見える）。ライオネル・ジョンソン、アーネスト・ダウソン、アーサー・シモンズなどが集まり、ワインを飲みながら詩の朗読や談論をしていた。夏目漱石や南方熊楠などが見たロンドンの風景である。

箱をもって現われる。その本は、ソロモン・トリスモシンによる著名な錬金術書『太陽の輝き』の様式で構成されており、錬金術の密儀を解明した六人のケルト人学徒により錬金術薔薇団が創設されたという内容が記されていた。

錬金術とは「現身の衣を捨てて不死の衣をまとうようになるまで、魂の内容がしだいに蒸留してゆくこと」と定義される。教義の根本にあるのは、「思考」（あるいは想像）は「それ自身で実在する」、すなわち思考されたもの（想像されたもの）が独立

▲**『神秘の薔薇』（1897年）の表紙**　1897年に刊行されたW・B・イェイツの散文集『神秘の薔薇』の表紙デザイン。中心の薔薇を取り巻くように枝が配置され、上部の3つの薔薇は上位の3セフィロト（ケテル、ホクマー、ビナー）を想起させる。

して独自の実体をもつという考え方である。同じ文脈で「情感《ムード》」という概念が使用される。この言葉は通常、気分・雰囲気・気持ちなどの意味で用いられるが、イェイツはゲニウスあるいはダイモンに近い特殊な意味で用いている。魔術師や芸術家は、「人が情感と呼ぶもの」すなわち「肉体をもたぬ魂」を、必要に応じて「呼び出す」能力をもっている人である。それは「神的なものであれ悪性のものであれ、まず人々の心にかすかな吐息のように降りくだり、それからその思想や行動を変えてしまう」ものである。イェイツが「情感」という日常語を使用しているところにも、伝統的な魔術を日常的な用語で読み替えようとしている、近代魔術の姿勢が垣間見られる。

「私」は続いて錬金術薔薇団の聖堂に入り、舞踏と音楽に満たされた参入儀礼に参加する。儀礼が行われる円形の部屋は、天井には「モザイクの巨大な薔薇」、緑色の石でできた床には「蒼白い十字架にかかった蒼白いキリスト」が描かれている。「私」は幻想のなかで、「不死の女」とともに古代の旋律のような調べに合わせて、「舞踏の輪は頭上にある薔薇の形を床の上に再現」するように踊る。そのさなかに「私」は「人間が高貴な愛を抱くならば、無限の憐みや言い表わせない信頼や、尽きることのない共感を通して人は愛を知る」ことを実感するのである。この段階で読者は、「私」の参入儀礼が幻想であったことが知らされる。現実の世界に目覚めた「私」は、暴徒と化した漁師や女たちが怒声をあげながら襲ってくることに恐怖を覚え、聖堂から逃げ帰る。物語は「私」がロザリオを首にかける場面、すなわち「私」は錬金術薔薇団に加入するのではなくカトリック教会を選択する場面で終わっている。このことはかならずしもイェイツがカトリック教会の信仰を受け入れたということを意味するわけではないが、イェイツの心情のある部分を示しているように思われる。現実のイェイツは、一八九〇年に黄金の夜明け教団に参入して、紆余曲折はあるものの一九二三年まで三〇年以上にわたって教団に籍をおいて魔術探究に勤んでいる。

《3》共同幻想としての魔術

イェイツは「魔術論」を一九〇一年に執筆し、自らが魔術の信奉者であることを表明するとともに、魔術とは何かについて正面から論じている。イェイツの考える魔術は、個人の記憶は他者の記憶と交差しながら一つの心を形成すること、個人を超える大いなる記憶が存在していることを前提にして、それを象徴によって呼び出すことができるという信念に基づいている。「魔術論」は、『善悪の観念』(一九〇三年)の一編として刊行された。

「魔術論」は、こうした原理を例証する目的をもって、一つのエピソードを紹介する。「私」はある友人と連れ立って、「ロンドンから少し離れたところ」に住んでいた「精霊を召喚する者」に会いにいく。「私」はイェイツ自身、ロンドンの近郊はフォレスト・ヒル、「精霊を召喚する者」はマザーズであり、一八九〇年頃の話と思われる。「精霊を召喚する者」は細長い部屋の端にある台座におり、「私」と友人は部屋の中央、その中間に彼の「美しい妻」(モイナ・マザーズを指している)がいた。「精霊を召喚する者」が手に木製の杖をもって、いくつものマス目に数字を書き込んだ盤に向かって呪文を唱え始めると、「私」の内部に生命の宿った魔術心像が浮かんでくる。この心像は、知人の過去から呼び出されたものであり、「私」と「精霊を召喚する者」とその「妻」の三人には見えるが、当の知人には何も見えない。呼び出された人物は、レトルトなどの錬金術の装置がずらりと並ぶ地下室へと入っていく。どうやら錬金術によって人造人間を造ろうとしているらしいのだが、この作業は失敗に終わる。魔術心像が消えたのちに、知人に尋ねてみると、

「長い間、夢のなかで自分がそうした方法で人造人間を造る作業をしていた」と答える。

ここには、一八九〇年頃にマザーズとモイナが行っていた魔術の一端が示されている。注目されるのは、精霊を呼び出すために使用された「いくつものマス目に数字を書き込んだ盤」である。黄金の夜明け教団の第二教団において第五位階に到達した会員が実践した魔術には、エノク魔術が含まれている。ディーがケリーの協力によって創作した魔術であり、エノク文字と数字を書き込んだ文字表を利用して天使と交信する技法である（三二ページを参照）。マザーズは、このエノク魔術を基にして四大元素の精霊を呼び出すための新しい文字表を考案し、それを使用して魔術心像を生み出す儀礼を実践していたのである。魔術の訓練を受けた複数の人間が想像力と意志を集中することにより、一つのヴィジョン（共同幻想）を生み出すことができることを示すエピソードといえる。

「魔術論」と同じ頃、イェイツは黄金の夜明け教団の第二教団の会員に向けて「紅薔薇＝黄金十字は魔術教団として存続すべきか」（一九〇一年）を書いている。イェイツは「飛翔する巻物」を執筆することこそなかったが、このエッセーは教団の魔術に関する考え方を要約するものとなっている。イェイツはまず、紅薔薇＝黄金十字教団がこれまで通り統一された魔術教団として存続するべきであると主張する。イェイツは、教団規則の順守、位階制度の重視、試験による位階の昇進、最高位の導師への敬意に加えて、聖体祝日の十字架にかけて誓言する制度の重要性を指摘する。教団のある位階から上位位階への昇進には、「至高の生命」が実在しているという信念をもたなければならない。最下位の位階から最高位階への上昇とは、この至高の生命すなわち「光」に向かって進んでいくことにほかならない。下位から上位への上昇の過程は、「蛇の上昇」と呼ばれ、上位から下位への下降は、「稲妻の閃光」と呼ばれる。黄金の夜明け教団が、単なる魔術研究団体と異なって魔術教団であるのは、位階制度全体が一つの生命力を備えた「現実的な存在」として機能しているからである。黄金の夜明け教団は一つの生命をもつ組織である、という表現の背後には、教団がそこに参加する人々の「高次のゲニウス」を集中させて形成する「神秘的な共同体」であるという発想がある。イェイツは、教団が魔術修練を通して物質性を溶解することにより霊性に到達した個人の集団であり、複数の個人がその内的な力を集中させることにより現実の世界を変革していくことができると信じていたのである。

3 黄金の夜明け教団の終焉

《I》解散への契機

一八九六年にマザーズがアニー・ホーニマンを教団から除名した時点を契機にして、黄金の夜明け教団は急速に組織崩壊の方向に進んでいく。一八九七年にウェストコットは当局から、検視官という公職と教団幹部としての活動が両立しないことを指摘されて、教団から身を引く。一八九九年一〇月にマザーズがアニーに和解の手紙を送るが、彼女は拒否の態度を依然として崩さない。一九〇〇年一月一二日にフロレンス・ファーは、イシス＝ウラニア神殿の首席導師（マザーズの代理）の役職を辞任する意向を示す。マザーズは二月一六日、フロレンスの辞任を認めないばかりか、シュプレンゲルとの間で交わされた手紙はウェストコットによって偽造されたものである、という衝撃的な告発をする（マザーズは「暗号文書」が偽造されたものと述べていないことに注意したい。「暗号文書」は黄金の夜明け教団の基盤であることには変わりなかった）。マザーズはかなり前から、この事実をウェストコットから直接聞かされていたのである。三月三日、フロレンスは委員会を開いてこの告発を検討するとともに、マザーズに対して告発を裏付ける証拠を示すように要求する。三月二二日、マザーズは委員会そのものの権限を認めず、証拠を示すことを拒否するとともに、翌二三日にはフロレンスを解任する。彼女は直ちに第二教団の総会を開催し、この件に関して委員会への一任を取りつける。いうまでもなく告発された当のウェストコットにも、委員の一人が面接のうえ真偽を確かめようとしたが、明確な回答を得ることができなかった。そこで委員会は、シュプレンゲルの手紙のオリジナルそのものを検証する作業に入ろうとするが、ここで事態はクロウリーなる人物の出現によって急転する。

《2》クロウリーの介入

　アレイスター・クロウリーは、一八七五年にイギリスのウォリックシャーのレミントンで醸造業を営む中産階級の家に生まれ、厳格なキリスト教道徳の影響を受けて育った。一八九五年にケンブリッジ大学トリニティ・カレッジに入学するが、途中退学した頃から次第にキリスト教への反感を示し始める。一〇代の終わりにマザーズの『ヴェールを脱いだカバラー』を読んで感動し、一八九八年に黄金の夜明け教団に加入する（教団名は、Perdurabo「最後まで耐え抜く」）。刊行されたばかりの『賢者アブラメリンの聖なる魔術書』にも強い影響を受け、自ら「聖守護天使」との接触を求めて修行していた。クロウリーは、ロンドンで第二教団の第五位階への昇格を申請したが、性的魔術あるいは性的不品行の噂があるという理由で参入儀礼を拒否されていた。

　一九〇〇年四月九日、クロウリーはパリに到着し、マザーズと長時間の面談に臨む。マザーズは自らクロウリーを第五位階に参入させるとともに、クロウリーを自分の代理としてロンドンに派遣することを決める。マザーズに反逆した者たちを尋問して、忠誠を誓う文書に署名させるためである。四月一三日、クロウリーはパリからロンドンに向かう。四月一七日、早速ロンドンのブライズ・ロード三六番地に赴いてヴォールトを接収する。フロレンスも現場に駆けつけ、警官が呼ばれる騒ぎとなる。ロンドンの会員たちはマザーズに忠誠を誓う文書に署名するはずがなく、膠着《こうちゃく》状態がしばら

▼35歳のアレイスター・クロウリー　クロウリーは、ブライズ・ロード騒ぎで敗退したのちメキシコやインドなどを遍歴し、西洋魔術だけでなくヨガ瞑想法や仏教にも関心を寄せる。クロウリーの魔術は、「汝の意志することを行う、これが掟のすべてとなる」というように、個人の意志を実践して宇宙におけるその役割を果たしていく、という点に集約される。

く続く。決着は法廷にもちこまれることになるが、クロウリーの敗北に終わる。ブライズ・ロードの騒ぎのさい、現場で立ち会っていたイェイツは、そのときのクロウリーの様子を「黒い仮面をかぶり、スコットランド高地人の服装を身に着け、腰に金箔を塗った短剣を差した」「まったくお話しにならないほどひどい」人物と表現している。

　四月一九日、委員会はマザーズの資格停止を決める。四月二一日に第二教団の新規定集を定め、四月二六日にマザーズの教団からの追放を正式に認める。同時にアニー・ホーニマンの教団への復帰も認められる。四月二七日には教団の新しい陣容が整い、イェイツは黄金の夜明け教団の第一教団のインペラトルに就任する。一方、ベリッジなどマザーズの信奉者は、新しい神殿を開設して袂を分かつことになる。マザーズの教団からの追放は、一八八八年に開設された黄金の夜明け教団の事実上の終焉と見ることができる。

《3》教団の内紛と終焉

　黄金の夜明け教団の内紛は、マザーズの追放でも終わることはなかった。ロンドン・グループとマザーズとの対立を第一幕とすると、第二幕はフロレンス・ファー（スフィア・グループ）とアニー・ホーニマンとの対立というロンドン・グループ内部の対立である。教団に復帰したアニーは、以前のように入会・試験・名簿などの記録を整備していない現状に驚く。彼女には教団運営に多額の資金を提供したという自負があり、自分のイメージに合わない教団の姿に違和感があった。フロレンスがスフィア・グループを率いてエジプト魔術に熱中していた点についても同調することはできなかった。スフィア・グループの活動を正式に認めるかどうかという問題は委員会の採決によって決めることになり、その結果、賛成多数によって認められた。アニー以外に反対票を投じたのはイェイツだけであった。イェイツはこの事態に直面して、数通の手紙とパンフレット「紅薔薇＝黄金十字は魔術結社として存続すべきか」を回覧して教団の分裂を回避しようと努力したが、流れを変えることはできなかったのである。

　黄金の夜明け教団が終焉に向かったのは、教団内部の対立だけが原因ではなかった。一九〇〇年二月頃にマザーズは、アメリカの黄金の夜明け教団が発行したという信任状をもってパリに来たホロス夫妻と知り合う。ホロス夫人には霊能者としての能力があったと思われ、マザーズはすっかり夫妻を信用しただけでなく、アハトル神殿においてホロス夫人を「シュプレンゲル」その人として紹介している。シュプレンゲルの手紙はウェストコットによる偽造であるという告発は、この錯覚から生まれた可能性もある。ホロス夫妻は実際には、ヨーロッパのオカルト愛好者たちを対象にして金銭を巻き上げる詐欺師であり、まもなくマザーズもそのことに気がつく。ホロス夫妻は、パリからケープタウンに向かい、さらにロンドンに移る。マザーズから得た黄金の夜明け教団の儀礼に関する知識を利用して、新たな詐欺を計画していたのである。やがて若い女性の加入者に対する凌辱事件から、夫妻は一九〇一年九月に逮捕される。裁判の結果、夫妻ともに有罪となり懲役刑に服する。この事件が新聞によって大きく取り上げられたことから、ロンドンの黄金の夜明け教団から有力メンバーが相次いで退団していった。

　ホロス事件が明るみに出るのと時を同じくして、一九〇二年フロレンス・ファーは黄金の夜明け教団を退団する。一九〇三年にアニー・ホーニマンが黄金の夜明け教団を退団する。一九〇〇年にマザーズが追放されたときに黄金の夜明け教団は事実上終焉を迎えていたが、フロレンスとアニーの退団によってその活動は幕を閉じたといえる。

　教団はその後、さまざまな結社への分裂

を重ねていく。一九〇三年には、ロバート・W・フェルキン、ジョン・W・ブロディ＝イネスを中心として「暁の明星（ステラ・マテュティナ）」が開設される。この結社は、黄金の夜明け教団が説いた第三教団の「秘密の首席導師」の存在を信じており、儀式魔術を積極的に実践するグループであった。フェルキンは「秘密の首席導師」をドイツまで探しに行くほどの熱意をもっていた。

一方、アーサー・E・ウェイトとマーカス・W・ブラックデンを中心にして「独立修正儀礼」が結成された。この結社は、第三教団と「秘密の首席導師」の存在を否定するとともに、魔術的な要素を廃棄して神秘主義を標榜するようになる。

《4》キリスト教神秘主義への変容

アーサー・E・ウェイトは、クロウリーとは対照的な道を歩んだ人物であり、その中核となる思想は、魔術とは大きく距離をおいたキリスト教神秘主義である。彼は幼い頃にカトリック教会で洗礼を受けているが、やがてカトリックの信仰を捨てて心霊主義や神智学に心を寄せるようになる。一八七八年に二一歳になると、大英博物館の閲覧室を利用する許可が与えられ、ここで五年間、読書三昧の生活を送る。この時期に蓄積した該博な知識を基にしてウェイトは著作活動に入り、魔術・錬金術・薔薇十字団・フリーメイソン・カバラー・神秘主義などに関する八〇冊ほどの著作・翻訳・編著を残している。

ウェイトは一八九一年に黄金の夜明け教団に加入する。参入儀礼はフォレスト・ヒルのマザーズの自宅で行われ、教団名をSacramentum Regis（「王の秘密」）とした。しかし、まもなく著作に専念するという理由もあり、九三年には一時退団する。一八九六年に教団に再び加入し、三年後に第二教団の第五位階に昇格する。一八九六年にはまた、レヴィの主著『高等魔術の教理と祭儀』を英訳し出版した。ウェイトはその

▲若きA・E・ウェイト（1880年頃） ウェイトは、1878年に大英博物館の閲覧室を利用する許可が与えられると、5年間そこで読書三昧の生活を送る。マザーズに出会ったのもこの頃である。

▼壮年のA・E・ウェイト（1922年） ウェイトは、1891年に黄金の夜明け教団に加入するが、彼の本領は魔術というよりキリスト教神秘主義にあった。

頃から内心では、レヴィの魔術はかならずしも霊性への道につながるものではないと感じていたが、一九一三年に『魔術の歴史』を翻訳するなど、英米文化圏へのレヴィの紹介者の役割を果たしている。ウェイトの立場は、高等魔術を目指すのであれば「宗教」という通常の径路を通るべきであり、儀式魔術は真の伝統を形成するものではないというものである。

　ウェイトは独立修正儀礼を組織したのち、一九一五年にキリスト教神秘主義を標榜した新しい組織として薔薇十字同志会を設立する。黄金の夜明け教団と同じようにカバラーのシステムに基づく位階制度を備えていたが、その目的はあくまで神秘主義的な神性との一体化であった。内的教会は、外的教会の背後にあって、構成員が「高次の意識」のもとに結束する聖なる集会を意味する。ウェイトは著作活動の中核となる概念として「秘教伝統（Secret Tradition）」の存在を強調している。

　ウェイトの活動は多岐にわたるが、現代にまで影響が及んでいるのはパメラ・コールマン・スミスと共同でデザインしたタロット・カードである。ライダー社から発行されたこのタロット（ライダー＝ウェイト・カードと呼ばれる）は、それまでのいかなるタロットよりも広く流布した。タロット解説書として『タロット図解』（一九一〇年）があり、ウェイトは、タロットが単なる占いやアストラル旅の手段ではなく、秘教伝統につながる象徴を含んでいると見ていた。

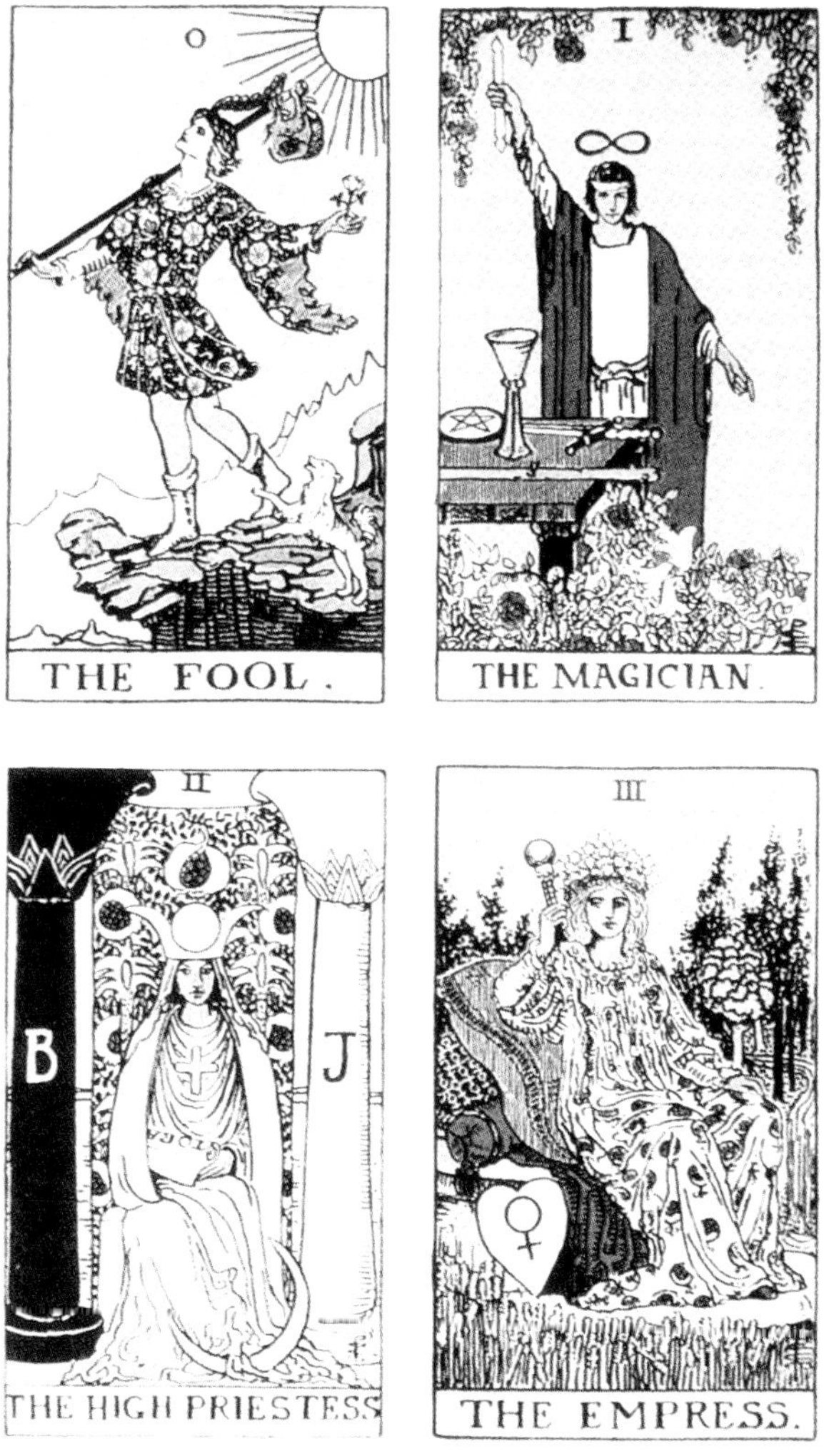

▲ウェイトの編集によるタロット・カード（最初の4アルカナ）　ウェイトは、パメラ・コールマン・スミスと共同でデザインしたタロット・カードを制作し、ライダー社から発行した。このタロット・カードは、他のいかなるタロットよりも広く流布している。図版では最初の４枚のみを示した。「０　愚者」は、ヘブライ語のアレフに対応し、あらゆる論理を超越し、自由を享受する精神の究極的なあり方を示している。「１　魔術師」は、ベトに対応し、霊性だけでなく物質の本性を知り、それを操作することができる人物である。テーブル上の4象徴（杯・貨幣・剣・杖）、ヘルメス・トリスメギストスの所作（右手を上に、左手を下に向けて、天と地の照応を説く）、ウロボロスの形をした腰帯、頭上の連珠形（創造の出発点）が描かれている。「２　女大祭司」は、ギメルに相当し、天上の女神に相当する霊性である。ヤキンとボアズの2柱（慈悲と峻厳の柱）、足元の月、膝におかれたトーラー（律法）などが見える。「３　女帝」は、ダレトに対応し、生命の根源とつながる大地母神を表わす。彼女は麦畑のなかで寛いでおり、右手に王笏、盾に金星シンボル、頭上に12星が描かれている。

第六章 モダニズム芸術と魔術

I モダニズム芸術の非形象化

《1》ユング・カルト

黄金の夜明け教団は事実上一九〇三年に終焉を迎えるが、魔術的な思考法そのものはその後も活動の領域を変えて存続した。一九〇〇年にはジークムント・フロイトの『夢判断』、一九〇二年にはカール・G・ユングの『心霊現象の心理と病理』が出版されているように、普段は意識されないが、それでも心の内部で機能する無意識の構造を解明する作業が始まる。魔術における「高次のゲニウス」は、心理学の無意識の問題として新たな活動領域を見出すのである。錬金術における両性原理の統合という主題は、ユングによって自己実現に至るための一つの過程とみなされるようになる。フラッドやマッケンジーの宇宙像や『薔薇十字団の秘密象徴』の錬金術的な図解は、人格の全体像を表わす一種のマンダラ図像として分析される。ユング派については、患者を「信徒」、ユングあるいは分析医を「首席導師」とする「教団」的な要素があるという説があり、思想だけでなく組織の運営についても一九世紀の魔術結社と重なってくる。たとえばリチャード・ノルは『ユング・カルト』において、「ユング・カルト」の歴史を分析して明らかになるもう一つの目立った事実は、最初期における女性――特にアメリカ人女性――が担った支配的な役割である。この点で、ユングの運動は心霊主義や神智学といった一九世紀のオカルト運動とまったく同じであった」と述べ、一九二五年の分析心理学のセミナーでは「二七人の参加者のうち一八人が女性」であったという事例を挙げている。

《2》シュルレアリスムと魔術

心理学が精神医学の一分野として独立した学問（あるいは疑似科学）に変容していったのに対して、魔術的な世界を具体的に表現することを目標としたのはモダニズム芸術である。魔術との関係をもっともあからさまに表明したのはシュルレアリスムであり、アンドレ・ブルトンは一九二四年の「シュルレアリスム宣言」において、「心の純粋な自動現象であり、それに基づいて口述、記述、その他あらゆる方法を用いつつ、思考の実際上の働きを表現しようとくわだてる。理性によって行使されるどんな統制もなく、美学上ないし道徳上のどんな気づかいからもはなれた思考の書きとり」と定義した。自動筆記とは、自己の意識によって統制されることなく、潜在的な意識すなわち無意識によって文章やイメージを作成する手法であり、通常は（夢のように）意味を成さない無意味な言葉の連続である場合が多い。心霊主義に端を発する手法であり、筆記者は道具にすぎず、文章作成の主体は霊魂あるいは他者であるとされる。シュルレアリスムが自動筆記を主たる手法として取り上げていること自体が、心霊主義だけでなく一九世紀オカルティズムとの連続性を証明しているといえる。

《3》モダニズム芸術とオカルティズム

モダニズム芸術と神秘主義・錬金術・カ

バラーなどとの関わりについては、一九八六年に美術批評家モーリス・タックマンの指導のもとに開催された大規模な展覧会とその成果である『芸術における霊的なるもの――抽象絵画一八九〇〜一九八五』において本格的な検証がなされた。ワシリー・カンディンスキー、フランティシェク・クプカ、カジミール・マレーヴィッチ、ピート・モンドリアンなどの芸術は、一九世紀末に頂点を迎えるオカルティズムなくしては存在し得なかったというほどの影響を受けて成立したという。黄金の夜明け教団の場合も含めて、一九世紀オカルティズムの底流に流れている思想は、地上と天上を個人の想像力によって架橋しようとする強い意思である。芸術家は、永遠性と時間性を超えることを追求し、現在この場所において永遠（真理）と直接つながることを志向する。そこに出現するモダニズム芸術は、日常でも非日常でもない不思議な世界であり、それを前にした観客はほとんど途方に暮れてしまうことが多い。モダニズム芸術が問いかけているのは、現実の世界の再現でも非現実の世界の顕現でもない。モダニズム芸術は、絵画の場合には、絵画とは何か、音楽の場合には、音楽とは何か、文学の場合には、文学とは何か、というように、自らの様式そのものを問いかけているのである。その結果いずれの芸術においても、それぞれの様式を成り立たせている要素そのものに立ち返り、純粋なかたちに基づく一定の表現形式にたどり着くことになる。その典型的な例が抽象絵画であり、抽象化の過程において絵画は絵画そのものとして自律する方向に向かう。カンディンスキーやモンドリアンを抽象絵画という表現形式へと導いた源流の一つがブラヴァツキー夫人の神智学であり、マルセル・デュシャンの場合には錬金術的な思考法である。

アメリカの哲学者マーク・テイラーは『非形象化する』（一九九二年）において、ソシュールの言語論におけるシニフィアン（意味するもの）とシニフィエ（意味されるもの）の二層構造とモダニズム芸術との関係を指摘している。シニフィアンとシニフィエの分離とその恣意的な関係は、再現という問題をめぐって次のような二つの方法を生むことになる。一つは「シニフィアンを無視してシニフィエを光り輝かせる」方法、もう一つは「シニフィエを無化してシニフィアンに向かわせて、記号の自己言及性を確保する」方法である。意味は言語それ自体から生まれるということはなく、テクストにもそれ自体に備わる確定した意味があるというわけでもない。意味は、われわれが受け取るテクストそのものを無化し、テクストと意味とを分離することにより、読み手が新しい意味を挿入しうる空間を作るところから始まる。いかなるテクストも完成されているということはなく、テクストの完成に向けて変容していく過程にある。シニフィエとシニフィアンの間に想定される深淵とは、理論上でのみ仮想されるものであり、言い換えれば存在と非存在の中間にあるもの、あるいは論理と非論理の二項対立を超えるものである。いささか禅の公案めいてきたが、モダニズム芸術はまさにこの反転する論理の世界、いわば魔術的な世界を念頭において登場するのである。

モダンとは「まさに今」という意味のラテン語modoに由来している。現在の時点と現在の空間において超越的な存在とつながっている、すなわち伝統的な神の国に「まさに今」つながっている、という意識がモダニズム芸術の根底にある。個人に内在する「絶対」と「実在」を追及するモデルとなったものこそ神智学であり、黄金の夜明け教団の魔術であるといえるのかもしれない。この具体的な例を、デュシャン、クレー、タルコフスキーの作品に見ていく。

❷ マルセル・デュシャンの「自転車の車輪」

《I》神智学と錬金術

二〇世紀のモダニズム芸術を牽引した画家の一人であるマルセル・デュシャンは、一八八七年にフランスのノルマンディーに生まれた。二人の兄もそれぞれ画家と彫刻家として活躍しており、デュシャンも当初はキュビスムやフォービスムの影響を受けた作品を制作した。デュシャンとオカルティズムとの関わりは、まず神智学という分野に見られる。一九一〇年に制作された「デュムーシェル博士の肖像」は、医学生であった友人レイモン・デュムーシェルが医師となった姿を描いたものであり、一見してフォービスムの作風が感じられる。ジョン・F・モフィットによると、人物を取り巻く青みがかった紫色のオーラ、ジャケットの濃い緑色、左手から放射される光などの配色は、チャールズ・リードビーターの『人間』（一九〇二年）やアニー・ベサントとリードビーターの共著『想念形体』（一九〇五年）で展開された神智学の色彩論を応用したものであるという（「デュシャン――アヴァンギャルドの錬金術師」、『芸術における霊的なるもの――抽象絵画一八九〇～一九八五』所収）。そこに掲載された色彩表には、二五色の色彩とその性質が示されている。人物を取り巻くオーラの色は、「高次の霊性」と「高貴な理想への献身」の性質を帯びた「人間性への愛」を表わし、ジャケットと左下の緑色は、「適応性」と「共感」を表わす。また、医師の特性である「治療の手」を取り巻くピンク色は、「無私の愛情」を示している。

デュシャンが一九一一年に妹シュザンヌの結婚祝いとして贈った「春の青年と少女」

▲デュシャン「デュムーシェル博士の肖像」 医学生であった友人レイモン・デュムーシェルが医師となった姿を描いたものであり、神智学的な色彩論の影響が見られる。1910年制作。

▶一九一二年のマルセル・デュシャン 二〇世紀のモダニズム芸術を牽引した画家の一人であるマルセル・デュシャンとオカルティズムとの関わりは、神智学、錬金術、四次元世界という分野に見られる。

は、対立の統合という錬金術的な主題によって構成されている。錬金術は、「水銀」の表わす受動的な原理としての女性性（王妃）と、「硫黄」の表わす能動的な原理としての男性性（王）の結合を通して、両性具有的な賢者の石を生成する作業である。「春の青年と少女」の青年と少女は結婚する妹と花婿であり、その間にあるガラスのような球のなかに描かれている人物は錬金術で作られた人造人間（ホムンクルス）を示唆する。ちなみに花婿の職業は、化学という側面をもつ錬金術と関係する薬剤師であった。神智学や錬金術と作品との直接の関係については、制作者が実際にそうした特異な思想を念頭においていたかどうかという問題よりも、そうした解釈が入りうることから、両者の間に思想の並行性が認められるという事実のほうがむしろ重要である。

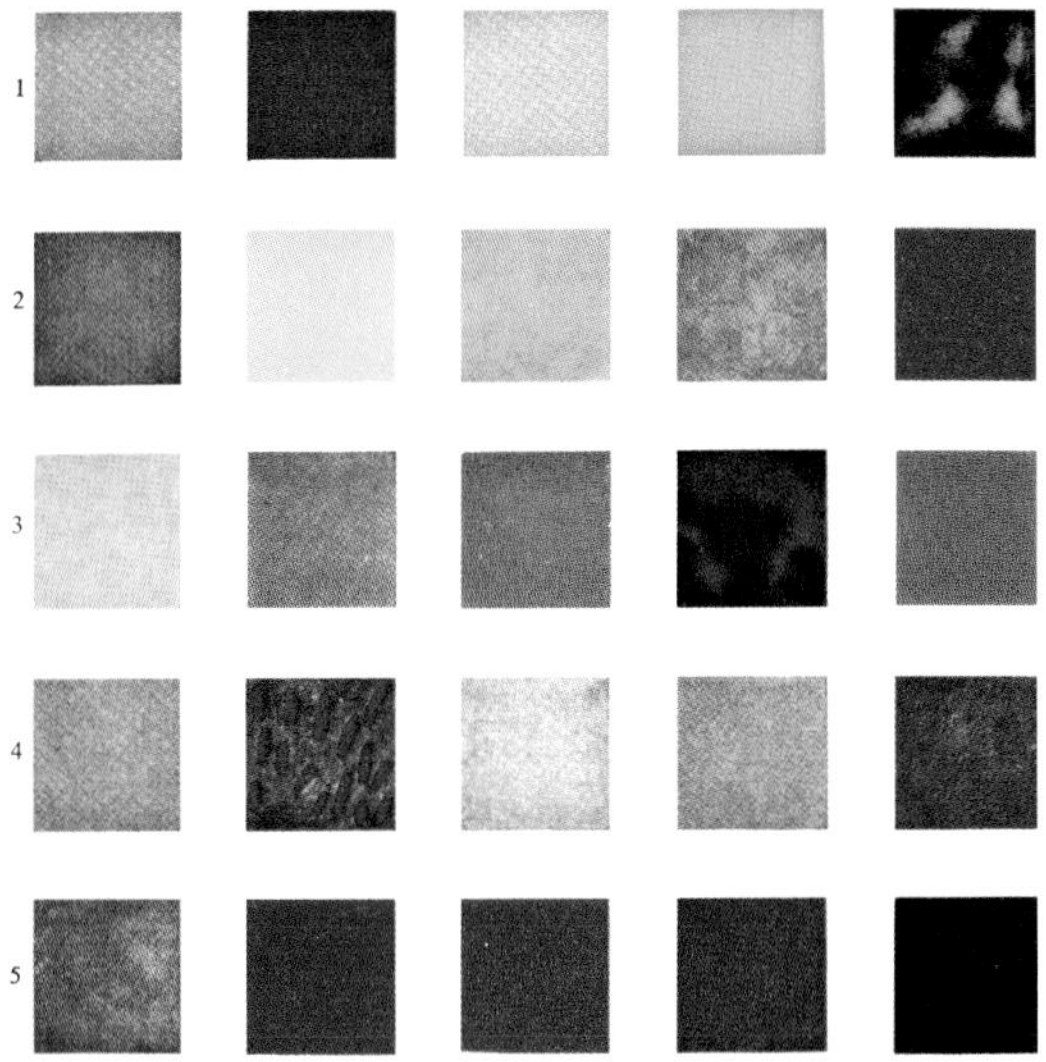

▲**「色彩表」** この表には、神智学における25色の色彩とその性質が示されている。第1段は左から、高次の霊性、愛と関わる献身、高貴な理想への献身、純粋な宗教的感情、利己的な宗教的感情、第2段は、恐れの混じる宗教的感情、最高の知性、強い知性、低い知性、高慢、第3段は、共感、人間性への愛、無私の愛情、利己的な愛情、純粋な愛情、第4段は、適応性、嫉妬、虚偽、恐怖、落胆、第5段は、利己性、貪欲、怒り、官能性、悪意である。リードビーター『人間』（1902年）。

　一九一二年にデュシャンが制作した「階段を下りる裸体」は発表した当時は、ほとんど理解されることはなかったが、やがて大きな反響を巻き起こすことになる。階段を下りる裸婦の姿を、静止画像ではなく連続するいくつもの形体を重ねて描写したものであり、タイトルがなければ何が描かれているのかは理解できない作品である。平面的な画面に時間という視覚化できない世界を描写しようとしており、空間的な現実として受けとめている世界は、実際には無数の空間が重なって成立しているという主張が背後にある。

　「階段を下りる裸体」の制作と同じ頃に、ピョートル・ウスペンスキーの『ターシャム・オルガヌム（第三の思考規範）』（一九一二年）が出版されている。デュシャンはウスペンスキーの本を直接見ることはできなかったとしても、H・ヒントンの『第四次元』（一九〇四年）が出版されており、「四次元」という概念はすでにキュビストの間でも話題となっていた。ウスペンスキーの著書はその総括の役割を果たしており、「我々が微かにしか気づいていない『ある空間』に接触することは、『その空間における運動』という感覚を我々の内に生じさせるのである。ある空間の微かな気づきと、その空間における運動という感覚を一緒にしたものを、我々は時間と呼ぶ」と指摘している。「階段を下りる裸体」が表現しようとしているのは、空間化された時間すなわち四次元空間という一種の超自然的・魔術的な空間＝時間である。

　デュシャンの大作「彼女の独身者たちによって裸にされた花嫁、さえも」は、一九一五年に着手され、一九二三年に未完のまま放置された。通称として「大ガラス」と呼ばれるように、巨大なガラスに封じ込められた不思議なオブジェは、今なおその意味が解き明かされているとはいえない。オリジナルは移動中に破損したのち、フィラデルフィア美術館に収められた。現在はテート・モダンに精巧な複製（！）が展示されており、作品を容易に鑑賞することがで

▶**デュシャン「彼女の独身者たちによって裸にされた花嫁、さえも」一九一五〜二三年**　この作品はさまざまな解釈が試みられているが、今なお最終的な意味は確定していない。上部のパネルは、金属の部品で「花嫁」を表現したものとされるが、ほとんど女性の原形をとどめていない。下部のパネルには、「九つの雄の鋳型」「チョコレート磨砕器」「濾過器」などのイメージが重ねられ、「花嫁」に対する「独身者」の欲望が表現される。

きるが、タイトルに含まれる「独身者」あるいは「裸にされた花嫁」のイメージを作品のなかに見つけることすら困難である。上部のパネルは、金属の部品で「花嫁」を表現したものとされるが、ほとんど女性の原形をとどめていない。下部のパネルには、「九つの雄の鋳型」「毛細管」「水車のある滑溝」「チョコレート磨砕器」「濾過器」「はさみ」「眼科医の証人」などのイメージが重ねられ、花嫁に対する独身者の欲望が表現される。花嫁と独身者たちは、性的な結合による完全性を求めながらもそれを達成できない状況におかれている。

美術史家ジョン・ゴールディングの『デュシャン――彼女の独身者たちによって裸にされた花嫁、さえも』の卓抜な解釈によると、花嫁と独身者との性的な対比は、錬金術的な二元論の主題の変容とも解釈されるという。花嫁を裸にするという主題はプリマ・マテリア（第一質料）の純化を象徴しており、錬金術における赤い王と白い王妃の結婚による完成という主題がこの作品においても隠されている。プリマ・マテリアとは、すべての物質に内在する根源的な原素材であり、形相も性質ももたない純粋な質料である。下部のパネルの構成については、一四世紀の錬金術書にある「炉と蒸留器と十字架にかけられた宇宙の蛇」という図版と重なる。左側のアタノール（錬金炉）は独身者たち、中央の蒸留器は水車、十字架ははさみ、宇宙の蛇は濾過器に対応する。デュシャンが「大ガラス」を構想していた初期の段階では「似たような錬金術の装置を心に描いていた」ことは『グリーン・ボックス』（デュシャンのメモ類とスケッチを収めたもの）のいくつかのメモによって確認されている。ゴールディングはまた、三次元の物体の影が二次元に投影されるように、三次元の物体が人間の眼に見えない四次元世界の影であるとすれば、「大ガラス」は「四次元世界の物体の投影」したものという可能性にも言及している。

《2》「レディ・メイド」の魔術的聖別

デュシャンは、ダダイズムやシュルレアリスムの運動に協力するなかで、既製の工業製品をそのまま芸術作品とする「レディ・メイド」により従来の芸術概念を放棄しようとしたことで知られている。もっとも有名な作品は、白い男子用便器をそのまま展覧会に出品したものであり、「泉」（一九一七年）というタイトルが付けられている。最初の「レディ・メイド」は、丸椅子に自転車の車輪を逆向きに据え付けた「自転車の車輪」（一九一三年）である。デュシャン自身はその造形を気に入り、「丸椅子」と「自転車の車輪」という既製品をたんに選んだだけなのかもしれないが、「選ぶ」という意志を行使することにより既製品は「聖別」されたのである。この過程は、魔術師が既製品の剣や杖などの魔術道具を「聖別」する作業と似ている。聖別によって何気ないものが、一般的な使用から区別されて神聖な用途に向けられるのである。同じように「瓶掛け」（一九一四年）も「折れた腕の前に」（一九一五年）の「雪かきシャベル」もデュシャンによって「選ばれて」（＝聖別）芸術作品に加えられたのである。「自転車の車輪」の場合は、錬金術との関連でもしばしば取り上げられることがある。「自転車の車輪」と比較される錬金術の図像は、一七世紀に制作された『真理の鏡』の一枚である。ギリシア神話の英雄カドモスは、左手に硫黄の記号（全）のかたちの大釘をもち、右手で車輪を回している。錬金術の最終目標は、賢者の石の生成であり、具体的には天空に充満する生命霊気を固定して物質化することを意味する。車輪の外円には、左下の硫黄の記号から始まり、七惑星が水星、土星、木星、月、金星、火星、太陽の順で並んでいる。説明語句は、順に多色、黒色、灰色、白色、緑・赤・青色、暗黄色、黄色・暗紫色という色彩名であり、繰り返し行われる錬金作業における物質の変容あるいは循環（circulatio）の過程を示している。循環のイメージは、自らの尾を飲み込む蛇ウロボロスという錬金術の重要な象徴を暗示しているのかもしれない。「自転車の車輪」は、丸椅子の上に取り付けられているが、その四本の脚が四大元素（火・空気・水・地）を表わしているとすれば、車輪そのものは第五元素（天空界の元素、すなわち生命霊気）である。

さらに「自転車の車輪」には、ウスペンスキーの『ターシャム・オルガヌム』の影響も認められる。自転車の車輪は、中心軸から何本ものスポークが放射状に伸びており、静止状態では物体がそこを通り抜けることができる。しかし、高速回転の状態では物体が通過することができなくなるのは、スポークとスポークの間にある空間が回転

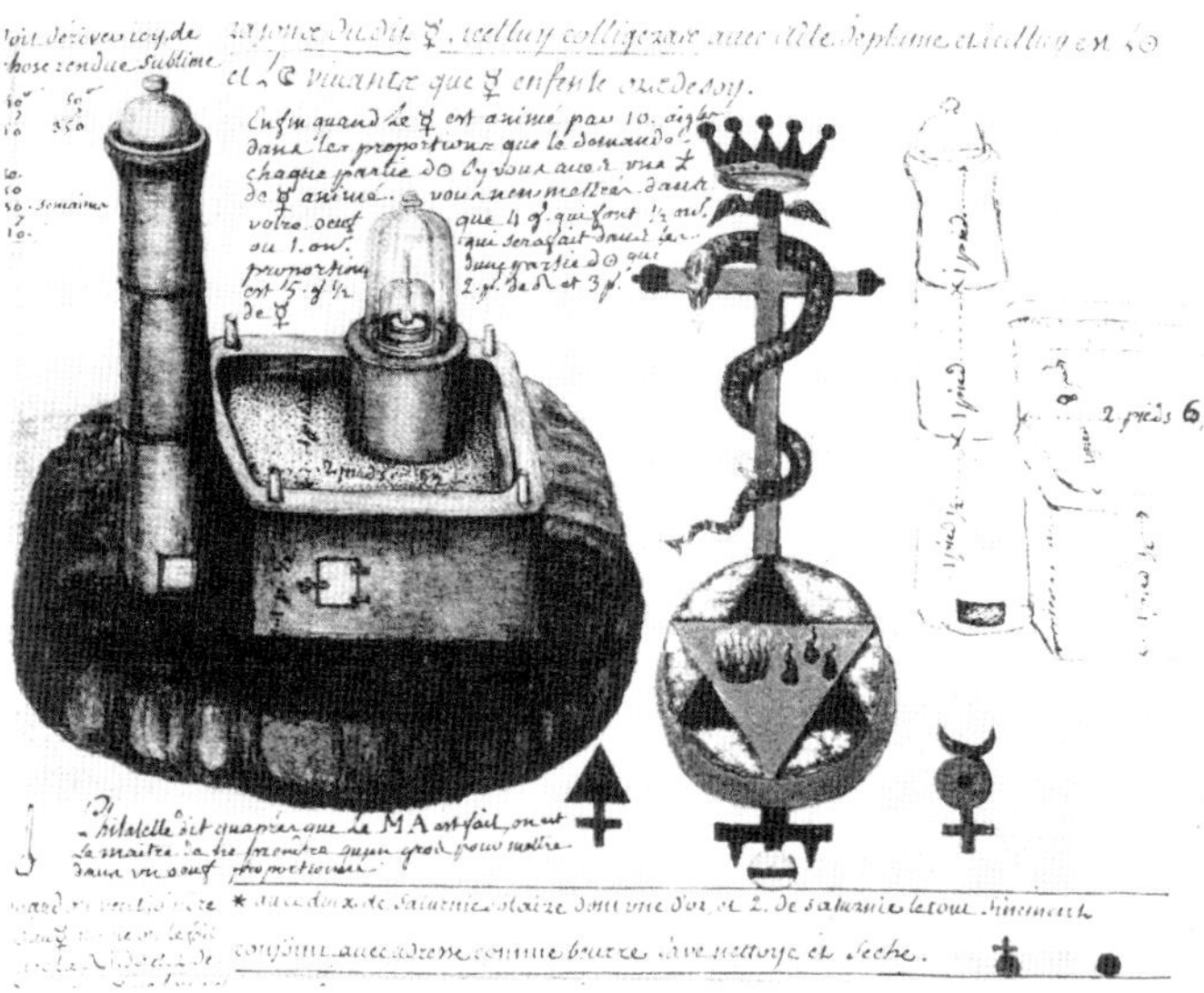

◀**「炉と蒸留器と十字架にかけられた宇宙の蛇」**「彼女の独身者たちによって裸にされた花嫁、さえも」における花嫁と独身者たちとの性的な対比は、錬金術的な二元論の主題の変容とも解釈される。左側のアタノール（錬金炉）は独身者たち、中央の蒸留器は水車、十字架ははさみ、宇宙の蛇は濾過器に対応する。一四世紀制作。

によって塞がれ、そこに新しい空間が創造されると想定されるからである。四次元的な時間＝空間あるいは錬金術における賢者の石は、理論のうえでのみ仮想される超自然的な実体であり、近代魔術が想定した「高次のゲニウス」に代わりうるものとしてモダニズム芸術の表現目標となったのかもしれない。

3 パウル・クレーの「新しい天使」

《I》エソテリシズムとの関わり

パウル・クレーは、一八七九年にスイスのベルン近郊で音楽教師を父として生まれ、幼い頃からヴァイオリンを習う。音楽家としての将来を嘱望されていたが、自分の創造性を活かす分野は絵画であると確信し、ミュンヘンで本格的な画家としての修業の道に入る。一九一一年にワシリー・カンディンスキーやアウグスト・マッケの主宰する「青騎士」グループに加わる。その後、ワイマールのバウハウスへの招聘《しょうへい》、シュルレアリスム運動への参加など二〇世紀初頭のモダニズム芸術を推進する画家となる。

クレーとエソテリシズムとの関わりは、カンディンスキーやデュシャンの場合ほど明確ではない。クレーがこの文脈で関係してくるのは、彼が一九二〇年に制作した「新しい天使」という作品を通してである。「新しい天使」は、一九二一年に文芸批評家ヴァルター・ベンヤミンが購入し、ベルリン時代に住んでいた部屋につねに掛けられていた。その後テオドル・W・アドルノの手を経て、ゲルショム・ショーレムの手に渡った。ベンヤミンは「歴史の概念について」

▲**「自転車の車輪」** 1913年に制作されたデュシャンの「レディ・メイド」。何の変哲もない丸椅子に自転車の車輪を逆向きに据えたものであり、本来それ以外の意味はないが、錬金術的な発想を読み取ることも可能である。

▼**「車輪を回すカドモス」** ギリシア神話の英雄カドモスは、左手に硫黄の記号のかたちの大釘をもち、右手で車輪を回している。錬金術の最終目標は、賢者の石の生成であり、具体的には天空に充満する生命霊気を固定することにある。『真理の鏡』、17世紀制作。

（一九四〇年）において「新しい天使」に言及して、「この天使はじっと見詰めている何かから、いままさに遠ざかろうとしているかに見える。その眼は大きく見開かれ、口はあき、そして翼は拡げられている。歴史の天使はこのような姿をしているにちがいない」と述べている。「私たちの眼には出来事の連鎖が立ち現われてくるところに、彼はただひとつ、破局だけを見るのだ。その破局はひっきりなしに瓦礫《がれき》のうえに瓦礫を積み重ねて、それを彼の足元に投げつけている」。

ステファヌ・モーゼスの『歴史の天使』によると、この新しい天使は「ベンヤミンの歴史哲学にとって中心的直観を象徴的に」表わしており、歴史の意味は「その進展の過程のうちで開示されるのではなく、その外見上の連続性の断絶のうちで、その亀裂と偶発事のうちで開示される」のであり、「一瞬のうちに根源的真理の断片を啓示する」のである。歴史を物理的な時間の流れのなかにあるものとして捉え、その遠い未来の先に位置づけられた終末に救済が訪れると考えるのではなく、時間のそれぞれの瞬間に、世界は新しい状態を到来させると捉える。新しい天使は、時間の連続性を断ち切るこの「破局」だけを見る。それぞれの瞬間に神は新しい天使を創造し、この天使は「神への讃歌を一瞬だけ歌って」無のなかに消滅していくのである。

《2》ベンヤミンの純粋言語

物理的な時間の流れではなく、その流れを断ち切る現在の瞬間のなかに、メシア的な救済の糸口を探ろうとするベンヤミンの姿勢は、その特異な翻訳論においてさらに明確に語られる。言語は一般に考えられているような伝達の手段ではなく、それを通して堕罪前のアダムの始原言語へと飛翔していくための契機である。現在では、時間と同じように言語もまた単なる伝達の道具に堕しているが、歴史の破局のように、言語においてもその内部に隠された純粋言語が開示される瞬間がある。ベンヤミンはそれを、きわめてありふれた作業ではあるが、これまでだれも気がつくことがなかった過程、すなわち翻訳の過程のなかに見出そうとしている。一九二三年の「翻訳者の課題」は、言語は伝達の手段という見方を退けて、破片（断片）と化した言語から純粋言語を解放することを目指している。歴史と言語に対するベンヤミンの姿勢は、モダニズム芸術の純粋化への姿勢と重なる。

「翻訳者の課題」は、ベンヤミンが一九二三年にボードレールの『パリ風景』をドイツ語に翻訳したさいに、その「序文」として公表されたものである。ベンヤミンは冒頭において「いかなる詩も読者に、いかなる美術作品も見物人に、いかなる交響曲も聴衆に向けられたものではない」という不思議な考えを披歴する。翻訳の目的も従来の翻訳論が主張しているように、意味を伝

◀**パウル・クレー**　クレーは、一九一一年にワシリー・カンディンスキーの主宰する「青騎士」グループに加わる。その後、ワイマールのバウハウスへの招聘、シュルレアリスム運動への参加などを通して二〇世紀初頭のモダニズム芸術を推進する画家となる。左から二人目がカンディンスキー、右端がクレー。一九二五年。

▲クレー「新しい天使」「新しい天使」は、1921年に文芸批評家ヴァルター・ベンヤミンが購入し、ベルリン時代に住んでいた部屋につねに掛けられていた。

達することにはなく、翻訳者には別の使命が課せられているという。翻訳者がまず念頭におかなくてはならないのは、翻訳という作業を通して認識することのできる純粋言語という形式である。

言語は通常の場合、言語以外の重苦しい「意味」にまといつかれており、翻訳という作業は、この意味から「本質的なもの」を解放して純粋言語のあり方を自覚することに意義がある。「諸言語の生成のなかで自己を表出しようと、いや作り出そうとしているもの」こそ純粋言語の核であり、「何ものをも意味せず表現しない」純粋言語は「創造的な語として、あらゆる言語において志向されるもの」である。ベンヤミンにとって翻訳者の真の課題とは、「他言語のなかに呪縛されていたあの純粋言語を自身の言語のなかで解き放つこと、作品のなかに囚われていた言語を改作のなかで解放すること」にある。

《3》翻訳者の使命とは

ベンヤミンが「翻訳者の課題」において取りあげている純粋言語は、始原言語すなわちアダムにさかのぼる言語を念頭においている。「創世記」第一一章では、おごりたかぶった人々が天まで届く塔のある町を建てようと試みるが、「彼らの言葉を混乱させ、互いの言葉が聞き分けられぬようにしてしまおう」と決断した神ヤハウェは、この町の建設を中止し、人々を世界中に散らしてしまう。純粋言語はバベル以前の始原言語に似ており、その崩壊以後はあたかも完全な容器が破壊されて多くの破片（断片）となるように、それだけでは不完全な言語へと分裂していった。「容器の破壊（シェヴィラート・ハ＝ケリーム）」とは、カバラーお気に入りのメタファーの一つであり、「翻訳者の課題」でも容器の「破片」というイメージが重要な場面で使用されている。いかなる言語ももはやオリジナルであるとはいえないという意味において、翻訳とは翻訳の翻訳である。しかし、不完全であるとしてもそれぞれの言語には純粋言語の萌芽が含まれており、翻訳は、ふだんは隠されている純粋言語を開示する重要な契機となる。翻訳は原作を復元するのではなく、生の存続あるいは死後の生として、原作を成長させる機能をもっており、それを保証する存在が神である。翻訳者の使命は、バベルの塔以来追放されている純粋言語が「歴史のメシア的な終末に至るまで生長してゆく」姿を見守ることにある。

アメリカの文芸批評家スーザン・ハンデルマンは『救済の解釈学』(一九九一年)において、ベンヤミンの翻訳論に解釈学の救済的機能の側面を見ようとしている。カバラーの描く救済のメカニズムは、「堕落して物質世界のうちに組み込まれて以降、なおもこの容器に閉じ込められている聖性の火花を救出するとともに、火花をその源泉へと戻すことで世界を修復・救済し(ティクーン)、それによって最終的救済をもたらす」ことを目指している。歴史は単なる学問ではなく想い出すことのひとつの形式であり、救済という主題と密接に関わっている。この立場は、言語はたんに伝達のための道具や恣意的な記号体系ではなく、内容というより純粋な形式であるとする翻訳論につながるものであり、「神の創造的で啓示的な言葉ならびにトーラーの無限の意味を信じるユダヤ教の伝承にも深く根ざしていた」。ハンデルマンは、純粋言語を理解するうえで必要となる文学的言語の二つの基礎的概念、すなわち錬金術的概念と密教的概念を紹介している。密教的概念は、「言語を世界から引き離して、言語それ自体を純粋な形式の界域へと連れ込む」ものであり、「内容――もしくは通常の世間的で実践的な伝達との係わり――が少なければ少ないほど、言語はより純粋で本質的なもの」となる。この言語はたとえばステファヌ・マラルメの詩的言語に見出されるものであり、この詩的言語とは「あらゆる外的意味や人間的表現から離脱した始原の純粋な空虚へと回帰せんとする浄化的な言葉であって、この虚無が最高の美を成す」のである。錬金術的概念においては、「言葉はそれ自体で実在するものと化し、みずから超越的な世界を構成する」。いずれの場合にも「言葉と現実との何らかの始原的同一性をめざす」ことになる。

◀ヴァルター・ベンヤミン　一九三七年にパリで撮影されたベンヤミンの写真。ベンヤミンの「翻訳者の課題」(一九二三年)は、言語は伝達の手段という見方を超えて、破片(断片)と化した言語のなかに幽閉された純粋言語を解放することにより、歴史のメシア的な終末に至るまで成長していく姿を見守ることを目指している。

4 アンドレイ・タルコフスキーの『ストーカー』

《I》映画という魔術

映画芸術は、その表現形式そのものが時間と空間を自由に操作することができるという意味で魔術的である。現在ではDVDの普及によって映画は個人の部屋で鑑賞される場合が多いが、それまでは映画館という「暗い空間」において大勢の「観客」が同じスクリーンを眺めるというかたちが一般的であった。個人の部屋という私的な空間における空想ではなく、映画館という日常から切り離された空間を他の人々と共有することによって、観客は魔術的な共同幻想に参加することが可能となるのである。

映画がSF小説(空想科学小説)から素材を採っている場合には、魔術的な効果はより鮮明となる。旧ソ連の映画監督タルコフスキーは、『惑星ソラリス』『鏡』『ノスタルジア』『サクリファイス』など詩情溢れる名作を残しているが、なかでも傑作といえるのは『ストーカー』（一九七九年）である。隕石《いんせき》の落下によるものか、あるいは宇宙から何かの生命体が訪れたのかは分からないが、地上の一部が破壊される。軍隊が派遣されるが、二度と戻ることはなかった。鉄条網が張られて隔離されたその一帯は、「ゾーン」と呼ばれるようになる。ゾーンの中心にある「部屋」に入ると望みが叶うという噂が広まると、危険を冒してそこに案内する人が現われる。この案内役がストーカーと呼ばれるのである。映画では、ストーカーが「教授」と「作家」の二人と酒場で待ち合わせ、軌道車に乗ってゾーンに入り、「部屋」まで到達しながら中には入ることなく、酒場に戻るまでを描いている。

《2》異空間への旅

ゾーンへの移動は日常世界から異空間への旅であり、黄金の夜明け教団のアストラル旅の現代版である。ゾーンに入る前の酒場や戦闘の場面、ゾーンから出た後の酒場やストーカーの自宅などはセピア色で、ゾーンの場面はカラーで撮られており、それぞれの空間の次元が異なることを示している。ゾーンでは、日常の論理が通用しない。ストーカーは、部屋までの道筋をよく知っているはずなのに、鉄のナットを包帯で結んだものを投げて方向を決めながら進んでいく。濁流の渦まく場所は「乾いたトンネル」と呼ばれていると聞くと、作家は「冗談いうな」とたしなめる。いわば夢の空間であるはずなのに、教授は電話で自分の研究室と連絡をとる。教授は物理学の専門家であり、理性によっては理解できないゾーンという非合理の世界を自ら作った高性能の爆弾で破壊することを考えている。作家もまた、神や精霊のいた中世に郷愁を感じてはいるが、ゾーンの神秘性を心から信じてはいない。彼は、意味の支配する世界に住んでおり、ゾーンの世界における無意味の意味という論理を理解することができないのである。三人は、何人もの命を奪ったという肉挽機と呼ばれるトンネルを無事に通過する。さらに水の満たされた部屋を通り、砂丘の部屋に立ち寄る。ここには黒い鳥が飛び、地底にまで続くような暗い深い井戸があり、さながら死者の国を連想させる。こうして三人は、ゾーンの中心にある部屋に到達する。個人の夢が実現するという部屋を前にして、教授は持ってきた爆弾を解体して水のなかに捨て、作家もたじろいだまま部屋の中には入ろうとしない。ゾーンからの帰還の過程はいっさい説明されず、三人が再び登場するのは元の酒場である。

場面の焦点は、ストーカーの足の萎えた娘マルタに移る。奇蹟によって彼女の足が癒されるということはないが、『ストーカー』に登場する人物のなかで唯一沈黙を保

◀**『ストーカー』を監督するタルコフスキー**　タルコフスキーの映画『ストーカー』（一九七九年）では、隕石の落下により地上の一部が破壊され、隔離されたその一帯は「ゾーン」と呼ばれる。ゾーンの中心にある「部屋」に入ると望みが叶うという噂が広まり、危険を冒してそこに案内する人が現われる。この案内役がストーカーと呼ばれる。

▶軌道車に乗って移動するストーカー 映画では、ストーカーが「教授」と「作家」の二人と酒場で待ち合わせ、軌道車に乗ってゾーンに向かう。ゾーンへの移動は日常世界から異空間への旅であり、黄金の夜明け教団のアストラル旅の現代版である。

ったまま安らぎの表情を見せているのはマルタである。再びカラーで撮られた場面において、机の上におかれた三つのコップが、彼女自身の念動運動によって視線の方向に動いていく。作家が「幸福な人間など見たこともない」と述べると、ストーカーも囁《ささや》くようにそれに同意する。自らの望みがすでに成就していることをゾーン以外の空間において実感しているのは、もっとも悲惨な状況におかれながらも心の平安を保っているマルタだけである。

『ストーカー』には、魔術円も魔術道具も登場しないが、魔術において出現する善霊・悪霊が魔術師と参加者の無意識が顕現したものであるという意味において、タルコフスキーは魔術的な枠組みを念頭においているのかもしれない。ゾーンは、ストーカーとともに参加する個人の精神状態を反映しており、「部屋」に入ることにより実現するのは個人の無意識の望みである。ストーカーの前任者ヤマアラシは、「部屋」に入って大金持ちとなるが、やがて首を吊って自殺する。肉挽機で命を落とした自分の弟の再生を望んでいたはずなのに、無意識の願望は大金持ちになることであったことを知り、自らの「腐った本性」に絶望したのである。作家が「部屋」に入らなかった理由は、「自分の腐った本性など見たくないし、見せたくもない」からである。肉挽機というトンネルが地獄の現代版であるとすれば、ゾーンにしばしば登場する「黒い犬」は儀式魔術で召喚される善霊あるいは使い魔の現代版なのかもしれない。

ヤマアラシが自らの「腐った本性」に絶望する姿は、人間の無意識の残忍で悪しき欲望を前にしてたじろぐ近代人の写し絵で

▶休憩するストーカーと犬 『ストーカー』には、魔術円も魔術道具も登場しない。魔術における善霊・悪霊が魔術師の無意識が出現したものとすれば、タルコフスキーはさまざまな象徴（たとえば犬、井戸、砂丘、鳥など）を使ってその枠組みを描いているのかもしれない。

ある。この欲望は、近代にかぎらず古代・中世を通して見られるものであり、人間の根源的な衝動の一端である。この衝動は、通常の段階では眠っているが、状況に応じていつでもどこでも悪しき欲望に変化する。魔術師の召喚する悪霊はこの根源的な衝動が活性化したものであるとすれば、この時代において悪霊を呼び出すには「儀礼魔術」

▶ゴヤ「どのみち起こるであろう事への痛ましい予感の数々」 スペインの画家ゴヤのフランス軍とのゲリラ戦に取材した『戦争の惨禍』に収められた一枚の銅版画。制作は一八一〇年から一八二一年頃と推定されている。不安と恐怖が入り混じった男の表情には、近代人が逃れることのできない不条理な状況が浮かび上がる。

などは不要である。この衝動が何らかの事象を契機にして人間の激情となって顕現し、想像を超える悲劇的な行動へとつながっていくとすれば、科学的合理主義の時代において「悪霊」を迷信として片づけるわけにはいかない。「腐った本性」がもっとも先鋭化するのは戦争、とくに近代における戦争においてである。

《3》痛ましい予感

最後にスペインの画家フランシスコ・デ・ゴヤの『戦争の惨禍』に収められた一枚の銅版画「どのみち起こるであろう事への痛ましい予感の数々」を見ておこう。制作は一八一〇年から一八二一年頃と推定されているが、死後三五年を経て一八六三年にようやく刊行されたものである。版画集『ロス・カプリチョス（気まぐれ）』（一七九九年）には、箒《ほうき》にまたがって空を飛行する魔女の姿、晩年の作品群「黒い絵」（一八一九－二三年）には「魔女の集会」とその中心にいる「悪魔」の姿などが幻想的ではあるが直接描かれている。フランス軍とのゲリラ戦から取材した『戦争の惨禍』では、日頃は平凡な市民として平穏な生活を送っていた人間も、状況によっていかに残忍な行動を行うことができるかをリアルな場面で描いている。しかし、直視できない残忍な行動は、戦争という極限状況においてのみ現われるのではない。原初的な闇は私たち一人ひとりの日常のなかに、眠った状態ではあるが確実に潜んでいるのである。この両手を広げた男の不安と恐怖の表情は、悪霊が私たちの心底に今なお、そしてこれからも生き続けており、いつでもどこでも目覚めて活性化する機会を待っていることを警告しているように思われる。

あとがき

本書は、図説シリーズとしては『図説フリーメイソン』（二〇一〇年）、『図説錬金術』（二〇一二年）に続く第三作となる。本書の成立までの経緯を振り返ってみると、当初はそうした意図はなかったが、結果的にいずれも『フリーメイソンと錬金術——西洋象徴哲学の系譜』（人文書院、一九九八年）を母胎にして、新たな知見を加えながらそれぞれの主題を展開したものということになる。『フリーメイソンと錬金術』は、（一）古代密儀宗教とダイモン、（二）古代魔術とキリスト教、（三）錬金術とフリーメイソン、（四）近代密儀宗教としてのフリーメイソン、（五）ブレイクとゲニウス、（六）一八世紀のドルイディズムとその展開、（七）魔術と詩的想像力、という構成になっている。もともとメインタイトルを「ダイモンの文化史」とする案も用意していたことからも分かるように、「ダイモン」すなわち「ゲニウス」という概念をキーワードとして、古代密儀宗教から錬金術、フリーメイソン、ロマン主義、近代魔術など西洋エソテリシズムを検証しようとしたものである。

　図説シリーズ第一作の『図説フリーメイソン』は、一八世紀の啓蒙主義と科学主義の精神を反映する結社フリーメイソンを対象として、その文化史的な意義を考察したものであり、『フリーメイソンと錬金術』の第四章が出発点になっている。第二作の『図説錬金術』は、一六世紀後半から一七世紀にかけて最盛期を迎えた錬金術を対象として、その理論と実践をロマン主義時代の神秘主義的な神智学、さらにモダニズム芸術への影響も含めて考察したものであり、『フリーメイソンと錬金術』の第三章を展開したものである。

　第三作となる本書『図説近代魔術』は、一九世紀の代表的な魔術結社である黄金の夜明け教団を中心にして、近代魔術がどのような経緯を経て誕生し、どのような思想を展開したかについて検証したものであり、『フリーメイソンと錬金術』の第一章、第二章、第七章が土台となっている。第七章はさらに、マッキントッシュ『薔薇十字団』（拙訳、平凡社、一九九〇年。文庫版「ちくま学芸文庫」、二〇〇三年）の付論「始原の夢――西欧魔術の変容」に基づいている。魔術と錬金術は、ともにルネサンス魔術の重要な柱として生命霊気を中心とする世界観を共有しているだけでなく、モダニズム芸術への影響という点においても重なる点が多い。その意味において本書は第二作の『図説錬金術』の姉妹編といえる。

　図説シリーズが『フリーメイソンと錬金術』を出発点にしてそれぞれの主題を深化したかたちで展開することになったのに対して、『心霊の文化史――スピリチュアルな英国近代』（二〇一〇年、河出書房新社）では、一九世紀を中心に欧米を席巻した心霊主義を対象として、骨相学、メスメリズム、神智学、心霊研究協会、深層心理学、田園都市運動などとの関係を検証した。人間が神と直接対峙する状況を導入した一六世紀の宗教改革を発端として、キリスト教の退潮傾向のなかでさまざまなエソテリシズムが代替宗教として登場した。心霊主義は「自己完成」という一貫した主題の一九世紀的な展開と考えることができる。

　少し大胆にこれまでの検証結果をまとめるとすれば、一六世紀から一七世紀は錬金術・魔術、一八世紀はフリーメイソン、一八世紀末から一九世紀にかけてはロマン主義、一九世紀は心霊主義、一九世紀後半から二〇世紀にかけては近代魔術・モダニズム芸術というかたちで西洋エソテリシズムの展開をたどってきたことになる。本書を含む図説シリーズがヨーロッパ精神史におけるエソテリシズムの全体の流れを理解するための一助となれば幸いである。

　最後に、河出書房新社編集部の渡辺史絵氏には、企画の段階からお世話になったばかりでなく、貴重な助言もいただいた、記してお礼を申し上げたい。

二〇一三年夏

吉村正和

1886	マッケンジー没。ウェイト『魔術の神秘』（レヴィの英訳）。ハルトマン『白魔術と黒魔術』。ダイムラー、四輪ガソリン自動車を発明
1887	ウェストコット、暗号文書を入手。マザーズ『ヴェールを脱いだカバラー』（ラテン語版の英訳）。ロンドンのブラヴァツキー・ロッジ開設。イェイツ、神智学協会に加入。ウェイト『薔薇十字団の真の歴史』
1888	キングズフォード没。黄金の夜明け教団設立。ブラヴァツキー夫人『秘密教義』。マザーズ『ソロモン王の鍵』（英訳）。ウェイト『錬金術師列伝』。ベサント、マッチ女工ストライキを指導。マイルドメイ労働者クラブ開設。ド・ガイタ、薔薇十字＝カバラー教団設立
1889	イプセン劇、イギリスで上演
1890	ホーニマン、イェイツ、ファー、ウェイトが黄金の夜明け教団に加入。マザーズ、ミナ・ベルクソンと結婚。フレイザー『金枝篇』
1891	マザーズ、黄金の夜明け教団の第2教団（紅薔薇＝黄金十字）の参入儀礼を導入。ブラヴァツキー夫人没。ウッドマン没
1892	マザーズ夫妻、パリ移住。南方熊楠、ロンドンへ
1893	イェイツ、エリス共編『ウィリアム・ブレイク著作集』（全３巻）
1894	マザーズ、アハトル神殿開設（パリ）
1896	ファー『エジプト魔術』。ファー、スフィア・グループを結成。ホーニマン、黄金の夜明け教団を除名。ウェイト『超越魔術』（『高等魔術の教理と祭儀』の英訳）
1897	イェイツ『神秘の薔薇』。ウェストコット、黄金の夜明け教団を退団
1898	マザーズ『賢者アブラメリンの聖なる魔術書』（英訳）。クロウリー、黄金の夜明け教団に加入
1899	マザーズ、イシス儀礼
1900	マザーズ、黄金の夜明け教団から追放。ホーニマン復帰。フロイト『夢判断』。パリ万国博覧会。南方熊楠、帰国。夏目漱石、ロンドン留学（～ 1902）
1901	ファーのスフィア・グループとホーニマンの対立。イェイツ、「紅薔薇＝黄金十字は魔術教団として存続すべきか」。ホロス裁判
1902	ファー、黄金の夜明け教団を退団、神智学協会に入会。ユング『心霊現象の心理と病理』
1903	ホーニマン、黄金の夜明け教団を退団。ウェイト、独立修正儀礼を設立。フェルキン、暁の明星（ステラ・マテュティナ）設立。マイヤーズ『人格とその死後生存』。イェイツ『善悪の観念』（「魔術論」所収）
1904	ダブリンにアベー劇場開場
1907	クロウリー、「銀の星」教団設立
1909	モンドリアン、神智学協会に加入
1910	ウェイト『タロット図解』
1911	カンディンスキー『芸術における精神的なもの』
1912	ウスペンスキー『ターシャム・オルガヌム』。デュシャン「階段を下りる裸体」
1913	デュシャン「自転車の車輪」。ウェイト、レヴィ『魔術の歴史』（英訳）
1914	第一次世界大戦（～ 1918）
1915	ウェイト、薔薇十字同志会設立
1917	ファー、セイロンで没。デュシャン「泉」
1918	マグレガー・マザーズ没
1919	モイナ・マザーズ、アルファ・オメガ・ロッジ開設
1920	パウル・クレー「新しい天使」
1921	ウェイト『新フリーメイソン百科事典』
1923	ベンヤミン「翻訳者の課題」。イェイツ、ノーベル文学賞受賞。デュシャン「彼女の独身者たちによって裸にされた花嫁、さえも」（1915 ～）
1924	ブルトン「シュルレアリスム宣言」
1925	ウェストコット没。イェイツ『ヴィジョン』（第2版は1937年）
1926	マザーズ『ヴェールを脱いだカバラー』第4版（序文はモイナ・マザーズ）
1928	モイナ・マザーズ没。ホール『象徴哲学大系』
1929	ウェイト『聖なるカバラー』
1937	ホーニマン没
1942	ウェイト没
1979	タルコフスキー『ストーカー』

近代魔術略年表

1256	『ピカトリクス』（アラビア語版のスペイン語訳）。この頃、魔術書『ソロモン王の鍵』
1275頃	モーセス・デ・レオン『ゾーハル』編纂
1291	アブラハム・アブラフィア没（1240～）
1471	フィチーノ『ヘルメス選集』
1478頃	ボッティチェッリ「春（プリマヴェーラ）」
1489	フィチーノ『生について』全3巻
1492	ユダヤ人のスペイン追放
1494	ピコ・デッラ・ミランドラ没（1463～）
1500頃	トリテミウス『暗号記法』執筆（出版は1605）
1517	ロイヒリン『カバラーの術について』
1533	アグリッパ『オカルト哲学』全3巻刊行
1564	ディー『象形文字の単子』
1572	イサーク・ルーリア没（1534～）
1582	ディー、エノク魔術の実践
1600	ブルーノ、ローマにて火刑
1601	ティコ・ブラーエ没（1546～）
1614	『友愛団の名声』
1615	『友愛団の告白』
1616	『クリスチャン・ローゼンクロイツの化学の結婚』
1617	フラッド『両宇宙誌＝大宇宙誌』
1620	「魔術暦」。フラッド『両宇宙誌＝小宇宙技術誌』
1626	フラッド『宇宙の気象学』
1631	フラッド『普遍医学＝疫病の神秘』
1677	ローゼンロート『カバラー・デヌダータ』（～1684）

近代魔術の最盛期

1792	シブリー『占星術たる天空的学問の完全な解説』全4巻（1784～）
1801	バレット『魔術師』
1819	ブレイク、幻視による肖像の制作
1821	ゴヤ『戦争の惨禍』制作（1810～）
1825	ラファエル『19世紀の占星術師』
1826	ブレイク『「ヨブ記」イラスト』
1828	クーム『人間の構成』
1830	モリソン『ザドキエルの暦』
1842	ブルワー＝リットン『ザノーニ』
1848	ハイズヴィル事件（心霊主義流行）
1851	ロンドン万国博覧会
1856	レヴィ『高等魔術の教理と祭儀』
1859	ダーウィン『種の起源』
1861	マッケンジー、パリのレヴィを訪問
1863	ロンドン地下鉄開通
1866	ロバート・リトル、イギリス薔薇十字協会設立
1874	マッキー『フリーメイソン百科事典』
1875	マッケンジー『ロイヤル・フリーメイソン百科事典』（～77）。ブラヴァツキー夫人とオルコット大佐、神智学協会設立。レヴィ没
1878	リトル没
1879	エジソン、白熱電球の発明
1882	マイヤーズ、心霊研究協会設立
1883	8人協会設立
1884	アンナ・キングズフォード、ヘルメス協会設立。フェビアン協会創設
1885	イェイツ、ダブリン・ヘルメス協会を設立

György E. Szönyi, *John Dee's Occultism: Magical Exaltation through Powerful Signs*（State University of NewYork Press, 2004）
Wouter J. Hanegraaff, ed., *Dictionary of Gnosis & Western Esotericism*（Brill,2006）
Z' ev ben Shimon Halevi, *Introduction to the World of Kabbalah*（Tree of Life Publishing, 2008）
Gavin Parkinson, *The Duchamp Book*（Tate Publishing, 2008）
Tobias Churton, *Invisibles: The True History of the Rosicrucians*（Lewis Masonic, 2009）
Alison Butler, *Victorian Occultism and the Making of Modern Magic: Invoking Tradition* (Palgrave Macmillan, 2011）
Boris Friedwald, *Paul Klee: Life and Work*（Prestel, 2011）
Francis King, *Megatherion: The Magickal World of Aleister Crowley*（1977; Creation Books, 2011）
Jacob Slavenburg, *The Hermetic Link: From Secret Tradition to Modern Thought*（Ibis Press, 2012）

参考文献

コリン・ウィルソン『オカルト』上下（中村保男訳・新潮社・1973年；河出書房新社・1995年）
ウィリアム・B・イェイツ『善悪の観念』（鈴木弘訳・北星堂書店・1974年）
オード・カーゼル『秘儀と秘義――古代の儀礼とキリスト教の典礼』（小柳義夫訳・みすず書房・1975年）
プラトン『ソクラテスの弁明』（『プラトン全集1』所収・田中美知太郎訳・岩波書店・1975年）
『プロティノス、ポルピュリオス、プロクロス』（「世界の名著続2」・田中美知太郎他訳・中央公論社・1976年）
フランシス・キング『魔術――もう一つのヨーロッパ精神史』（澁澤龍彥訳・平凡社・1978年）
『ヘルメス文書』（新井献・柴田有訳・朝日出版社・1980年）
ウィリアム・B・イェイツ『神秘の薔薇』（井村君江・大久保直幹訳・国書刊行会・1980年）
マンリー・P・ホール『象徴哲学大系』全4巻（大沼忠弘他訳・人文書院・1980-81年）
ジョン・ゴールディング『デュシャン――彼女の独身者たちによって裸にされた花嫁、さえも』（東野芳明訳・みすず書房・1981年）
ゼヴ・ベン・シモン・ハレヴィ『ユダヤの秘義』（大沼忠弘訳・平凡社・1982年）
『全版画集ゴヤ』（谷口江里也編著・講談社・1984年）
エドワード・ブルワ=リットン『ザノーニ』（富山太佳夫・村田靖子訳・国書刊行会・1985年）
フランセス・イエイツ『薔薇十字の覚醒』（山下知夫訳・工作舎・1986年）
エドガー・ウィント『ルネサンスの異教秘儀』（田中英道他訳・晶文社・1986年）
ジョスリン・ゴドウィン『交響するイコン――フラッドの神聖宇宙誌』（吉村正和訳・平凡社・1987年）
ウェイン・シューメイカー『ルネサンスのオカルト学』（田口清一訳・平凡社・1987年）
R・J・W・エヴァンズ『魔術の帝国――ルドルフ二世とその世界』（中野春夫訳・平凡社・1988年）
ピーター・フレンチ『ジョン・ディー――エリザベス朝の魔術師』（高橋誠訳・平凡社・1989年）
クリストファー・マッキントッシュ『薔薇十字団』（吉村正和訳・平凡社・1990年：筑摩書房・2003年）
ヨアン・P・クリアーノ『ルネサンスのエロスと魔術』（桂芳樹訳・工作舎・1991年）
E・H・ゴンブリッチ『シンボリック・イメージ』（大原まゆみ他訳・平凡社・1991年）
アンドレ・ブルトン『シュルレアリスム宣言・溶ける魚』（巖谷國士訳・岩波書店・1992年）
ヨーハン・V・アンドレーエ『化学の結婚』（種村季弘訳・紀伊國屋書店・1993年）
カール・ケレーニイ『ディオニューソス』（岡田素之訳・白水社・1993年）
イスラエル・リガルディー『黄金の夜明け魔術全書』上下（江口之隆訳・国書刊行会・1993年）
D・P・ウォーカー『ルネサンスの魔術思想』（田口清一訳・平凡社・1993年）
ヴァルター・ベンヤミン「翻訳者の課題」（『暴力批判論』所収・野村修訳・岩波書店・1994年）
ゲルショム・ショーレム「神の名とカバラーの言語理論」（『言葉と創造』所収・市川裕訳・平凡社・1995年）
ヴァルター・ベンヤミン「歴史の概念について」（『ベンヤミン・コレクション1』所収・浅井健二郎訳・筑摩書房・1995年）
ジョスリン・ゴドウィン『図説　古代密儀宗教』（吉村正和訳・平凡社・1995年）
リチャード・ノル『ユング・カルト』（月森左知・高田有現訳・新評論・1998年）
P・D・ウスペンスキー『ターシャム・オルガヌム』（高橋弘泰訳・コスモス・ライブラリー・2000年）
ゲルショム・ショーレム『錬金術とカバラ』（徳永恂他訳・作品社・2001年）
ミルチャ・エリアーデ『エリアーデ・オカルト事典』（鶴岡賀雄他訳・法藏館・2002年）
ステファヌ・モーゼス『歴史の天使』（合田正人訳・法政大学出版局・2003年）
スーザン・A・ハンデルマン『救済の解釈学』（合田正人・田中亜美訳・法政大学出版局・2005年）
フランセス・イエイツ『ジョルダーノ・ブルーノとヘルメス教の伝統』（前野佳彦訳・工作舎・2010年）
（本書における引用には、他に次のような文献を利用した。）
芥川龍之介「龍」（『芥川龍之介全集　第二巻』所収・筑摩書房・1971年）、
中沢新一編『《南方熊楠コレクション》第1巻　南方マンダラ』（河出書房新社・1991年）

図版出典文献

S. S. D. D.〔Florence Farr〕, *Egyptian Magic*（Theosophical Publishing Society, 1896）

S.L. MacGregor Mathers, ed.and trans., *Kabbalah Unveiled*（1887; Routledge and Kegan Paul, 1970）

Franz Hartmann, *Magic, White and Black*（1886; Newcastle Publishing, 1971）

Micheal MacLiammoir and Eavan Boland, *W. B. Yeats and His World*（Thames and Hudson, 1971）

Ellic Howe, *The Magicians of the Golden Dawn*（Routledge and Kegan Paul, 1972）

Christopher McIntosh, *Eliphas Lévi and the French Occult Revival*（Rider, 1972）

Andrew Wright, *Blake's Job: A Commentary*（Oxford University Press, 1972）

Stanislas Klossowski de Rola, *Alchemy*（Thames and Hudson, 1973）

Charles Poncé, *Kabbalah: An Introduction and Illumination for the World Today*（Quest Books, 1973）

Manly P. Hall, *Codex Rosae Crucis*（Philosophical Research Society, 1974）

George Mills Harper, *Yeats's Golden Dawn*（Macmillan, 1974）

George Mills Harper, ed., *Yeats and the Occult*（Macmillan, 1975）

Ithell Colquhoun, *Sword of Wisdom: MacGregor Mathers and The Golden Dawn*（G. P. Putnam' s Sons, 1975）

S.L. MacGregor Mathers, ed.and trans., *The Book of Sacred Magic of Abramelin the Mage*（1898; Dover Publications, 1975）

Arthur Edward Waite, *The Book of Black Magic and Ceremonial Magic*（1898; 1911; Causeway Books, 1975）

Sandra Shulman, *The Encyclopedia of Astrology*（Hamlyn, 1976）

W.B. Yeats, *Autobiographies*（1955; Macmillan 1977）

Arthur Edward Waite, *Real History of the Rosicrucians*（1887; Steinerbooks, 1977）

William Vaughan, *William Blake*（Thames and Hudson, 1977）

Milton Klonsky, William Blake: *The Seer and His Visions*（Harmony Books, 1977）

Morton Smith, *Jesus the Magician*（Harper & Row, 1978）

Fred Gettings, *The Occult in Art*（Rizzoli, 1978）

Robert N. Essic and Donald Pearce, eds., *Black in His Time*（Indiana University Press, 1978）

Joscelyn Godwin, *Robert Fludd*（Thames and Hudson, 1979）

Joscelyn Godwin, *Mystery Religions in the Ancient World*（Harper & Row, 1981）

R.A. Gilbert, ed., *The Magical Mason: Forgotten Hermetic Writings of William Wyn Westcott*（Aquarian Press, 1983）

Gershom Scholem, *Walter Benjamin: The Story of a Friendship*, translated by Harry Zohn（Schocken Books, 1981）

Kathleen Raine, *The Human Face of God: William Blake and the Book of Job*（Thames and Hudson, 1982）

R.A. Gilbert, *The Golden Dawn: Twilight of the Magicians*（Aquarian Press, 1983）

Linda D. Henderson, *The Fourth Dimension and Non-Euclidean Geometry in Modern Art*（Princeton University Press, 1983）

Apuleius, *On the God of Socrates*, translated by Thomas Taylor（n.d.; Alexandrian Press, 1984）

Maurice Tuchman et al., *The Spiritual in Art: Abstract Painting 1890-1985*（Abbeville, 1986）

Kathleen Raine, *Yeats the Initiate*（Dolmen Press,1986）

Israel Regardie, *The Golden Dawn: A Complete Course in Practical Ceremonial Magic*（Llewellyn, 1971; 1986）

Eliphas Lévi, *Transcendental Magic: Its Doctrine and Ritual*, translated by A. E. Waite（1896; Rider, 1986）

Andrey Tarkovsky, *Sculpting in Time,* translated by Kitty Hunter-Blair （University of Texas Press, 1986）

Robert Turner, ed., *The Heptarchia Mystica of John Dee*（Aquarian Press, 1986）

R. A. Gilbert, ed., *The Golden Dawn Companion*（Aquarian Press, 1986）

Walter Burkert, *Ancient Mystery Cults*（Harvard University Press, 1987）

Kenneth Mackenzie, ed., *The Royal Masonic Cyclopaedia*（1877; Aquarian Press, 1987）

R. A. Gilbert, *A. E. Waite: Magician of Many Parts*（Crucible, 1987）

A. Norman Jeffares, *W. B. Yeats: A New Biography*（Hutchinson, 1988）

Theodore Papadakis et al., *Epidauros*（Verlag Schnell & Steiner , 1988）

Nicholas Clulee, *John Dee's Natural Philosophy: Between Science and Religion*（Routledge, 1988）

Marsilio Ficino,*Three Books on Life*, edited and translated by Carol V.Kaske and John R.Clark（Medieval & Renaissance Texts & Studies, 1989）

Francis Barrett, *The Magus,or Celestial Intelligencer*（1801; Aquarian Press, 1989）

John Hamil and R.A. Gilbert, *World Freemasonry: An Illustrated History*（Aquarian Press, 1991）

Daniel H. Caldwell, ed., *The Esoteric World of Madame Blavatsky*（Quest Books, 1991）

Nadia Choucha, *Surrealism & the Occult*（Destiny Books, 1991）

Francis X. King, *The Encyclopedia of Mind, Magic & Mysteries*（Dorling Kindersley, 1991）

Mark C. Taylor, *Disfiguring: Art, Architecture, Religion*（The University of Chicago Press, 1992）

Heinrich Cornelius Agrippa, *Three Books of Occult Philosophy*,edited by Donald Tyson（1533; Llewellyn, 1992）

Manolis Andronicos, *Delphi*（Ekdotike Athenon, 1993）

Loretta Santini, *Pompeii*（Plurigraf , 1993）

Adam McLean, *The Magical Calendar*（Phanes Press, 1994）

Joscelyn Godwin, *The Theosophical Enlightenment*（State University of New York Press, 1994）

Mary K. Greer, *Women of the Golden Dawn: Rebels and Priestesses*（Park Street Press, 1995）

Darcy Küntz, ed., *The Complete Golden Dawn Cipher Manuscript*（Holmes,1996）

Darcy Küntz, ed., The Golden Dawn Source Book（Holmes, 1996）

Francis King, ed., *Ritual Magic of the Golden Dawn*（1971; Destiny Books, 1997）

C.W. Leadbeater, *Man, Visible and Invisible*（1902; Quest Books, 2000）

Susan Greenwood, *The Encyclopedia of Magic & Witchcraft*（Lorenz Books, 2001）

Simon During, *Modern Enchantments: The Cultural Power of Secular Magic*（Harvard University Press, 2002）

Alex Owen, *The Place of Enchantment: British Occultism and the Culture of the Modern*（The University of Chicago Press, 2004）

◉著者略歴

吉村正和（よしむら・まさかず）

一九四七年、愛知県生まれ。一九七四年、東京大学大学院人文科学研究科博士課程中退。名古屋大学教授を経て、現在、名古屋大学名誉教授。専攻は、近代ヨーロッパ文化史、西洋神秘思想史。著書に『フリーメイソン』（講談社現代新書）、『図説　フリーメイソン』『図説　錬金術：歴史と実践』（河出書房新社）、『心霊の文化史』（河出書房新社）、『フリーメイソンと錬金術』（人文書院）、訳書にエイブラムズ『自然と超自然』（平凡社）、ゴドウィン『図説　古代密議宗教』（平凡社）、マッキントッシュ『薔薇十字団』（ちくま学芸文庫）、ホール『象徴哲学大系』（共訳・人文書院）などがある。

＊本書は、二〇一三年九月刊『図説　近代魔術』の改題、新装版です。

ふくろうの本

図説　魔術と秘教　近代の繁栄

二〇二四年　六　月二〇日初版印刷
二〇二四年　六　月三〇日初版発行

著者……………………吉村正和
装幀……………………松田行正＋杉本聖士
本文デザイン…………日高達雄＋伊藤香代
発行者…………………小野寺優
発行……………………株式会社河出書房新社
〒一六二－八五四四
東京都新宿区東五軒町二－一三
電話　〇三－三四〇四－一二〇一（営業）
〇三－三四〇四－八六一一（編集）
https://www.kawade.co.jp/
印刷……………………大日本印刷株式会社
製本……………………加藤製本株式会社

Printed in Japan
ISBN978-4-309-76334-7

落丁本・乱丁本はお取り替えいたします。

本書のコピー、スキャン、デジタル化等の無断複製は著作権法上での例外を除き禁じられています。本書を代行業者等の第三者に依頼してスキャンやデジタル化することは、いかなる場合も著作権法違反となります。